制度、价格与效应：

农村土地经营权流转市场研究

王健　著

中国农业大学出版社
·北京·

内容简介

本书以农地流转价格为切入点，重点揭示我国农地流转市场的本质和变化规律。本书首先从经济学理论学说出发，梳理和揭示农地流转价格的本源；其次，从既有研究中总结农地流转市场价格的特征。同时，本书不仅回顾了我国农地价格制度，对在多种交易情景下的农地流转价格的形成机制及其表现形态进行了逐一剖析，并且对当前农地流转价格的"显性与隐性""流转价格扭曲"及农地流转价格的经济效应进行了系统的理论和实证研究。农用地三权分置和农村土地经营权流转既是解决农村人口进城以后土地闲置问题的举措，也是在坚持农村家庭基本经营制度下，满足新型农业主体对农用地需求的唯一手段。农村土地经营权流转一直也是农地制度改革中备受各方关注的研究主题。

图书在版编目(CIP)数据

制度、价格与效应：农村土地经营权流转市场研究/王健著. --北京：中国农业大学出版社，2022.10

ISBN 978-7-5655-2889-7

Ⅰ.①制… Ⅱ.①王… Ⅲ.①农业用地－土地经营－土地流转－研究－中国 Ⅳ.①F321.1

中国版本图书馆 CIP 数据核字(2022)第 222719 号

书　　名 制度、价格与效应：农村土地经营权流转市场研究

Zhidu，Jiage yu Xiaoying：Nongcun Tudi Jingyingquan Liuzhuan Shichang Yanjiu

作　　者 王健　著

策划编辑 张　程　　**责任编辑** 石　华

封面设计 郑　川

出版发行 中国农业大学出版社

社　　址 北京市海淀区圆明园西路 2 号　　**邮政编码** 100193

电　　话 发行部 010-62733489，1190　　读者服务部 010-62732336

编辑部 010-62732617，2618　　出　版　部 010-62733440

网　　址 http://www.caupress.cn　　**E-mail** cbsszs@cau.edu.cn

经　　销 新华书店

印　　刷 北京鑫丰华彩印有限公司

版　　次 2022 年 12 月第 1 版　　2022 年 12 月第 1 次印刷

规　　格 170 mm×240 mm　16 开本　12.5 印张　210 千字

定　　价 57.00 元

鸣 谢

本书得到国家社会科学基金青年项目（编号18CJL041）的资助，特此鸣谢。

序 一

农用地三权分置和农村土地经营权流转既是解决农村人口进城以后土地闲置问题的举措，也是在坚持农村家庭基本经营制度下，满足新型农业主体对农用地需求的唯一手段。农村土地经营权流转一直是农地制度改革中备受各方关注的研究主题。从诸多的研究和报告中也可以感受各方对农村土地经营权流转抱予热切的期盼，农村土地经营权流转被赋予了增加农民财产性收入、实现土地规模经营、促进农业现代化等重任，似乎中国的“三农”问题，只要把农村土地经营权流转搞好，就都能解决了。这一期盼带来的一个主要现象就是各级地方政府在一定时期出现了不遗余力推动和提倡农村土地经营权流转的行为，各类积极性的扶持补贴政策也随之出台；有些地方政府在执行层面把流转当成政治任务，甚至互相竞赛流转规模。从这个角度看，农村土地经营权流转确实存在不科学的问题。作者也看到了这一点，因此，他多次跟我提到要围绕农村土地经营权流转做一些研究，而本书就是他这几年研究的一个成果。

允许农村土地经营权流转，首先是城乡土地权利公平的要求，其次是农村土地资源有效配置的必然选择，最后是农村集体及农户财产价值属性实现的基本要求。现在我们要讨论的不是流不流转或怎么流转的问题，前者，毋庸置疑，流转已经建立，像在本书中所提到的市场已经浮出水面；后者，怎么流转需要我们因地制宜地去看，在不断地尝试和探索以及不同的情景下，自能形成适宜的交易模式。农村土地经营权流转是一种市场行为，土地市场是一个特殊的市场。因为土地有着自然、经济和公共三个属性，这就决定了土地市场并非只有供给和需求就可以。

我们更应该关注的是流转市场的本质问题。土地具有自然、经济和公共属性，决定了其市场与其他商品市场具有本质的区别。农村土地经营权流转市场存在瑕疵，市场供求双方不再只是价格的接受者，双方对价格的形成有一定的决策力，最终价格的形成还依赖于买卖双方的地位及出售环境等其他因素。土地价格来源于土地产出品的价格，这个观点也得到经济学收益分配理论的证实。根据要素分配理论，无论在什么社会，任何生产过程的产品价格都可分解为地租、工资和利润三个部分或其中之一。产品价格中的地租就是土地要素获得的分配，即产品价格所能支付的地租决定土地价格水平。认识并遵循这个规律，对解释现实现象和解决现实问题是非常重要的。本书对农村土地经营权流转价格定义为"一定内涵下的价格"，作者试图从权利关系、要素关系等内涵去理解农村土地经营权流转价格的本质，通过梳理要素论、贴现论、投资论、机会论、区位论、经验论、经营论和生态论八个土地价格的理论观点来解释农村土地经营权流转价格在现实中的表现，我觉得是一个非常创新的视角。

耕地作为农业生产的基本要素和重要载体，耕地流转费用的高低取决于用于农业生产所能支付的地租水平。由于土地价格来源于其产出品价格，土地价格变化将直接影响生产者剩余。如果价格高于一定比例，生产者就会由于亏损而无法维持继续生产。市场可以决定合理价格水平的形成，但是土地的自然属性又决定了规划管制及税收再分配机制存在的必要性，需要在市场与政府之间寻找平衡点。作者在本书中对农村土地经营权流转价格的扭曲和流转效率问题进行了论述，提出市场与政府之间的平衡点应建立在农地的根本属性上，其取决于生产功能，以避免为政绩以高地租流转土地，造成农业经营主体经营的不可持续性，违背农民增收和农业增产的双重政策目标。在此基础上，通过对农村土地经营权流转市场内卷化效应的研究，作者提出了完善农村土地经营权流转市场是提高农业技术效率、促进农业经济增长的关键，要防止市场活跃而效率低下的"内卷化"问题，我认为这一研究视角和洞察是非常值得肯定的。土地、劳动、资本三要素的均衡使用对经济的健康发展至关重要。在本书中，作者开辟三个章节，专门用于研究农村土地经营权与劳动、资本之间的互动效应，这些研究对我国农地市场化改革和要素管理政策的制定具有积极的参考意义。

以制度、价格与效应三个视角来研究我国农村土地经营权流转，以问题为切入点，综合理论分析与数据模型的方法，对我国农村土地经营权流转市场开展了深入、细致的研究，具有理论意义和政策价值。这本书值得研究中国农村、农地制度的读者们细品和参考。新时期农村土地制度改革的基本方向是推进市场化，即采取市场化方式实现转型时期农村土地资源的再配置，这是发展市场经济体系的基本要求，也是城市化发展中农村转型发展的必然选择。实践中的农村集体土地流转也普遍存在，不仅集体农用地流转，而且集体建设用地流转、农村宅基地流转都很普遍。我也希望作者能在此基础上继续在我国农村土地问题上做出更多具有理论意义且具有政策价值的研究。

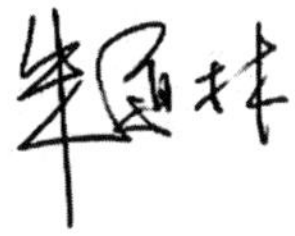

中国农业大学土地科学与技术学院教授

2022年7月于北京

序二：研究张弛有度，有理有据

当前现实中农地数据的可获得性差，经济与管理理论在中国农村土地问题中的适用性差，决定了我国农村土地问题的研究能够做到既有理论分析也有数据验证是比较难的。但大家可以在本书中读到其理论分析与数据验证间的“张弛有度”。

现在学术界有一个不太好的现象，就是用通篇的数学符号和公式来解释一个非常简单的道理。“精于技而荒于道”这种局面就是我们经常所说的“技巧和道理”之间的关系。本书有“技”也有“道”。数据分析是为了检验理论和揭露对现实问题的判断，数据模型需要时再用，不需要就可以不用。能够把一个问题用简单的语言来说明，这是最高级的。我觉得本书在“技”和“道”之间互相支持，而不是用其中一个方面压住另外一个方面。比如，在针对农村土地经营权流转的效应研究中，本书重点讨论了农村土地经营权流转中的技术效率、适度规模、劳动力转移这几个问题，农村土地经营权流转的效应研究也随之立体化了。

作者在本书中也较好地处理了“简”与“繁”之间的关系。在社科类研究中，存在把语言说得越难懂就越好的现象，好像用新词、新句，这就是一种本事。我觉得高水平学术著作和学术论文能够把非常深奥的道理用非常浅显的语言表达出来，易于理解的语言才有更多的生命力，才能够走得更远、更长，才能让更多的实务工作者和初学者深刻理解这个问题的重要性和规律性。

我们在研究时一直强调，一定要专业化，一定要把一个小题目做深做透，叫“小题大做”，这是对的。但是在做小题目中，不能只见树木而不见森林。本书在这个方面做得有张有弛：从国家市场制度的经济效益、社会效益等各个方面来思考、研究农村土地经营权流转，然后又研究农村土地经营权流转如何反映到社会经济中，这就是不忘研究目标，既有小问题，也有大问题，做到了既有树木，又有森林。

中国农业大学经济管理学院教授

2022 年 7 月于北京

前 言

农地制度改革是新时期我国土地制度改革中最为关键的环节，也是受到各方最为瞩目的议题。说是制度改革，其实是不断完善现有制度以适应新需求的过程。在众多的研究中，有一个坚定的共识，那就是对农村土地经营权流转行为的认可，并赋予其作用于农业农村发展的重要期望。

通过农村土地经营权流转，发挥市场配置资源的作用，将土地配置在想种地、能种地的主体手中，这是促进我国传统农业向现代农业发展的重要手段之一。研究发现，农村土地经营权流转确实对我国农业农村发展起到了重要的作用。从小处看，进城务工的农民不仅能够在城里务工，而且能收获农村土地经营权流转的租金，同时也不至于让土地荒芜。从大处看，在一个区域内，农村土地经营权的有效流转能够实现适度规模经营；新型经营主体通过流转扩大生产规模，引进新的管理办法和技术，有效提高农业生产效率，推动我国农业从传统农业向现代农业转型和发展。过去十多年来，每当提到乡村发展和涉及土地问题时，农村土地经营权流转是最先映入眼帘的词汇。在地方政府的鼓励下，很多地方轰轰烈烈地推动着农村土地经营权流转工作。在流转的过程当中，一个简单的农村土地经营权流转行为被琢磨出各种花样，也提出了各种模式。不管什么花样或什么模式，农村土地经营权流转的本质内涵都是农业生产要素资源的配置，也需要内在机制有效实施这种配置。如果违背这个基本的内在逻辑，农村土地经营权流转将只是一个“运动”而已，其带来的发展隐患会在未来的某个时期凸显。因此，对农村土地经营权流转问题不得不察，且更应该从最基本的内在逻辑洞察其机理。

本书是本人和研究团队在过去几年对农村土地经营权流转研究的一个阶段性成果，也是试图对我国农村土地经营权流转的一些本质性问题的探索。要了解我国农村土地经营权流转市场，需要对我国农地制度的形成和家庭基本经营制度有一个清晰的认识，更需要结合我国小农经营的本质和农地所具有的社会、经济特征来理解和洞悉我国农村土地经营权流转市场发展中的一些内在逻辑。

因此，对我国农地流转市场的制度背景的认识也是写作本书的理论逻辑起点。随着我国农村土地经营权流转行为的发展，流转是一种市场交换行为，市场的基本特征已然显现。市场最重要的作用就是发现价格。因此，农村土地经营权流转价格问题是我们在研究中最感兴趣的问题。农村土地经营权流转的价格本质是什么？价格是怎么形成的？价格有什么特征？价格是否起到了农地资源配置的信号作用？我们的研究一直在试图给出这些问题的答案，但是我们深知这些问题并没有一个标准的答案。因此，从市场本质和价格出发，我们将研究的视角扩展到农村土地经营权流转的各类社会经济后果的研究，如本书中所关注的农村土地经营权流转与适度规模经营的问题、与金融需求实现的问题、与劳动力就业的问题等。对某项经济行为的后果进行评价，就需要借助一些分析工具，并借助实证研究来加以验证我们的假设。在针对这些农村土地经营权流转效应的研究中，我们力图引入模型分析的方法，借助相应的实证数据来验证我们的判断。当然，这些验证的结果具有一定的局限性。

本书的撰写得到我们研究团队成员的支持，可以说这本书是中国农业大学土地科学与技术学院朱道林教授一直鼓励和指导之下的结果。博士研究生袁士超、张渊婕、胡祎、杜凯、邢琦，硕士研究生徐振山、谢梓健等为本书的研究综述、实证检验的数据搜集、模型设计等内容做了重要的基础性工作。本书的价格扭曲、金融诉求的研究成果也发表于《中国土地科学》。在此也非常感谢《中国土地科学》编辑部及其审稿专家的匿名审稿意见，这些意见对完善本书的理论起到了重要的作用。

农村土地经营权流转问题一直是我们研究的兴趣点。在研究中，我们也感觉这是一个非常复杂的问题，既有制度研究的复杂性，也有经济学模型研究的纯粹性，同时又有政策研究的现实性。我们会继续在这个领域和方向深耕下去。鉴于本人能力有限，本书存在的问题还望读者多多斧正。

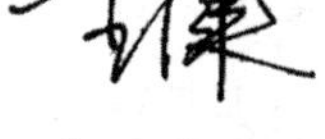

2022 年 6 月于深根阁

目 录

绪论篇

制度篇

价格篇

效应篇

展望篇

绪论篇

XULUNPIAN

第1章 综 述

农地经营权流转的研究已形成较为丰富的研究成果，尤其近年来的新的研究热点不断涌现。为了更好地理清农地经营权流转的研究历程和发展方向，本章采用 Citespace 软件文献计量的方法，从发文量、聚类分析、引用的突现性等方面对农地经营权流转展开文献梳理，把握该领域最新研究动态及其演变趋势。

1.1 农地经营权流转领域研究现状分析

1.1.1 发文量分析

在 CNKI 数据库中检索：主题＝(“农地流转”OR“流转市场”OR“土地出租”)AND 来源期刊＝“CSSCI”，通过删除会议通知、新闻报道、政府官方文件和其他与研究无关的文献，再剔除与农村宅基地、农村建设用地和农村集体用地等流转问题相关的文献，最后共获得 1 365 篇有效研究文献，数据下载时间为 2022 年 5 月。通过搜索筛选得到关于农地经营权流转的文献共有 1 365 篇，时间跨度为 1998—2022 年，平均发表的文献数量约为 55 篇/年(图 1-1)。在 Web of science 核心数据库中检索所有字段＝(“farmland market” OR “land transfer” OR “land turnover” OR “land circulation” OR “land transaction” OR “land conversion”OR “land rental”)AND 文献类型＝(“article”OR “proceedings paper”OR “review”)AND 语种＝“english(英文)”，删除“news(消息)”“meeting abstract(会议摘要)”“letter(读者来信)”和其他无关的文献等记录，再剔除与农村宅基地、农村建设用地和农村集体用地等流转问题相关的文献，共获取 333 篇文献。通过搜索筛选得到关于农地经营权流转的文献共有 333 篇，时间跨度为 1992—2022 年，平均发表的文献数量约为 11 篇/年(图 1-2)。虽然国外对农地经营权流转市场的研究早于中国，但是发文量与中国相比较少。

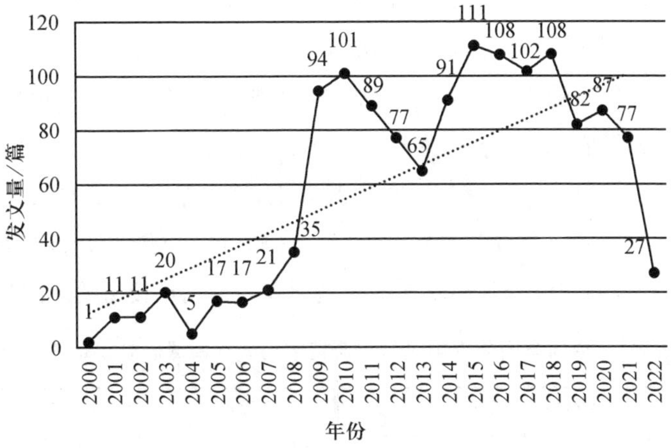

图 1-1 农地经营权流转市场领域出版(中文)文献数量①

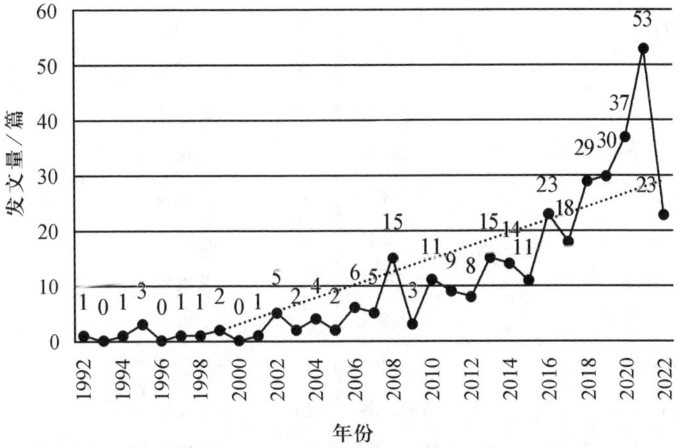

图 1-2 农地经营权流转市场领域出版(英文)文献数量②

1.1.2 研究热点分析

1. 研究主题分析

从知识的理论角度来看,关键词既是论文主要内容的概括和凝结,又是学者们思想和观点的核心体现,而关键词频次的高低代表着一段时间内学者们对其关注的研究热度。通过关键词的频次可以进一步了解我国农地经营权流转研究

① 2022 年发文量统计时间为 2022 年 1—5 月。

② 2022 年发文量统计时间为 2022 年 1—5 月。

的研究主题。在 1 365 篇中文文献中，统计出现频次排名前 20 名的关键词（表 1-1）。“农地流转”一词出现 615 次，频次最高，年均出现 25 次，属于第一阶段的热点关键词。“土地流转”一词于 2003 年出现，频次共 216 次，年均出现 11 次。此外，“影响因素”“农户”“三权分置”“农地确权”“流转”“规模经营”“农村”“交易费用”“非农就业”等词出现频次都在 20 次及以上，属于第三阶段的热点关键词。值得一提的是，虽然“三权分置”“农地确权”两个研究热点关键词出现的年份较晚，但出现频次较高，说明三权分置和农地确权是学者们近几年较为关注的热点。

表 1-1　中国与国外农地经营权流转市场研究领域研究高频关键词

序号	WOS 数据库			序号	CNKI 数据库		
	关键词	频次	出现时间		关键词	频次	出现时间
1	impact	62	2011 年	1	农地流转	615	1999 年
2	property	43	2005 年	2	土地流转	216	2003 年
3	efficiency	42	2009 年	3	影响因素	41	2008 年
4	market	40	2011 年	4	农户	40	2008 年
5	rental market	36	2010 年	5	三权分置	33	2015 年
6	reform	27	2008 年	6	农地确权	33	2016 年
7	policy	26	2006 年	7	流转	32	2001 年
8	rural China	25	2005 年	8	规模经营	25	2009 年
9	tenure	25	2005 年	9	农村	21	2009 年
10	investment	25	2009	10	交易费用	21	2008 年
11	land transfer	24	1995 年	11	非农就业	20	2011 年
12	land rental market	22	2010 年	12	农村土地	17	2005 年
13	right	21	2007 年	13	农户行为	17	2003 年
14	determinant	20	2007 年	14	土地管理	17	2007 年
15	land market	20	2005 年	15	交易成本	17	2007 年
16	household	19	2011 年	16	农地制度	15	2005 年
17	transition	19	2012 年	17	农地	14	2009 年
18	participation	18	2017 年	18	对策	14	2010 年
19	transaction cost	16	1999 年	19	流转意愿	14	2005 年
20	tenure security	15	2018 年	20	乡村振兴	14	2018 年

在 333 篇英文文献中，统计出现频次排名前 20 名的关键词（表 1-1）。“impact（影响）”一词出现 62 次，频次最高，年均出现 5 次，属于第一阶段的热点

关键词。“property(所有权)”一词于2005年出现,频次共43次,年均出现2次。此外,“efficiency(效率)”“market(市场)”“rental market(出租市场)”“reform(改革)”“policy(政策)”“rural China(中国农村)”“tenure(使用权)”“investment(投资)”“land transfer(土地流转)”“land rental market(土地出租市场)”“right(权利)”“determinant(决定因素)”“land market(土地市场)”等词出现频次都在20次及以上,属于第三阶段的热点关键词。值得一提的是,虽然“participation(参与)”“tenure security(地权稳定性)”两个研究热点关键词出现年份较晚,但出现频次较高,说明“participation(参与)”“tenure security(地权稳定性)”是近几年学者们较为关注的热点。

2. 研究主题的可视化图谱及动态分析

1) 研究关键词共性分析及聚类分析

关键词是作者对论文中心内容的提炼。对农地经营权流转市场研究相关文献的关键词共现情况进行研究,有利于把握该领域内研究热点的分布态势。为分析当前中国农地经营权流转市场学科领域的研究热点及联系,本节以Citespace软件对1998—2022年中国农地经营权流转市场研究的关键词进行共现分析和聚类分析(图1-3、图1-4)。

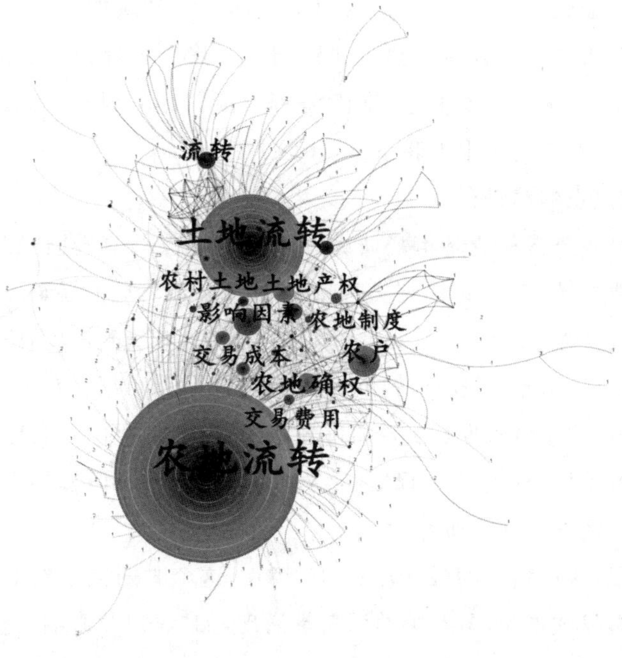

图1-3　中国农地经营权流转市场领域研究的关键词共现知识图谱

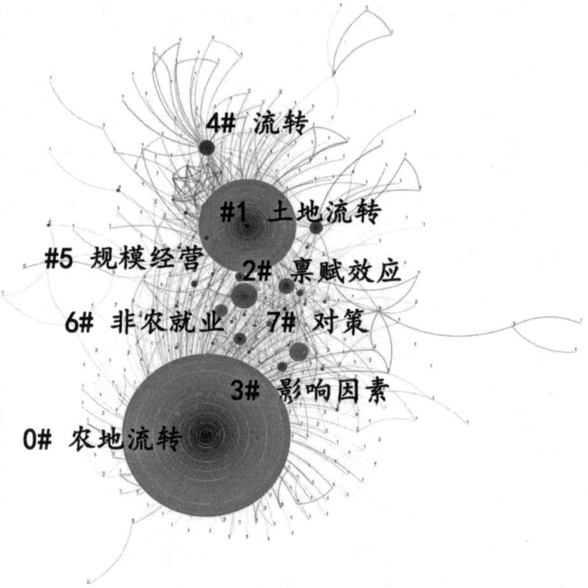

图 1-4　中国农地经营权流转市场领域研究的关键词聚类知识图谱

由图 1-3 可知，"农地流转"和"土地流转"两词属于农地经营权流转市场领域的重点研究词，中心性较强，与其余共现关键词都有较强的联系。此外，"农地经营权流转的影响因素""农户""农地确权"也属于该领域的研究重点。通过对农地经营权流转市场研究领域的热点关键词进行聚类统计，前八位的关键词的共性聚类分别是"农地流转""土地流转""禀赋效应""影响因素""流转""规模经营""非农就业"和"对策"，各聚类联系密切(图 1-4)。

2) 研究热点的演进分析

为分析农地经营权流转市场研究领域前沿热点的演进路径和交互关系，以 Citespace 软件绘制研究关键词聚类时间线，探索农地经营权流转市场研究领域的发展趋势和演进情况(图 1-5)。结合图 1-1 农地经营权流转市场研究相关文献的年产量分布和图 1-5，农地经营权流转市场领域的研究大致可划分为以下四个阶段。

第一阶段：缓慢增长期(1998—2007 年)。这个时期作为农地经营权流转市场研究的孕育阶段，提出了关于农地经营权流转市场的问题，学术界开始对农地经营权流转市场展开初步研究。

第二阶段：快速增长期(2007—2010 年)。这个时期关于农地经营权流转市场研究呈现爆发式增长，各类关键词大量涌现，如"农户""影响因素""规模经营""农村"，等等。

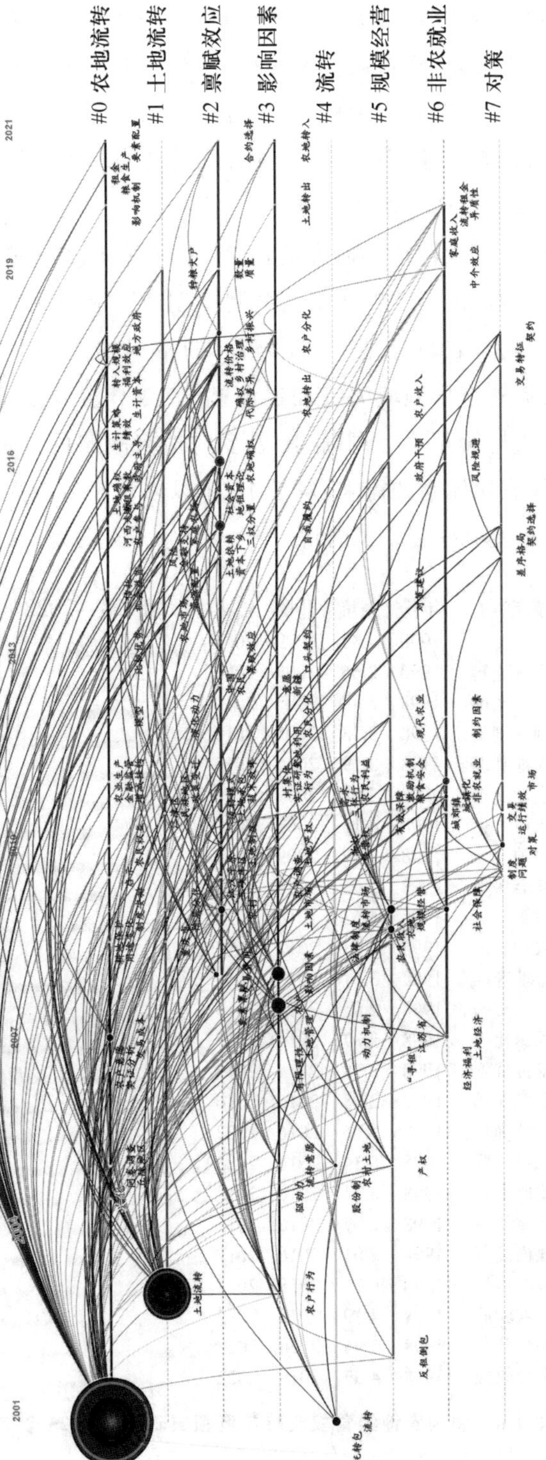

图1-5 中国农地经营权流转市场领域研究的关键词聚类时间线

第三阶段：重要研究期（2011—2018 年）。这个时期关于农地经营权流转市场的研究更加地多元化，学者们从多学科、多维度去分析农地经营权流转的社会效应，比如，“三权分置”“农地确权”“乡村振兴”“资本深化”等。

第四阶段：自 2019 年至今，结合当前政策热点，学者们更加关注农户异质性、要素配置和粮食生产等各类要点。

结合农地经营权流转市场研究的前 25 个突现词（图 1-6），发现 2001—2011 年，学者们主要针对“流转”“农地制度”“制度创新”“流转制度”等方面进行研究。自 2016 年以来，随着农村土地“三权分置”的格局确立和国家对土地产权的重视，农地经营权流转市场领域关键词逐渐被“三权分置”“农地确权”等关键词代替，研究热度一直持续至今。同时，随着乡村振兴战略的推进、农业要素市场化改革和构建现代农业体系的需求，自 2018 年以来，“乡村振兴”“非农就业”“农户分化”等词也逐渐受到学者们的青睐。

关键词	年份	强度	开始	结束
流转	1998	7.81	1999	2011
市场流转	1998	2.66	2003	2005
农村土地	1998	3.48	2005	2010
制度创新	1998	3.23	2005	2010
农地制度	1998	3.19	2005	2010
土地流转	1998	5.68	2009	2010
农村	1998	4.18	2009	2010
农地	1998	3.97	2009	2014
社会保障	1998	2.96	2009	2012
对策	1998	5.53	2010	2011
农户	1998	3.3	2012	2013
土地管理	1998	3.41	2013	2017
口头契约	1998	2.55	2013	2015
城镇化	1998	2.87	2014	2018
抵押贷款	1998	2.78	2014	2015
家庭农场	1998	2.68	2015	2016
农地确权	1998	9.76	2016	2022
三权分置	1998	8.34	2016	2022
政府主导	1998	3.24	2016	2018
禀赋效应	1998	2.97	2016	2017
规模经营	1998	2.61	2016	2017
乡村振兴	1998	6.17	2018	2022
非农就业	1998	4.29	2018	2022
农户分化	1998	3.95	2018	2022
中介效应	1998	4.57	2019	2022

图 1-6　中国农地经营权流转市场领域研究的前 25 个突现词

在英文文献方面，由图 1-7 可知，“impact(影响)”和“property(所有权)”两词属于该学科领域的重点研究词，中心性较强，与其余共现关键词都有较强的联系。此外，“efficiency(效应)”“market(市场)”“rental market(出租市场)”也属于该学科领域的重点研究。通过对农地经营权流转市场研究领域的热点关键词进行聚类统计，前八位的关键词的共性聚类分别是“farmland transfer(农地流转)”“land transfer(土地流转)”“shock(冲击)”“land market(土地市场)”“cultivated land(耕地)”“transaction cost(交易成本)”“sub Saharan Africa(撒哈拉以南的非洲)”“direct payments(直接支付)”，各聚类联系密切(图 1-8)。

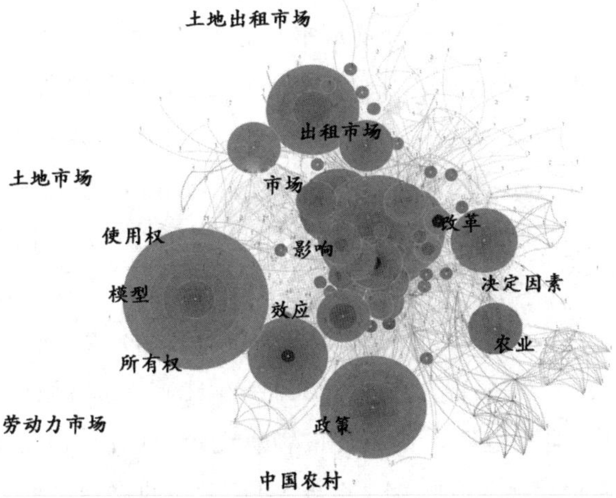

图 1-7 国外农地经营权流转市场领域研究的关键词共现知识图谱

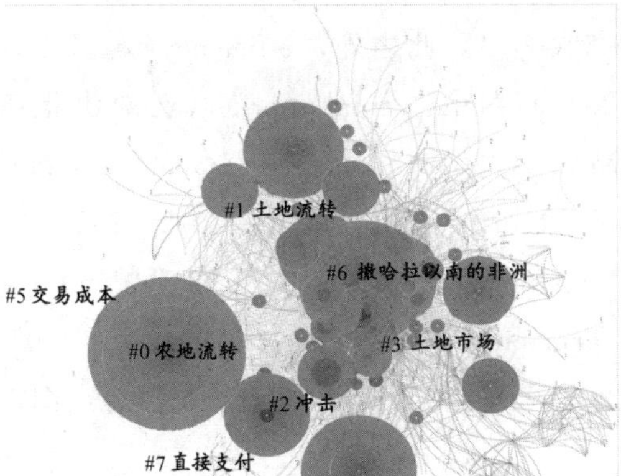

图 1-8 国外农地经营权流转市场领域研究的关键词聚类知识图谱

为分析农地经营权流转市场研究领域前沿热点的演进路径和交互关系，以Citespace软件绘制研究关键词聚类时间线，探索农地经营权流转市场研究领域的发展趋势和演进情况(图1-9)。结合图1-2农地经营权流转市场研究相关文献的年产量分布和图1-9，国外农地经营权流转市场领域的研究可大致划分为以下四个阶段。

第一阶段：缓慢增长期(1992—2005年)。这个时期作为农地经营权流转市场研究的孕育阶段，提出关于农地经营权流转市场的问题，国外学术界开始对农地经营权流转市场展开初步研究。其研究主要涉及"land transfer(土地流转)""model(模型)""risk(风险)""price(价格)""system(系统)""land use change(土地利用变化)""transaction cost(交易成本)"等关键词。

第二阶段：分散研究期(2005—2015年)。这个时期的研究较为发散，开始出现了比较集中的热点关键词。自2005年起，开始出现的高频关键词就有"property(所有权)""rural China(中国农村)""tenure(使用权)""land market(土地市场)"，在后续时间里出现的频次均达到了20次及以上，这个时期是"land market(土地市场，2005—2014)""land transaction(土地交易，2006—2014)""reform(改革，2008—2010)""tenure(使用权，2008—2010)""economics(经济，2011—2013)""market(市场，2013—2015)"等关键词的集中爆发期。虽然这个时期国外的农地经营权流转市场研究较为广泛，但是发文量仍较少。

第三阶段：快速发展期(自2016年至今)。国外的农地经营权流转市场的研究发文量快速增长。这个时期是"China(中国，2016—2017)""sub Saharan Africa(撒哈拉以南的非洲，2018—2019)"等地名出现的集中爆发期，说明这个时期对这两个地方的研究较多。除此之外，"efficiency(效率，2016—2018)""household(家庭，2017—2020)""land rental market(土地出租市场，2017—2020)""food security(食品安全，2018—2020)""cropland abandonment(耕地撂荒，2018—2019)""tenure security(地权稳定性，2018—2020)""investment(投资，2019—2020)""participation(参与，2019—2022)""land transfer(土地流转，2020—2022)""off farm employment(非农雇用，2020—2022)""fragmentation(细碎化，2020—2022)"等词也是近几年国外的研究热点(图1-10)。

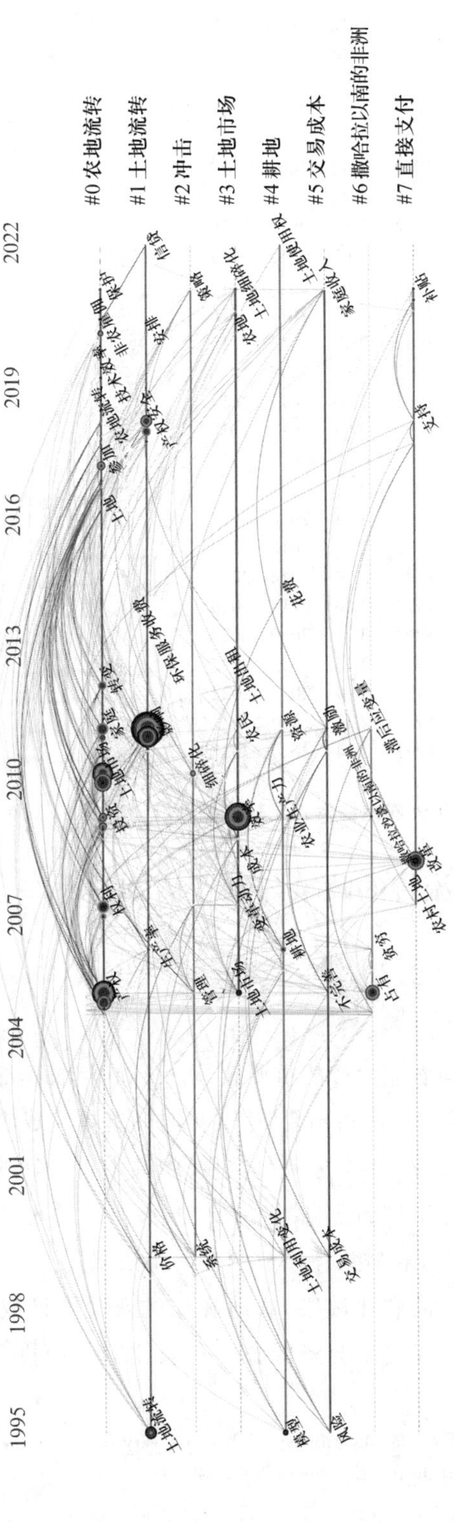

图1-9 国外农地经营权流转市场领域研究的关键词聚类时间线

关键词	年份	强度	开始	结束	1992—2022年
土地市场	1992	4.25	2005	2014	
土地交易	1992	2.81	2006	2014	
改革	1992	3.42	2008	2010	
使用权	1992	2.1	2008	2010	
劳动力市场	1992	3.08	2009	2017	
经济	1992	2.22	2011	2013	
交易	1992	3.35	2012	2020	
模型	1992	2.7	2013	2017	
市场	1992	2.66	2013	2015	
政策	1992	3.31	2014	2016	
土地利用变化	1992	2.37	2015	2016	
价格	1992	2.1	2015	2016	
中国	1992	2.49	2016	2017	
效率	1992	2.05	2016	2018	
家庭	1992	4.95	2017	2020	
土地出租市场	1992	2.31	2017	2020	
食品安全	1992	3.33	2018	2020	
撒哈拉以南的非洲	1992	2.68	2018	2019	
耕地撂荒	1992	2.54	2018	2019	
地权稳定性	1992	2.06	2018	2020	
投资	1992	3.24	2019	2020	
参与	1992	2.46	2019	2022	
土地流转	1992	3.99	2020	2022	
非农雇佣	1992	2.47	2020	2022	
细碎化	1992	2.14	2020	2022	

图 1-10　国外农地经营权流转市场领域研究的前 25 个突现词

1.2　农地经营权流转的政策与制度认知

1.2.1　农地确权

农地确权作为中国农业生产的重要政策。2009 年农业部就开始新一轮农地确权试点工作，2013 年进一步指出要“用 5 年时间基本完成农村土地承包经营权确权登记颁证工作”。2022 年中央一号文件《中共中央 国务院关于做好 2022 年全面推进乡村振兴重点工作的意见》指出要“开展第二轮土地承包到期后再延长 30 年整县试点，巩固提升农村集体产权制度改革成果”。

作为国家大力推广的农业政策，农地确权的政策效果成为学术界与政界关注的焦点。不稳定的产权关系会降低农民对农业的长期投资①。学者们关于农

① Ali D A，Dercon S，Gautam M. Property rights in a very poor country：tenure insecurity and investment in Ethiopia[J]. Agricultural Economics，2011，42(1)：75-86.

地确权对农地经营权流转的影响效应进行了大量的研究，针对农地确权对农地经营权流转是否有促进效应仍具有争议性。一种观点认为，农地确权对农地经营权流转具有显著的促进作用。农地确权能够有效地降低交易双方的信息不对称性，从而降低交易费用[①]，同时加强农地产权强度[②]，增强产权稳定性进而促进农地经营权流转[③]。另一种观点认为，农地确权可能会抑制或者对农地经营权流转无影响。其主要原因是农地经营权流转市场的特殊性使得农地确权增加了农户的禀赋效应[④]，提高了流转双方的交易成本[⑤]，进而抑制了农地经营权流转。有一些学者认为农地确权仅对农地转出的可能性和数量有显著影响，但对农地转入没有影响[⑥]。也有部分学者创新性地从确权方式的角度出发，研究不同确权方式是否会对农地经营权流转产生不同的影响效应。任天驰等(2021)从确权方式的异质性视角出发，发现农户农地经营权流转决策与不同的确权方式有关，其中"确权不确地"的方式显著促进了农户转出土地，而"确权确地"的方式却不产生显著影响[⑦]。李金宁等(2017)研究表明，"确权不确地"比"确权确地"的农地经营权流转的效应更大，较高的农地经营权流转市场化程度会激励农户采取"确权不确地"的确权方式[⑧]。

关于农地确权对农地经营权流转的影响效应的研究结论并不统一。其主要原因可能是农户农地经营权流转的微观决策具有多维度性，受到多方面的影响。

1.2.2　农地经营权流转制度改革

自农地经营权流转问题提出以来，农地经营权流转的政策与制度完善一直是学者们重点关注的领域。通过收集与分析改革开放以来与中国农地经营权流

---

① 冯华超，钟涨宝．新一轮农地确权促进了农地转出吗[J]．经济评论，2019(2)：48-59．

② 程令国，张晔，刘志彪．农地确权促进了中国农村土地的流转吗[J]．管理世界，2016(1)：88-98．

③ 付江涛，纪月清，胡浩．新一轮承包地确权登记颁证是否促进了农户的土地流转——来自江苏省3县(市、区)的经验证据[J]．南京农业大学学报(社会科学版)，2016，16(1)：105-113，165．

④ 胡新艳，罗必良．新一轮农地确权与促进流转：粤赣证据[J]．改革，2016(4)：85-94．

⑤ 贺雪峰．农地承包经营权确权的由来、逻辑与出路[J]．思想战线，2015，41(5)：75-80．

⑥ Xu H，Zhao Y，Tan R，et al. Does the policy of rural land rights confirmation promote the transfer of farmland in China [J]. Acta Oeconomica，2017，67(4)：643-672．

⑦ 任天驰，杨汭华．农地确权、确权方式与农地转出多维决策——基于云贵川1 490户农户的调查[J]．长江流域资源与环境，2021，30(2)：507-518．

⑧ 李金宁，刘凤芹，杨婵．确权、确权方式和农地流转——基于浙江省522户农户调查数据的实证检验[J]．农业技术经济，2017(12)：14-22．

转相关的政策法律，学者们从历史演进的视角去思考农地经营权流转的政策变迁，根据法律政策的特点对中国农地经营权流转政策阶段进行划分[①-②]。同时，分析农地经营权流转政策现存的问题，提出农地经营权流转制度改革建议的研究一直热度不减[①,③-⑤]。结合国情演变和农地经营权流转市场发展程度，当前农地经营权流转制度改革主要从以保障农民权利为出发点[⑥]、坚持三权分置政策取向[⑦]、服务于乡村振兴战略[②]等角度提出制度改革建议。自改革开放以来，几次重大的土地权利改革改变了中国土地市场的格局。三权分置政策通过促进农地经营权流转，提高了有机肥的使用，有利于农业的可持续[⑧]。不同农业区的农地经营权流转会对社会和经济产生不同程度的影响，需要认清这些差异才能消除土地改革的负面影响[⑨]。农民对农业规模经营补贴政策的了解程度有助于提高农地经营权流转[⑩]。

一些学者也提出了要建立农地经营权流转的保障和管制制度。Zou 等(2018)认为城镇化和农业人口老龄化会导致中国农地闲置，农村农地经营权流转的保障体系应得到更多重视[⑪]。Tan 等(2011)认为中国的农地制度是政府控制与市场转移相结合的一种混合制度，这种混合治理结构会导致农地经营权流转的保障作用重新分配并歧视农地所有者[⑫]。Zhu 等(2021)认为合理的土地价

---

① 郭熙保，苏桂榕. 我国农地流转制度的演变、存在问题与改革的新思路[J]. 江西财经大学学报，2016(1)：78-89.

② 李新光，焦灵玉，祝国平. 农村土地经营权流转政策的历史变迁、演进特征与改革取向[J]. 经济问题，2022(1)：78-84.

③ 钱忠好. 农村土地承包经营权产权残缺与市场流转困境：理论与政策分析[J]. 管理世界，2002(6)：35-45，154-155.

④ 杨守玉，王厚俊. "三农"视角下的土地流转制度创新[J]. 农业经济问题，2009(2)：73-76.

⑤ 彭小霞. 我国农村土地流转制度的功能检视及其改革路径[J]. 理论探索，2022(1)：120-128.

⑥ 王家庭，张换兆. 中国农村土地流转制度的变迁及制度创新[J]. 农村经济，2011(3)：31-35.

⑦ 陈小君. "三权分置"与中国农地法制变革[J]. 甘肃政法学院学报，2018(1)：22-33.

⑧ Xu Y，Huang X，Bao H X H，et al. Rural land rights reform and agro-environmental sustainability：empirical evidence from China[J]. Land use policy，2018，74：73-87.

⑨ Cloete P C，van Schalkwyk H D，Idsardi E F. The impact of land transfers in the different agricultural sectors of the North West Province[J]. African Journal of Agricultural Research，2011，6(19)：4642-4653.

⑩ Zhang Y，Wang Y，Bai Y. Knowing and doing：the perception of subsidy policy and farmland transfer[J]. Sustainability，2019，11(8)：2393.

⑪ Zou B，Mishra A K，Luo B. Aging population，farm succession，and farmland usage：evidence from rural China[J]. Land Use Policy，2018，77：437-445.

⑫ Tan R，Qu F，Heerink N，et al. Rural to urban land conversion in China—How large is the over-conversion and what are its welfare implications [J]. China Economic Review，2011，22(4)：474-484.

格管控或建立合同执行监管制度是促进中国大规模农地经营权流转的必要条件[①]。Wang 等(2010)提出严格的耕地保护政策和农地经营权流转管理可以有效控制农地用途的变化[②]。Long 等(2018)认为中国现有的农地管理法律制度存在农地社会功能弱化、相关权利主体农地收益分配失衡等滞后现象,在一定程度上助长了农地经营权流转后用途异化现象[③]。

此外,结合当前中国农地"三权分置"格局的权利基础和乡村振兴战略的提出,中国农地经营权流转的政策与制度重点关注与三权分置和乡村振兴的适配性。部分学者研究在三权分置背景下,分析农地经营权流转权利构架和流转方式的演变[④-⑤],捋清农地经营权流转中"三权分置"的法律构造和法律关系,强调经营权的权能与属性。此外,农地经营权流转政策与制度也积极关注如何防范资本下乡流转风险、提高流转规范性、防止农地经营权流转的"非粮化"和"非农化"现象。虽然农地的三权分置使农地大规模集中经营成为可能,但是也带来一些农地资本化、农民失地等问题[⑥]。

1.3 农地经营权流转的市场行为

1.3.1 农地经营权流转影响因素

许多发展中国家的农村土地市场是从非正规的土地交易发展起来的,农地经营权流转市场均衡了农业要素利弊,提高了农业生产力,从而增加了家庭福利,但是土地市场的发展离不开其他要素市场的有效运作[⑦]。虽然印度自独立

① Zhu W,Paudel K P,Inoue S,et al. Farmland lease,high-rent threat and contract instability:evidence from China[J]. China Agricultural Economic Review,2021,13(4):799-831.

② Wang H,Tao R,Wang L,et al. Farmland preservation and land development rights trading in Zhejiang China[J]. Habitat International,2010,34(4):454-463.

③ Long H,Ge D,Zhang Y,et al. Changing man-land interrelations in China's farming area under urbanization and its implications for food security[J]. Journal of Environmental Management,2018,209:440-451.

④ 宋志红.三权分置下农地流转权利体系重构研究[J].中国法学,2018(4):282-302.

⑤ 刘兆军,李松泽."三权分置"权利关系下的农地流转方式研究[J].学习与探索,2018(2):134-140,176.

⑥ Zhou C,Liang Y,Fuller A. Tracing agricultural land transfer in China:some legal and policy issues[J]. Land,2021,10(1):58.

⑦ Teklu T,Lemi A. Factors affecting entry and intensity in informal rental land markets in Southern Ethiopian highlands[J]. Agricultural Economics,2004,30(2):117-128.

起，农地租赁被法律禁止，但农村地区依然盛行农地租赁，非正式的农地租赁市场使农民不受法律保护，无法受到农业补贴、农业信贷与保险、农产品最低支持价格等政策保障[①]。农地经营权流转作为实现农业规模化经营、提高农业全要素生产率的重要手段，如何促进农地经营权流转、完善农地经营权流转市场是学界关心的问题。为此，学者们从农地经营权流转的影响因素入手，重点剖析农地经营权流转现状及影响因素，试图为促进农地经营权流转提供建议。

学者们从不同的区域出发，在全国、地区、省、市、县等均有研究，以分析中国农地经营权流转市场现状。基于全国农业农村的统计数据、调研数据或者是网络数据，从农地经营权流转规模、形式、用途、去向、租金、年限和合同签订等角度分析农地经营权流转现状[②-⑦]。从整体上看，虽然农地经营权流转市场发展迅速，流转规范性日益增强，但是仍存在流转合同不规范、流转市场不完善、流转市场监管不力等问题。

具体农地经营权流转市场发展现状：①虽然农地经营权流转规模逐年增加，但是增速有所放缓；②流转形式越来越多样化，包括转包、租赁、互换、转让、股份合作、土地信托等形式，其中转包和租赁是主要形式，股份合作和土地信托等现代流转形式也越来越普遍；③虽然农地经营权流转用途以种植粮食作物为主，农地主要流向农户，但是流向农业合作社、企业等新型农业经营主体的比例也在逐年上升；④全国层面的流转租金日渐显化且有所上涨，已经成为农业生产成本的重要部分；⑤在合同签订方面，农地经营权流转的合同签订比例较低，合同规范性较差。针对这个问题，2021 年 9 月出台的《农村土地经营权出租合同（示范文本）》和《农村土地经营权入股合同（示范文本）》为流转合同提供了规范化模板，旨在提高流转规范性。

农地经营权流转的影响因素主要分为宏观和微观两类：宏观影响因素主要

① Mandal S, Misra G V, Naqvi S M A, et al. Situational analysis of agricultural land leasing in Uttar Pradesh[J]. Land Use Policy, 2019, 88: 104106.

② 孙晓明. 青田县农村土地承包经营权流转现状及对策[J]. 内蒙古农业科技, 2009(4): 92-93.

④ 方中友. 南京市农地流转的现状、问题及对策研究[J]. 南京社会科学, 2007(9): 147-151.

⑤ 朱文. 西部地区农户土地流转现状剖析[J]. 西南民族大学学报（人文社会科学版）, 2014, 35(1): 137-141.

⑥ 郜亮亮. 中国农地流转市场的现状及完善建议[J]. 中州学刊, 2018(2): 46-52.

⑦ 钱忠好, 冀县卿. 中国农地流转现状及其政策改进——基于江苏、广西、湖北、黑龙江四省（区）调查数据的分析[J]. 管理世界, 2016(2): 71-81.

⑦ 公茂刚, 王学真, 李彩月. "三权分置"改革背景下我国农村土地流转现状及其影响因素研究[J]. 宁夏社会科学, 2019(1): 92-101.

有经济发展水平[①]、农地产权[②]、交易成本[③-④]、养老保险[⑤]和耕地保护政策[⑥]，等等；微观影响因素主要有农民个人特征[⑦]、农户家庭特征[⑧]、农户认知程度[⑨]、非农就业[⑩-⑫]、农业机械[⑬]和土地整理[⑭]等。吴巍等(2016)从微观视角出发，运用 Tobit 模型验证农地经营权流转的微观影响机制，研究发现对于转出户而言，家庭劳动力人数和家庭务农纯收入对农地经营权流转有显著的负向影响[⑮]。张建等(2016)从政府干预的角度出发，研究发现政府干预能减少流转过程中的交易费用，降低农地经营权流转的交易成本，促进农地市场发育[⑯]。

---

① 张兰，冯淑怡，曲福田．农地流转区域差异及其成因分析——以江苏省为例[J]．中国土地科学，2014，28(5)：73-80．

② 马贤磊，仇童伟，钱忠好．农地产权安全性与农地流转市场的农户参与——基于江苏、湖北、广西、黑龙江四省(区)调查数据的实证分析[J]．中国农村经济，2015(2)：22-37．

③ 张建，诸培新，王敏．政府干预农地流转：农户收入及资源配置效率[J]．中国人口·资源与环境，2016，26(6)：75-83．

④ Deininger K，Jin S．The potential of land rental markets in the process of economic development：evidence from China[J]．Journal of Development Economics，2005，78(1)：241-270．

⑤ 赵光，李放，黄俊辉．新型农村养老保险对农民土地流转行为的影响——基于"中国健康与养老追踪调查"数据的倍差法分析[J]．江西财经大学学报，2015(4)：49-58．

⑥ Qiu T，Luo B，Li S，et al．Does the basic farmland preservation hinder land transfers in rural China[J]．China Agricultural Economic Review，2019，12(1)：39-56．

⑦ 何京蓉，李炯光，李庆．农户转入土地行为及其影响因素分析——基于三峡库区 427 户农户的调查数据[J]．经济问题，2011(8)：77-81．

⑧ 赵修研，谭艳美，樊鹏飞，等．农地流转市场发育的微观机制——来自中国家庭追踪调查的证据[J]．地域研究与开发，2018，37(4)：168-173．

⑨ 钟晓兰，李江涛，冯艳芬，等．农户认知视角下广东省农村土地流转意愿与流转行为研究[J]．资源科学，2013，35(10)：2082-2093．

⑩ Gao J，Song G，Sun X．Does labor migration affect rural land transfer—Evidence from China[J]．Land Use Policy，2020，99：105096．

⑪ Su B，Li Y，Li L，et al．How does nonfarm employment stability influence farmers' farmland transfer decisions—implications for China's land use policy[J]．Land Use Policy，2018，74：66-72．

⑫ Xie Y，Jiang Q．Land arrangements for rural-urban migrant workers in China：findings from Jiangsu Province[J]．Land Use Policy，2016，50：262-267．

⑬ Qian L，Lu H，Gao Q，et al．Household-owned farm machinery vs．outsourced machinery services：The impact of agricultural mechanization on the land leasing behavior of relatively large-scale farmers in China[J]．Land Use Policy，2022，115：106008．

⑭ Zeng S，Zhu F，Chen F，et al．Assessing the impacts of land consolidation on agricultural technical efficiency of producers：a survey from Jiangsu Province，China[J]．Sustainability，2018，10(7)：2490．

⑮ 吴巍，张安录．农地流转影响因素研究——基于河南省 4 市 625 份农户调查[J]．华中农业大学学报(社会科学版)，2016(4)：107-113，131-132．

⑯ 张建，诸培新，王敏．政府干预农地流转：农户收入及资源配置效率[J]．中国人口·资源与环境，2016，26(6)：75-83．

1.3.2 农地经营权流转价格

农地经营权流转价格是农地经营权流转市场的核心，也是农业资本投入的重要组成部分，对农产品成本收益具有非常重要的影响。当农地经营权流转价格过低时，土地供给会减少，不利于农业适度规模化发展；当农地经营权流转价格过高时，农业生产利润又会减少，加剧了农地经营权流转的“非粮化”现象，对农业生产的稳定性，尤其是粮食安全造成影响。

学者们针对农地经营权流转价格的研究较为丰富，主要从价格形成机制①、影响因素②、评估方法③和价格特征④等方面开展。尚旭东等(2016)①从政府主导农地经营权流转的视角出发，测算在政府主导和市场配置两种方式下的农地经营“成本弹性”，结果表明，政府行为会促使流转价格溢价，同时政府介入流转会在一定程度上扭曲流转市场的供需均衡。桑晓靖等(2017)④提出土地流转全要素价格的观点，从土地的经济价值、社会价值和生态价值三个视角构建农地经营权流转价格模型。申云等(2012)②从农户特征、地块特征、社会环境特征等方面构建农地经营权流转价格影响因素指标体系，研究发现户主的耕种意愿、农地平整度、农地地理位置、当地经济发展水平和物价水平都会显著正向影响农地转出价格。在价格特征方面，学者们基于不同空间尺度，从时间特征⑤、空间特征⑥和结构特征⑦等方面分析农地经营权流转价格的形成特征以及价格差异。Liu R 等(2020)⑧和常伟(2014)⑨研究发现，以血缘亲缘关系为纽带的社会关系网络会影

---

① 尚旭东，常倩，王士权. 政府主导农地流转的价格机制及政策效应研究[J]. 中国人口·资源与环境，2016，26(8)：116-124.

② 申云，朱述斌，邓莹，等. 农地使用权流转价格的影响因素分析——来自于农户和区域水平的经验[J]. 中国农村观察，2012(3)：2-17，25，95.

③ 桑晓靖，王芝旸，李录堂. 农村土地流转全要素价格模型及实证研究——以陕西杨凌示范区设施农业为例[J]. 农村经济，2017(2)：52-57.

④ 杜挺，朱道林. 中国土地流转价格时空演化与宏观机制研究[J]. 资源科学，2018，40(11)：2202-2212.

⑤ 全世文，胡历芳，曾寅初，等. 论中国农村土地的过度资本化[J]. 中国农村经济，2018(7)：2-18.

⑥ 徐羽，李秀彬，辛良杰. 中国耕地规模化流转租金的分异特征及其影响因素[J]. 地理学报，2021，76(3)：753-763.

⑦ 杜挺，朱道林，王兆林，等. 农地流转价格结构分化研究——基于黄淮海地区 5 省调研数据分析[J/OL]. 农业技术经济，2022(7)：1-14.

⑧ Liu R，Gao Z，Nian Y，et al. Does social relation or economic interest affect the choice behavior of land lease agreement in China—evidence from the largest wheat-Producing Henan province[J]. Sustainability，2020，12(10)：4279

⑨ 常伟. 强关系的价值——基于安徽农地流转的实证研究[J]. 统计与信息论坛，2014，29(11)：98-103.

响农地经营权流转租金，流转双方的社会关系强度与租金价格成反比。Tongwei Qiu 等(2020)研究发现，外村承租人的出现能够促使本村熟人之间流转价格的上涨，促进熟人之间的农地经营权流转的市场化[①]。

1.4 农地经营权流转的市场效应

1.4.1 农地经营权流转的要素配置效应

2021年中央一号文件《中共中央 国务院关于全面推进乡村振兴加快农业农村现代化的意见》指出要深入推进农村改革，完善要素市场化配置机制。2022年发布《中共中央 国务院关于加快建设全国统一大市场的意见》强调要打造统一的要素和资源市场，促进资源有序流动和合理配置。根据边际产出拉平理论，农地经营权流转能促进生产要素流向效率更高的农户手中，起到优化资源配置的作用[②]。Lu 等(2018)主张，农地经营权流转是中国耕地管理和集约化生产的重要途径。农地经营权流转不仅会产生社会、经济和生态效益，还能够获得更有效和可持续地利用的资源[③]。

在构建统一大市场的政策基调下，结合农地经营权流转的发展现状，如何促进各类农业生产要素市场的匹配发展与完善是学者们重点关注的研究点。学者们从农地资源、劳动力资源、资本投入等角度研究农地经营权流转的要素配置效应[④-⑦]，分析农业生产中的各要素配置情况。

在农地经营权流转的要素配置效应中，研究较多的是农地经营权流转对非

① Qiu T, Luo B, Choy S T B, et al. The demonstration effect of transactions between strangers on those between acquaintances: evidence from land rentals in rural China[J]. Applied Economics, 2020, 52(43): 4780-4793

② 曾雅婷，吕亚荣，刘文勇. 农地流转提升了粮食生产技术效率吗——来自农户的视角[J]. 农业技术经济，2018(3): 41-55.

③ Lu N, Wei H, Fan W, et al. Multiple influences of land transfer in the integration of Beijing-Tianjin-Hebei region in China[J]. Ecological Indicators, 2018, 90: 101-111.

④ 盖庆恩，程名望，朱喜，等. 土地流转能够影响农地资源配置效率吗——来自农村固定观察点的证据[J]. 经济学(季刊)，2020, 20(5): 321-340.

② 郭小琳，郑淋议，施冠明，等. 农地流转、要素配置与农户生产效率变化[J]. 中国土地科学，2021, 35(12): 54-63.

③ 李姗姗，匡远配. 农地流转对农业资本深化的实证研究[J]. 中国农业资源与区划，2019, 40(3): 181-187.

⑦ 郑纪刚，张日新，曾昉. 农地流转对化肥投入的影响——以山东省为例[J]. 资源科学，2021, 43(5): 921-931.

农就业的影响。田传浩等(2014)从农地经营权流转市场的数量与质量两个维度出发,研究发现,成熟的土地市场发育与稳定的市场租赁契约有利于农村劳动力的非农流动[①]。张永丽等(2018)研究发现,农地经营权流转与劳动力转移相互促进,随着农村结构转型的进一步推进,农地经营权流转对农村劳动力流动的正向促进效应显著[②]。史常亮等(2020)从要素错配的角度出发,发现农地经营权流转可以通过纠正劳动力错配来提高农业生产效率[③]。刘颖等(2019)从劳动力资源利用效率的角度出发,研究发现农户的农地转入和转出行为都能有效提高总劳动力资源利用效率[④]。

1.4.2 农地经营权流转的收入分配效应

自党的十八大以来,习近平总书记高度重视增加农民收入,多维度论述农民增收的重要性。政府强调要多渠道促进农民增收,农地经营权流转对实现集中连片种植,提升农业综合生产力以及拓宽农户增收渠道具有重要意义。为此,学者们积极关注农地经营权流转对农户收入的影响,对农地经营权流转的收入效应、收入分配效应及其机理机制进行了探索性研究。

在农地经营权流转的收入效应方面,多数实证研究证明,农地经营权流转能促进农民增收。薛凤蕊等(2011)[⑤]和李中(2013)[⑥]通过运用双重差分模型,发现农地经营权流转可以增加农户人均年纯收入,实现农民增收。陈飞等(2015)从转入和转出土地的视角证明,转入和转出土地均有利于增加农户收入,并且能有效降低贫困发生率[⑦]。Segers 等(2010)从农地使用权的正式分配和其他非正式农地转让实践的角度,探讨非正式农田租赁形式对减缓贫困的

---

① 田传浩,李明坤.土地市场发育对劳动力非农就业的影响:基于浙、鄂、陕的经验[J].农业技术经济,2014(8):11-24.

② 张永丽,梁顺强.土地流转对农村劳动力流动的影响[J].干旱区资源与环境,2018,32(8):45-51.

③ 史常亮,占鹏,朱俊峰.土地流转、要素配置与农业生产效率改进[J].中国土地科学,2020,34(3):49-57.

④ 刘颖,南志标.农地流转对农地与劳动力资源利用效率的影响——基于甘肃省农户调查数据的实证研究[J].自然资源学报,2019,34(5):957-974.

⑤ 薛凤蕊,乔光华,苏日娜.土地流转对农民收益的效果评价——基于 DID 模型分析[J].中国农村观察,2011(2):36-42+86.

⑥ 李中.农村土地流转与农民收入——基于湖南邵阳市跟踪调研数据的研究[J].经济地理,2013,33(5):144-149.

⑦ 陈飞,翟伟娟.农户行为视角下农地流转诱因及其福利效应研究[J].经济研究,2015,50(10):163-177.

有效作用[①]。Gersbach 等(2010)主张成功的农地经营权流转使社会从以农业为基础的贫困状态过渡到以人力资本为基础的发达经济[②]。Van 等(2017)认为土地管理权利下放将能确保更好地保护农户的资产,并减少与土地有关的冲突[③]。

在农地经营权流转的收入分配效应方面,部分学者认为虽然农地经营权流转促进了农民增收,但是却加剧了农民收入差距。朱建军等(2015)根据反事实分析框架评估农地经营权流转对中国农民收入和收入分配的影响,研究发现农地经营权流转能促进农户收入增长,但是农地经营权流转会在一定程度上加剧农民收入不平等[④]。虽然农地经营权流转会提高农民的生活质量,但是只是有利于老一代的农民,农地经营权流转会降低新一代的农民生活质量[⑤]。刘新智等(2021)研究发现,虽然农地经营权流转整体上拉大了农户收入差距,但是收入分配效应具有显著的区域异质性[⑥]。还有部分学者从农户异质性、区域异质性的角度出发,分析农地经营权流转对农户收入的影响机理[⑦-⑧]。一些学者甚至认为农地经营权流转在近些年实际是以牺牲农业经营者的利益为代价的,虽然农地经营权流转在可以带来规模效应,但是农地流出也会降低以农业为生的农民收入[⑨]。

---

① Segers K,Dessein J,Hagberg S,et al. Unravelling the dynamics of access to farmland in Tigray,Ethiopia:the ‘emerging land market’ revisited[J]. Land Use Policy,2010,27(4):1018-1026.

② Gersbach H,Siemers L H R. Land reforms and economic development[J]. Macroeconomic Dynamics,2010,14(4):527-547.

③ Van Leeuwen M. Localizing land governance,strengthening the state:decentralization and land tenure security in Uganda[J]. Journal of Agrarian Change,2017,17(1):208-227.

④ 朱建军,胡继连.农地流转对我国农民收入分配的影响研究——基于中国健康与养老追踪调查数据[J].南京农业大学学报(社会科学版),2015,15(3):75-83,124.

⑤ He Q,Deng X,Li C,et al. Does land transfer improve farmers' quality of life—evidence from rural China[J]. Land,2021,11(1):15.

⑥ 刘新智,周韩梅,王小华.农地流转缩小农户收入差距了吗——基于CFPS的微观证据[J].农林经济管理学报,2021,20(4):501-510.

⑦ 郭君平,曲颂,夏英,等.农村土地流转的收入分配效应[J].中国人口·资源与环境,2018,28(5):160-169.

⑧ 李成明,孙博文,董志勇.农户异质性、农地经营权流转与农村收入分配——基于中国家庭追踪调查数据(CFPS)的实证研究[J].农村经济,2019(8):26-33.

⑨ Fei R,Lin Z,Chunga J. How land transfer affects agricultural land use efficiency:evidence from China's agricultural sector[J]. Land Use Policy,2021,103:105300.

1.4.3 农地经营权流转的生产效率效应

农业生产率的提升能够促进农民增产增收，有效保障中国的粮食安全并缩小城乡收入差距，对中国农业生产、经济结构转型具有重要意义。农业生产率既是农业投入产出的比值，也是衡量农业生产能力的重要指标。学者们对农地经营权流转的生产效率效应一直具有较高的关注度。

最初，学者们从单要素生产率的角度衡量农地经营权流转对农业生产率的影响，比如，土地生产率①、劳动力生产率②，但是单要素生产率指标难以综合反映投入要素生产率的变动。学者在注意到这个问题后转而使用技术效率、农业全要素生产率开展研究。曾雅婷等(2018)运用 SFA 方法对粮食生产技术效率进行测算，研究发现农地经营权流转对粮食生产技术效率具有显著的正向影响③。匡远配等(2019)从经营规模、农业技术进步、改良技术效率、要素配置效率四个角度构建农地经营权流转的全要素生产率效应框架的研究发现，农地经营权流转对农业全要素生产率的影响存在显著的倒"U"形关系④。莫亚琳等(2021)从土地、劳动力、资本三要素角度出发，利用中介效应模型具体分析农地经营权流转对农业全要素生产率影响的作用机制⑤。

随着中国对粮食安全的日益重视，关于农地经营权流转对粮食安全的影响的研究文献也日益增加。王倩等(2015)结合河南、山东、河北、安徽四个粮食主产省的调研数据，研究发现农地转入户的粮食单产量更高。转入户通过农地经营权流转实现规模经营，提高资源配置效率进而促进粮食增产⑥。曾雅婷等(2018)从具体投入要素产出弹性视角出发研究发现虽然农地经营权流转对粮食生产技术效率具有正向影响，会提高劳动力、农具和农资等要素的产出率，但是

---

① 朱建军，郭霞，常向阳.农地流转对土地生产率影响的对比分析[J].农业技术经济，2011(4)：78-84.

② 刘卫柏，郑爱民，彭魏倬加，等.农村土地流转与劳动生产率变化——基于 CIRS 调查数据的实证分析[J].经济地理，2017，37(12)：195-202.

③ 曾雅婷，吕亚荣，王晓睿.农地流转对粮食生产技术效率影响的多维分析——基于随机前沿生产函数的实证研究[J].华中农业大学学报(社会科学版)，2018(1)：13-21，156-157.

④ 匡远配，杨佳利.农地流转的全要素生产率增长效应[J].经济学家，2019(3)：102-112.

⑤ 莫亚琳，苏城艺，覃焕，等.农地流转如何提升农业全要素生产率——基于我国省级面板数据的实证检验[J].广西社会科学，2021(9)：80-88.

⑥ 王倩，余劲.农地流转对粮食生产投入产出的冲击效应[J].西北农林科技大学学报(社会科学版)，2015，15(4)：27-33.

却降低了土地要素的产出率[①]。朱建军等(2019)基于农地经营权流转的数量和质量视角的研究发现,农地经营权流转面积对粮食生产技术效率呈现倒"U"形关系,表明粮食生产符合适度规模原则;农地经营权流转价格对粮食技术效率具有倒"U"形影响,技术效率随着流转价格的增加先上升,后下降[②]。

① 曾雅婷,吕亚荣,刘文勇.农地流转提升了粮食生产技术效率吗——来自农户的视角[J].农业技术经济,2018(3):41-55.

② 朱建军,张蕾.农地流转对粮食生产技术效率的影响研究——基于数量和质量双重视角[J].农林经济管理学报,2019,18(1):28-35.

制 度 篇

ZHIDUPIAN

第2章 制度与市场发展

处理好农民与土地关系问题在我国整个农村土地制度改革中具有重要地位，讨论农地经营权流转市场的发展，不可不关注农村土地制度的制度基础与变革。我国农地经营权流转市场的制度基础是家庭联产承包责任制和“所有权、承包权、经营权”的三权分置，以这两个制度为基础，农地经营权流转市场不断变革与发展。

2.1 农地经营权流转市场的制度基础

从家庭联产承包责任制到“三权分置”：自20世纪70年代末以来，马克思主义经典理论与中国实践相结合在中国农地制度改革方面有两次质的飞跃，产生两次重大理论成果。两次制度成果都是在“自下而上”的实践探索中发展而来的：第一次是20世纪70年代末80年代初，我国建立的统一经营与分散经营相结合、以家庭承包为主要形式的家庭联产承包责任制，实现了土地所有权和经营权的分离；第二次是把农村土地承包经营权分离为承包权和经营权的“三权分置”制度，实现了土地经营权从土地承包经营权中的再次分离。

2.1.1 家庭联产承包责任制

1978年，在中国广大农村逐渐实行的家庭联产承包责任制替代了人民公社体制的条件下，土地集体所有、集体经营的农业生产组织方式实现了土地集体所有权与经营权的分离，确立了在土地集体所有制基础上以户为单位的家庭承包经营的农村基本经营制度，并延续至今。以家庭联产承包责任制为核心内容的农地产权制度改革使得集体组织与农户间的权、责、利关系得到一定程度的明晰，农户家庭成为自主经营、自负盈亏的经济单位和市场主体，提高了农民生产积极性，对我国农业生产力发展具有重大的促进作用。邓小平同志在1990年3月发表“国际形势和经济问题”的谈话时，就阐明了废除人民公社、实行家庭联产承包为主的责任制是一大飞跃。根据王小鲁的研究，我国粮食产量从 1977 年的 2.83 亿吨增加到 1984 年的 4.07 亿吨，在增加的 1.25 亿吨粮食中，农村实行家庭联产承包责任制和提高粮食征购价格的合计贡献约为 7 000 万吨，占增量的一半还多[①]。

家庭联产承包责任制的建立是实践需求中自下而上的改革。1978 年，安徽凤阳小岗村 18 户农民掀开了中国农村土地改革的序幕；1979 年中央转发的国家农委党组《关于农村工作问题座谈会纪要》的规定，边远山区单门独户允许搞“包产到户”“分田单干”，其他地方的包产到户也不必禁止和勉强纠正；1980 年，包产到户扩大到整个贫困地区；1982 年，中央一号文件《全国农村工作会议纪要》正式肯定了土地的农民家庭承包经营制度。这标志着农村土地家庭联产承包责任制作为一项正式制度的确立。

家庭联产承包责任制改革的核心是将土地产权分为所有权和承包经营权（也是一种使用权）。所有权归村集体所有，承包经营权则由集体经济组织按户分包给农户家庭自主经营，按制度设计的想法，集体经济组织负责承包合同履行的监督，并对公共设施的统一安排、使用和调度，土地调整和分配，从而形成一套有统有分、统分结合的双层经营体制。家庭联产承包责任制的推行使农户家庭在集体经济中由单纯的劳动提供者变成既是生产者又是经营者，极大地调动了农民的生产积极性，较好发挥了劳动和土地的潜力。

家庭联产承包责任制是一种在集体所有制下“两权分离”的制度安排。坚持集体所有制是家庭联产承包责任制改革的前提。承包农户与集体组织的权利与责任是建立在土地集体所有的基础上，在不改变土地集体所有前提下，通过土地权利结构的重构，家庭联产承包责任制实现了土地所有权与使用权的分离。在这个制度下，农民集体所有的农村土地由农村集体经济组织、村民委员会或者村民小组发包，且不得改变村内各个集体经济组织中农民集体所有的土地所有权。集体经济组织或村民自治组织作为农民集体所有权的代理者，拥有调整、监督、收回集体土地等权利。集体经济组织成员有权依法承包集体土地，拥有长期且有保障的承包经营权。

家庭联产承包制责任制是一种国家、集体与农户之间的合约议定[②]。家庭联产承包责任制改革是一场国家与集体组织和集体成员三者之间的合约议定，形成“交足国家的，留够集体的，剩下都是自己的”的合约结构。作为相对独立的农

---

① 王小鲁. 改革之路(1978—2018)：我们的四十年[M]. 北京：社会科学文献出版社，2019.

② 刘守英. 农村土地制度改革：从家庭联产承包责任制到三权分置[J]. 经济研究，2022，57(2)：18-26.

业生产经营者，农户承包经营集体的土地，生产经营收入按合同规定完成国家任务与履行集体义务后，剩余部分归农户，极大地促进了农民生产的积极性。集体土地所有权对承包经营权的权能施加约束，集体土地所有权主体不得变更，土地始终为集体经济组织成员共同所有。

在家庭联产承包责任制的条件下，一个共性的认识是农地产权权能的明确与强化。家庭联产承包责任制明确了承包农户对土地的产权，这是改革后农业绩效改善的关键。改革后的集体所有制由每个集体组织的合法成员平等享有的集体所有土地的各项权利。每个分到土地的承包农户合法享有在规定用途内对承包地使用、收益和农地经营权流转的权利，同时农户享有承包土地的权能，并且自主组织生产、经营和处置产品。此外，农地经营权流转得到法律明确，家庭承包取得的土地经营权可以依法采取转包、出租、互换、转让或者其他方式流转。通过确权颁证，农民对土地的使用权予以登记保护。通过产权期限的不断延长来稳定承包农民对土地的预期，承包期限从 15 年到 45 年，再到 75 年，农民对土地的预期更加稳定。1982 年中央一号文件《全国农村工作会议纪要》明确指出，包产到户和包干到户“不同于合作化以前的私有的个体经济，而是社会主义农业经济的组成部分”。1984 年中央一号文件《关于一九八四年农村工作的通知》提出“延长土地承包期”，规定“土地承包期一般应在十五年以上”。1993 年 11 月中央十一号文件《关于当前农业和农村经济发展的若干政策措施》提出“为了稳定土地承包关系，鼓励农民增加投入，提高土地的生产率，在原定的耕地承包到期之后，再延长三十年不变”。2008 年党的十七届三中全会又提出现有土地承包关系要保持稳定并长久不变。2017 年党的十九大报告再次重申在土地承包关系长久不变的同时，第二轮土地承包到期后再延长三十年。

建立“以家庭承包经营为基础、统分结合的双层经营体制”，确立和保护农户的家庭经营。农户成为土地的主要承包单位，家庭随之成为农业微观经营主体，生产、交换、积累和消费以家庭为单位进行。在家庭经营主体地位基础上，保留了合作经济层面的统一经营，农村集体经济组织承担提供社会化服务与土地承包管理的职能，成为农户之间有机联合的组织。家庭联产承包责任制理顺了农村最基本的生产关系，确定了农户经营的主体地位，壮大了农村集体经济实力，对于调动农民生产经济性，解放生产力具有非常重要的意义。随着国家对构建现代农业体系的重视，家庭联产承包责任制在传统农业向现代化农业转变过程中表现出不适应的地方，这是家庭联产承包责任制不够完善的具体表现。经过

40 多年的农村改革，农村发生了翻天覆地的变化，这确实应归功于实行了家庭联产承包责任制。家庭联产承包责任制依旧是我国现阶段与生产力发展水平相适应的最佳形式的生产关系。

2.1.2 “所有权、承包权、经营权”的分置

随着我国工业化、城镇化的发展，城乡二元格局逐渐被打破，农民进城务工导致人地分离的现象越来越普遍，农地经营权流转比例迅速上升，承包权与经营权分离成为常态。家庭联产承包责任制下呈现“人均一亩三分地”式的土地细碎化经营方式和经营主体局限于农户的“家庭自耕自种”式小农生产模式，越来越与以规模化、集约化、专业化、机械化和市场化为特征的现代农业发展不相适应。原有的农地两权分置体制已成为新形势下全面深化改革的一大掣肘，倒逼着农村集体土地产权制度进行改革、创新和探索。“三权分置”制度通过实现土地经营权和土地承包权的分离，土地更加灵活的配置既能有效激活农村生产要素，又充分保障了农民的土地财产权，维护了农村稳定，还为新型城市化提供了坚强支撑，无疑是克服农村土地产权制度困境的重要制度创新。

随着中国社会主义市场经济的发展以及工业化、城镇化和农业现代化的快速深入和推进，城乡二元格局被逐渐打破，农业生产经营主体、农地资源配置状况和农业外部环境都发生了深刻变化，农地经营权流转萌芽与发展已成事实。然而，长期以来关于农地经营权流转的政策和法律界定模糊。在集体所有农户承包经营权制度安排下，承包权和经营权分离的规则、权能安排不明确、农户承包权的权能不完整、保护不严格以及经营权权能界定和保护不清晰等问题已经严重制约了农地经营权流转的发展，这就要求关于农地经营权流转的规则和程序、如何进行权能界定和保护等应提上国家议程。

党的十八届三中全会通过的《中共中央关于全面深化改革若干重大问题的决定》提出要赋予承包农户对土地的占有、使用、收益和流转权，赋予流入土地的经营者抵押权和担保权。2013 年 7 月 23 日，习近平同志在湖北考察时强调：“完善农村基本经营制度，要好好研究农地所有权、承包权、经营权三者之间的关系。”2013 年中央农村工作会议指出：“把农民土地承包经营权分为承包权和经营权，实现承包权和经营权分置并行。”至此，三权分置作为一项制度被正式确立。随后各年的中央一号文件都强调要完善承包地的三权分置制度。

2019 年实施新修正的《中华人民共和国农村土地承包法》（以下简称《农村土

地承包法》)正式确定了“三权分置”，界定了“三权”各自的权能和“三权分置”下农地经营权流转方式和流转原则，对农地“三权分置”做出了可操作性的规定。2021 年 1 月 1 日开始实施的《中华人民共和国民法典》(以下简称《民法典》)明确了集体土地所有权的主体是“农民集体”，强调了土地承包权的身份属性和用益物权属性，增设土地经营权制度。至此，集体所有权、农户承包权和土地经营权分置并行的农村土地制度基本构建。

“三权分置”强调在落实农村土地集体所有权的基础上，对土地承包经营权实行权利再分割，将承包经营权分为承包权和经营权，强调稳定承包权，放活经营权。稳定农村土地承包关系并保持长久不变，在坚持和完善最严格的耕地保护制度前提下，赋予农民对承包地占有、使用、收益、流转及承包经营权抵押、担保权能。其主要有以下三点制度特征。

一是落实集体所有权。集体所有权是指依据农民集体成员权，确定集体土地的产权主体。集体所有权的权利主体是农民集体，集体经济组织是集体所有权的行使代表。集体所有权具有的权能：①土地集体所有权人对集体土地依法享有占有、使用、收益和处分的权利；②集体所有权人拥有对集体土地发包、调整、监督、收回等权利；③土地集体所有权人对土地补偿费用的分配、使用以及集体出资企业的所有权变动拥有决定权；④土地集体所有权代理者有权对农地经营权流转和再流转进行备案。

二是稳定农户承包权。土地承包权的权利内涵是作为集体经济组织成员的农户，依法公平地获得集体土地的承包权，土地承包权被界定为用益物权。稳定农户承包权，就是要充分维护承包农户使用、流转、抵押、退出承包地等各项权能。农户承包权具有的权能：①土地承包权人依法对承包地享有占有、使用和收益的权利，有权自主开展农业生产经营并取得收益；②土地承包权人有权互换、转让土地承包权，有权通过出租(转包)、入股或其他方式在保留土地承包权的情况下将农地经营权流转给他人并获得收益；③土地承包权人享有承包土地被征收获得补偿以及自愿交回或者发包方收回承包地时获得补偿的权利；④土地承包权人应得的承包收益可以按照规定继承；⑤承包农户有权依法依规就承包土地经营权设定抵押，自愿有偿退出承包地，具备条件的可以因保护承包地获得相关补贴。

三是放活土地经营权。法律强调在保护集体所有权、农户承包权的基础上，平等保护经营主体依流转合同取得的土地经营权，保障其有稳定的经营预期。

土地经营权可以按照三种方式获得：第一种是土地承包权本身内含了土地经营权；第二种是"依法采取出租(转包)、入股或者其他方式流转"从土地承包经营权分离出来；第三种是通过流转取得土地经营权的受让方将土地经营权进行再次流转。依据2018年12月29日新修订的《农村土地承包法》，土地经营权具有的权能：抵押融资权、使用权、再流转权和获得征收补偿权。①抵押融资权是指承包方和流入承包地的受让方均可使用土地经营权向金融机构提出融资担保。②使用权是指经营主体不仅有权在承包期内占有流转土地自主从事农业生产经营并获得相应收益，还有权在流转合同到期后按照同等条件优先续租承包土地，也有权在承包农户同意的情况下依法依规改良土壤，提升地力，建设农业生产、附属、配套设施并按照合同约定获得合理补偿。③再流转权是指受让方经承包方书面同意并向农民集体备案后可以再流转农地经营权。④获得征收补偿权是指当流转土地被征收时，可以按照合同约定获得相应地上附着物及青苗补偿费。

"三权分置"是指在农村家庭承包基础上，坚持农村集体土地的所有权不变，农村集体土地的承包权分离成土地承包权和经营权，从而形成农村土地所有权、承包权、经营权三权分置的格局。"三权分置"中所有权、承包权和经营权既存在整体效用，又各具功能。从当前实际出发，实施"三权分置"的重点是放活经营权，核心要义就是明晰赋予经营权应有的法律地位和权能，这是继家庭联产承包责任制后农村改革的又一项重大制度创新。"三权分置"是农村基本经营制度的自我完善，符合生产关系适应生产力发展的客观规律。

2.2 农地经营权流转的市场发展

20世纪80年代初期，随着第一代进城务工的数量增多，农地经营权流转就出现了。受限于严格的城乡户籍制度、"守土"的传统思想和土地的保障功能等因素，这个时期的我国农地经营权流转一直较为缓慢。自改革开放以来，我国农地经营权流转政策在动态演进过程中先后经历了"禁止和松动—许可和规范—政策和支持—保护和成熟"的历史变迁(图2-1)，农地经营权流转市场从封闭走向开放。农地经营权流转政策的红利释放促使我国农地经营权流转稳步发展，农地经营权流转市场逐步建立健全，流转数量、质量都有进一步的提高。我国农地经营权流转政策更加规范化，政策指向明确，流转行为边界进一步清晰，政策也正在往流转规范化、投资规范化和风险管控化等方向发展。本节主要探讨自改革开放以来农地经营权流转市场从封闭市场到开放市场的政策演进。

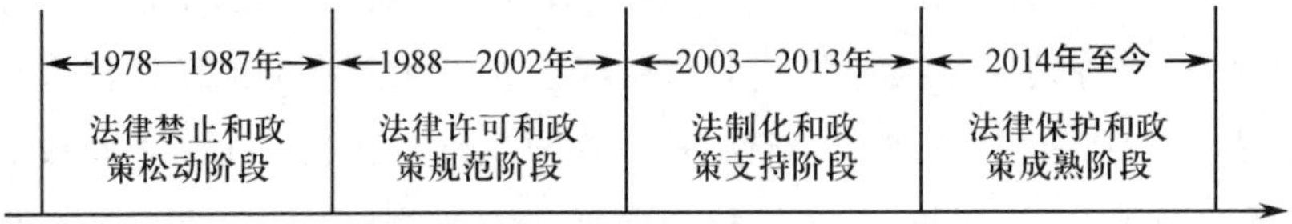

图 2-1　农地经营权流转政策的发展演进

2.2.1　禁止和松动

1978 年，为促进农村生产力发展，我国实行了家庭联产承包责任制。在该阶段，农村土地的权利被分为集体所有权和农户拥有的土地承包经营权，尚未明确土地承包权这一概念。在这个阶段，法律明确禁止农地经营权的流转(表 2-1)，1982 年的中央一号文件《全国农村工作会议纪要》和同年出台的《中华人民共和国宪法》以及 1984 年的中央一号文件《关于一九八四年农村工作的通知》都明确规定不允许农地经营权流转，不得非法转让农村土地。这个时期的农地经营权流转是一个封闭市场。然而，家庭联产承包责任制的确立也促使土地所有权和使用权的分离，为农地经营权流转奠定了现实基础。自 1984 年以来，我国对于农地经营权流转的政策有所松动，《关于一九八四年农村工作的通知》和《关于一九八六年农村工作的部署》都强调“鼓励农村承包地向种田能手集中”，鼓励发展适度规模的集约经营，对农地经营权流转市场的限制有所松动。总体而言，虽然我国在该阶段对农户的农地经营权流转有所限制，但是后期的政策有所松动。

表 2-1　农地经营权流转的法律禁止和政策松动阶段的主要政策(1978—1987 年)

颁布时间	主要法律和政策	主要内容
1982 年	《全国农村工作会议纪要》	社员向集体承包的土地，不得买卖、出租、转让或荒废，否则集体有权收回承包地
1982 年	《中华人民共和国宪法》	任何组织或者个人不得侵占、买卖、出租或者以其他形式非法转让土地
1984 年	《关于一九八四年农村工作的通知》	禁止农民以买卖或出租的形式经营自留地、承包地；允许农村土地承包地转包，鼓励承包地向种田能手集中，实行集约经营
1986 年	《关于一九八六年农村工作的部署》	鼓励农村土地承包地向种田能手集中，发展适度规模的种植专业户

2.2.2 许可和规范

1988 年《中华人民共和国宪法修正案》明确规定“土地使用权可以依照法律的规定转让”，标志着我国农地经营权流转进入法律许可阶段。此后有关农地经营权流转的法律和政策都在鼓励和支持农地经营权的流转(表 2-2)。例如，1988 年修正的《中华人民共和国土地管理法》表明集体所有土地的使用权可以依法转让；1993 年《关于当前农业和农村经济发展的若干政策措施》规定承包期再次延长 30 年；1995 年《关于稳定和完善土地承包关系意见的通知》探索建立农地经营权流转机制，保护农村土地的合法权益；2001 年《关于做好农户承包地使用权流转工作的通知》强调施行“依法、自愿、有偿”的流转原则。

表 2-2 农地经营权流转的法律许可和政策规范阶段的主要政策(1988—2002 年)

颁布时间	主要法律和政策	主要内容
1988 年	《中华人民共和国宪法修正案》	土地的使用权可以依照法律的规定转让
1988 年	《中华人民共和国土地管理法》	国有土地和集体所有的土地使用权可以依法转让，国家依法实行国有土地有偿使用制度
1993 年	《关于当前农业和农村经济发展的若干政策措施》	在原定承包期到期后，再延长 30 年不变
1995 年	《关于稳定和完善土地承包关系意见的通知》	对农村土地的依法转包、转让、互换、入股，其合法权益受法律保护
2001 年	《关于做好农户承包地使用权流转工作的通知》	施行“依法、自愿、有偿”的流转原则；是党的历史上第一份专门关于农地经营权流转工作的通知，标志着农地经营权流转政策进入规范化的新阶段

在该阶段，我国法律和政策允许农地经营权流转，农村土地经营权市场逐渐开放，但法律法规并未明确写出“建立农地经营权流转市场”等字眼。同时，流转也逐渐向规范化、有偿化的趋势发展。因为受限于农地经营权流转制度的缺陷、区域经济发展水平低下及社会保障机制不健全等因素，我国农地经营权流转的规模和比例仍处于较低水平。

2.2.3 法制和支持

自 2003 年以来，我国正式确立农地承包经营流转制度，农地经营权流转进入法制化和政策支持阶段。2003年3月，随着《中华人民共和国农村土地承包法》的正式颁布，我国农村农地经营权流转管理工作正式迈入法制化、规范化轨道。《中华人民共和国农村土地承包法》为我国农地经营权流转的实践提供了明确的理论指导和法律依据，此后相关的农地经营权流转政策或法律文件都以“承包经营权流转”一词代替先前的“使用权流转”。2005年《农村土地承包经营权流转管理办法》从流转当事人、流转合同、流转方式和流转管理等方面对农地经营权流转给予更加全面且详细的规范。2007年颁布的《物权法》明确“农村土地承包经营权”为用益物权，是一项财产权利。2008年《关于推进农村改革发展若干重大问题的决定》强调完善农村土地承包经营权权能，建立健全土地承包经营权流转市场。2009年第十一届全国人民代表大会常务委员会通过的《农村土地承包经营纠纷调解仲裁法》从调解、仲裁的角度为农地经营权流转提供司法保障。2013年《关于加快发展现代农业进一步增强农村发展活力的若干意见》强调“开展农村土地确权登记工作”，同年《中共中央关于全面深化改革若干重大问题的决定》鼓励承包经营权通过公开市场竞争向专业大户、家庭农场和农业企业等多个农业经营主体流转。一系列鼓励和支持农地经营权流转政策的颁布与实施标志着我国农地经营权流转进入法制化和政策支持阶段（表2-3）。

表2-3　农地经营权流转的法制化和政策支持阶段的主要政策（2003—2013年）

颁布时间	主要法律和政策	主要内容
2003年	《中华人民共和国承包法》	从立法角度对农地经营权流转工作进行了法律规定，为中国农地经营权流转的实践提供了明确的理论指导和法律依据，我国农村农地经营权流转管理工作正式迈入法制化、规范化轨道
2005年	《农村土地承包经营权流转管理办法》	针对流转当事人、流转合同、流转方式和流转管理等多方面对农地经营权流转给予更加全面且详细的规范
2007年	《中华人民共和国物权法》	将土地承包经营权明确解释为一种用益物权
2008年	《关于推进农村改革发展若干重大问题的决定》	完善农村土地承包经营权权能，建立健全农地经营权流转市场
2009年	《农村土地承包经营纠纷调解仲裁法》	从调解、仲裁的角度为农地经营权流转提供司法保障
2013年	《关于加快发展现代农业进一步增强农村发展活力的若干意见》	开展农村土地确权登记颁证工作

续表 2-3

颁布时间	主要法律和政策	主要内容
2013 年	《中共中央关于全面深化改革若干重大问题的决定》	鼓励承包经营权通过公开市场竞争向专业大户、家庭农场和农业企业等多个农业经营主体流转

这个时期的农地经营权流转政策是在依法、自愿、有偿的基础上，健全农地经营权流转机制。政府对于农地经营权流转政策的鼓励和支持，加强对农地经营权的流转管理和服务，逐步建立健全农村农地经营权流转市场，为促进农地经营权流转和发展多种形式的适度规模经营奠定了良好的政策基础。

2.2.4 保护和成熟

2014 年《关于全面深化农村改革加快推进农业现代化的若干意见》创新性地将“承包经营权”分割开来，实现了农地三权分置，改革围绕着“明确所有权，稳定承包权，放活经营权”的方向进行。2015 年《关于开展农村承包土地的经营权和农民住房财产权抵押贷款试点的指导意见》指出，“通过农村承包土地的经营权的抵押贷款，不断赋予农民对承包土地的用益物权，落实土地承包经营权抵押融资功能，不断盘活农村土地资产”。2016 年印发的《农村土地经营权流转交易市场运行规范（试行）》强调建立健全农地经营权流转市场。2018 年和 2019 年相继修正和实施的《中华人民共和国农村土地承包法》和《中华人民共和国土地管理法》为农地经营权的流转提供了更有力的法律保护（表 2-4）。

表 2-4 农地经营权流转的法律保护和政策成熟阶段的主要政策（2014 年至今）

颁布时间	主要法律和政策	主要内容
2014 年	《关于全面深化农村改革加快推进农业现代化的若干意见》	单独提出“经营权”的概念，将土地承包经营权进一步划分为承包权和经营权，形成“三权分立格局”
2015 年	《关于开展农村承包土地的经营权和农民住房财产权抵押贷款试点的指导意见》	通过农村承包土地的经营权的抵押贷款，不断赋予农民对承包土地的用益物权，落实土地承包权抵押融资功能，不断盘活农村土地资产
2016 年	《农村土地经营权流转交易市场运行规范（试行）》	建立健全土地经营权流转市场

续表 2-4

颁布时间	主要法律和政策	主要内容
2016 年	《关于完善农村土地所有权承包权经营权分置办法的意见》	将农村土地承包经营权分为承包权和经营权，实行所有权、承包权、经营权分置并行
2018 年	《中华人民共和国农村土地承包法》(2018 年修订)	从发包方和承包方的权利及义务、承包程序、承包合同和土地承包权的保护等方面对农地经营权流转做出明确规定
2019 年	《中华人民共和国土地管理法》(2019 年修订)	禁止占用耕地建窑、建坟或者擅自在耕地上建房、挖砂、采石、采矿、取土等；禁止占用永久基本农田发展林果业和挖塘养鱼
2020 年	《关于防止耕地"非粮化"稳定粮食生产的意见》	严格控制流转耕地转为林地、园地等其他类型农用地和非农用地，保障粮食安全
2020 年	《关于坚决制止耕地"非农化"行为的通知》	严格控制流转耕地开展非农建设，保障粮食安全

值得一提的是，随着 2021 年《农村土地经营权流转管理办法》(以下简称新《办法》)的出台，我国农地经营权流转政策的规范性进一步加强。与 2005 年颁布的《农村土地承包经营权流转管理办法》相比，结合当前流转新形势和农业农村发展新态势，新《办法》在流转当事人、流转方式、流转合同和流转管理等各项内容上做了更加细致的规定，为规范农地经营权流转行为提供了依据。此外，根据农业农村部网站整理，2021 年我国共出台涉及"农地经营权流转"的法律和政策有 12 部(表 2-5)，以着力于规范农地经营权流转，健全农村土地经营权服务体系，加强农村土地经营权司法保障以及合理引导社会资本投资和防范经营风险等，从流转规范化、投资规范化、风险管控化等角度出发，对农地经营权流转及管理做出了相应的规定。

表 2-5　2021 年我国发布的涉及"流转"的相关法律政策(按发布时间顺序排列)

发布时间	法律和政策	政策类型
2021-01-26	《农村土地经营权流转管理办法》	部门规章
2021-02-22	《关于全面推进乡村振兴加快农业农村现代化的意见》	中央规范性文件
2021-02-24	《关于加快推进乡村人才振兴的意见》	中央规范性文件
2021-04-07	《关于推动脱贫地区特色产业可持续发展的指导意见》	部门规范性文件
2021-05-07	《农业农村部关于统筹利用撂荒地促进农业生产发展的指导意见》	部门规范性文件

续表 2-5

发布时间	法律和政策	政策类型
2021-05-07	《中华人民共和国乡村振兴促进法》	法律
2021-05-08	《社会资本投资农业农村指引(2021 年)》	部门工作文件
2021-07-07	《农业农村部关于加快发展农业社会化服务的指导意见》	部门规范性文件
2021-07-27	《关于为全面推进乡村振兴加快农业农村现代化提供司法服务和保障的意见》	司法解释性文件
2021-07-30	《中华人民共和国土地管理法实施条例》	行政法规
2021-09-30	《农村土地经营权出租合同(示范文本)》;《农村土地经营权入股合同(示范文本)》	部门工作文件
2021-10-22	《农业农村部关于促进农业产业化龙头企业做大做强的意见》	部门规范性文件

总体而言,这个时期的农地经营权流转政策已经进入法律保护和政策成熟阶段。随着农业深化改革,各类有关“三农”问题的政策文件也将农地经营权流转纳入进来,比如,农村贫困、农业产业规划与发展、农村发展规划等。农地经营权流转在政策上被进一步赋予并明晰农村土地经营权应有的法律地位和权能,不断强化农民在农地经营权流转中的主体地位。流转规范化、风险防范化、注重保障流转主体的利益是这个阶段流转政策的鲜明特征。

2.3 农地经营权流转市场浮出水面

在党的十九大报告中,习近平总书记提出要实施乡村振兴战略,构建现代农业产业体系、生产体系、经营体系,完善农业支持保护制度,发展多种形式适度规模经营,培育新型农业经营主体,健全农业社会化服务体系,实现小农户和现代农业发展有机衔接。2021 年中央一号文件《中共中央 国务院关于全面推进乡村振兴加快农业农村现代化的意见》进一步指出“加快推进农业现代化”,积极推进现代农业产业体系、经营体系的构建,注重提高农业产业体系、生产体系、经营体系的现代化水平。加快规模化生产,推进农业现代化发展是我国现代农业发展的必然趋势。

从土地管理范畴上看,农地是直接用于农业生产的土地,包括耕地、园地、林地、草地和设施农用地等。农地经营权流转既是农用地资源合理有效再配置的主要手段,也是农业经济发展和农业产业发展的必然产物。与发达国家和地区农用地私有制的土地所有权买卖不同,在我国土地制度的基本设定下,农地交易始于“农地经营权流转”，“流转”体现了农地经营权在不同使用者手中的流动。

我国城镇化和农村社会经济的发展已经进入新的阶段，超过亿计的农村人口转向城镇生活和工作，农业的生产也发生较大的变化。在现代农业发展的趋势下，农地经营权流转行为越来越多。农地经营权流转已经突破了村集体内部，向村集体外部成员进行转移。农地经营权流转成为农业、农村工作的重要内容。随着我国工业化、信息化、城镇化和农业现代化深入推进，农村劳动力大量转移，新型农业经营主体不断涌现。据农业农村部统计数据显示，截至 2020 年年底，家庭承包经营的耕地面积为 15.62 亿亩，全国承包耕地流转总面积为 5.32 亿亩，占家庭承包经营的耕地面积的 34.08%。家庭承包经营的农户数为 22 040.98 万户；颁发土地承包经营权证 21 008.82 万份。2020 年农地经营权流转入农户的面积为 24 882.76 万亩；流转入家庭农场的面积为 7 124.26 万亩；流转入专业合作社的面积为 11 453.01 万亩；流转入企业的面积为 5 558.54 万亩；流转入其他主体的面积为 4 200.35 万亩。截至 2020 年年底，全国已有乡镇土地流转服务中心 2.2 万个，省、市、县三级土地流转市场 1 589 个，其中省级 13 个、地市级 102 个、县级 1 474 个。

自进入 20 世纪 90 年代中期以来，我国城镇化率从 1995 年的 29.04%增长到 2021 年的 64.72%，城镇化进入高速的增长阶段，对资源的占用和劳动力的需求不断扩大。为了追求更高的收入和更好的生活水平，在农业生产收入难以提高的情况下，劳动力向城镇的转移既是一个理性的结果，也是一个必然的选择。低成本、快速的城镇化对农村劳动力和农业资源的挤占引发了我国当前农村社会面临的新问题：农村优质劳动力的流失、耕地荒芜和村庄的凋零等。农村优质劳动力的流失一方面使得农村集体土地的劳动投入不足，当然，这可以通过机械化和社会化服务得以部分弥补，但是我们又会面临机械化与社会化服务对农工业生产规模要求的问题；另一方面就是土地荒芜与无人管理的状态。城镇化引发了农村社会根本的变化，也触动了农村土地的基本经营制度。

家庭联产承包责任制智慧性的创新在于不触动现有法律框架的基础上，进行“俱乐部”式制度安排，绕开所有权争议，进行使用权分离。这种只能由集体成员才能“承包”的“俱乐部”式制度安排在城镇化引发农村社会发生巨大变化的同时，衍生了农村土地进一步改革，以跨越新环境的最大障碍。这个障碍并不是使用权本身，而是由所有权的不明确和使用权的附加“仅限集体成员”条件造成的。

在城镇化对土地的占用引发农业资源利用争议的同时，粮食安全问题也进入了大家的视野。我们不能否认家庭联产承包责任制为国家粮食安全保障做出的卓越贡献。截至目前，承包集体土地、实施家庭农业的基本制度还是我国农业生产(更是粮食生产)的主要形式。城镇化对这一形式造成的威胁主要是劳动力从粮食种植中的流失、土地从粮食生产向经济作物的转移和农地向非农地的转移等。在城镇化扩张无法避免的情况下，“18亿亩”耕地红线成为保障粮食安全的底线。其关键的问题是这根底线该怎么抓住，抓在谁的手里。

由市场来决定资源配置是市场经济的根本原则。在这个原则下，潜在的规则是由价格来决定资源的使用。长期以来，我国农村集体土地没有市场价格。尽管集体成员承包土地的产出需要上缴国家，留足集体是作为农户承包土地的条件之一，但是这种情况不是市场运作的结果，有时候大部分农地的这种“留足”也没有了。在城镇化和工业化进一步的发展，对农业劳动力的吸引和容纳，引起农村空心、农田荒芜等现象的背景下，其对农产品的强劲需求(包括量的和质的)、对农业多功能性的需求(农业休闲、观光等)将农地的市场价格再一次映入人们的眼帘。

城镇化对农业社会最大的影响是把人从农村土地向城镇进行转移。在转移多余的农业从业者的同时，高额收益率的吸引也会把农业所需的从业者吸引走，从而造成农地劳动力的缺失和不足。这个现象在我国东部沿海的长江三角洲地区、珠江三角洲地区和京津冀三大城市圈的农村地区表现得尤其明显。城镇化创造出来的就业吸引农业人口向城镇转移，农村社会出现了两种典型现象：一种典型现象是村庄的凋零和没落，土地荒置和农业生产功能的残缺。在这种情况下，村庄社会缺乏活力，体现出来的就是留守老人与留守儿童的贫困问题。另一种典型现象是建设环境优越的村落，外出务工人员将务工收入返回村庄，修建基础设施(多数是自己的自建房)，村落环境良好，但是缺乏农业生产活力，农业产业依然凋零，农村土地撂荒、粗放使用等现象明显。两种典型现象都具有一个共同点：农村土地失去优质的劳动力且农村村民(村集体成员)对经营农地逐渐失去兴趣。虽然这种农地劳动力的流失所带来的农业生产力下降被工业化所带来的农业机械化所弥补，但是这种弥补是由农业生产投入要素中的资本要素提高带来的生产力，而没有实质性解决劳动力流失引发的农业效率提高问题。当然，机械化带来的产量提升在一定范围内掩盖了劳动力流失带来的损失。

城镇化带来的农村空心化（或者无产化）、农地荒芜（或低效率利用）同时也给农地带来了另一份礼物：资本。"工商资本下乡"在"是否是新一轮剥夺农民？""是否有诚意？""或只是圈地的投机？"的质疑声中一直暗潮涌动。农村土地的出租、转包在我国农村地区已不鲜见。据相关数据显示，截至2020年年底，全国流转耕地面积为5.32亿亩，占全部农村承包地的34.08%。其中，出租和转包方式（非自耕农方式）占89.25%，入股占5.5%，其他形式流转占5.25%。通过对经济发展排名前100位的村庄经济数据进行对比和分析发现，村庄经济发展好的地方均已进行各种形式的土地改革和创新，都在一定程度上跟现行法律规定的制度有所区别。其实这种与现在制度的区别就是已经突破了农村集体土地的使用权的"俱乐部"式制度安排。在整体经济转型发展的时期，资本需要寻找新一轮的投资点，在工业、能源、钢铁、基础设施等投资建设过度发展的背景下，资本对收益的需求会将投资点转向适应新型城镇化需求的产业。农业多共性的特征已经引起工商资本的目光，城镇化对人的强力聚集、城市拥挤的小区、拥挤的道路交通加上愈发恶化的生态环境使得人们将目光重新投向农村。这种对农村的需求不是返回农村社会的需求，而是要有一个保障基本农产品安全、优质农产品、满足休闲游憩的农地使用需求。传统的家庭联产承包责任制难以承担新环境中的城镇化社会的新需求，工商资本介入、农地市场浮出水面是必然趋势。

城镇化容纳了家庭联产承包责任制提高劳动效率所释放出来的劳动力，同时也吸引了优质农业劳动力向非农就业转变，农业劳动力在农村地区出现短缺。在现有农村集体土地制度和"俱乐部"式制度安排下，农业土地出现无劳动力使用的局面，农地承包经营制度下的农地碎细化既不利于机械化，也不利于土地生产率的进一步提高。因此，在城镇化对农产品不断攀升的需求引致下，农地经营权流转的交易市场就此催生。城镇化的发展造就了农地市场，或者更确切地说应该是让农地市场浮出水面。

第3章 农地经营

要理解我国农地经营权流转,就需要审视我国小农经营的属性。“小农”经营是农地合理利用,平衡社会、经济与政治目标的农地利用主体的发展选择。“小农”是农地利用最佳形态中“小规模”与“有效性”的经营主体的体现。与农业对土地的依赖性相对应,农业社会结构对农地的依赖性是农地利用主体形成和维继的原因。生产性、栖息性和制度性依赖对农地利用主体形成了“三角制约”关系,“小农”是其中最佳的方式和形态。农村土地的依赖性属性也决定了农地经营权流转市场是一个特殊的市场。

3.1 理解小农经营

“大国小农”一词很好地描述了我国的基本国情与农情。人多地少是我国的基本国情,我国农民人数众多,我国农业生产以小农户为主体在未来很长的一段时间内不会发生变化。依据农业农村部测算,当到 2050 年我国全面实现现代化时,城市化率达到 70%,按人口峰值 15.34 亿人计算,农村人口为 4.6 亿人,劳动人口为 1 亿人及以上,按 18 亿亩耕地红线计算,每户大约也只有 18 亩耕地。按世界银行 30 亩以下为小农户的定义,小农生产仍将长期占据我国农业生产的主体地位。小农生产是指在家庭承包制基础上的以农户一家一户经营为主的农业生产方式,基于土地的生活保障功能,小农户从物质和精神上都对土地产生了依赖。

3.1.1 落后的“小农”与道义的“小农”

在《路易·波拿巴的雾月十八日》中,马克思指出小农是以一小块土地、一个个体或家庭为单位,“自给自足”“相互隔离”。他特别强调,这种小农制“既排斥生产资料的积聚,也排斥协作,排斥同一生产过程内部的分工,排斥社会对自然的统治和支配,排斥社会生产力的自由发展”。恩格斯更是直接提出“这种小农生产正在无法挽救地走向灭亡和衰落”。亚当·斯密、舒尔茨、波普金、塔克斯等不同流派的西方学者都一致提出“小农”的局限性，其中不乏有人将小农比作“资本主义的企业家”，说他们为了利益很会“精打细算”。与此相反，一些学者认为不能以资本主义企业家来类比“小农”，恰亚诺夫指出“小农”为家庭生计生产的属性，波兰尼认为前工业社会中的经济属性从属于社会属性，斯科特在此基础上提出“道义小农”观点。

3.1.2 “小农”与农业生产

农业活动受自然、气候、生态环境的多重制约，其不确定性远远超过其他产业活动。农业生产的自然生态性在涉及雇用劳动时会引发劳动监督问题。因为雇用劳动者以工资为报酬，不对最终收成负责，要想保证雇工生产的效率和质量，需要对雇工的劳动实施监督。但农业生产的高自然生态性决定了农业劳动者在工作中的努力程度与最终收成之间缺乏清晰的关联，使得对雇工的劳动监督难度很大。“小农制……几乎存在于人类社会发展的所有不同阶段，并成为不同经济和社会形态赖以建立和发展的重要基础……”①，农业生产的技术特点决定了农业生产中不存在“大于分力之和的协作力”②，团队劳动在农业中无优势。有时家庭关系内部的一系列搭便车问题也能给小企业成长造成种种突出的困难，农业是一个天然适合单干的产业。实际上，绝大多数发达国家的农业运营单位，包括那些极大规模的单位，都是家庭运营的企业。认为“小农户是最佳土地利用者”的学者们的普遍观点是虽然小农户在劳动生产率上不及大农户，但是在土地产出率上优于大农户。

3.1.3 “小农消亡论”和“小农美好论”

自进入 21 世纪以来，面对严峻的“三农”问题，中国农业农村现代化应该走什么样的道路？其中，究竟如何对待小农户，再次成为一个争论的焦点问题。有学者认为小农最终将走向消亡，强调“小农消亡论”，他们认为中国小农户生产经营规模太小、生产效率不高，无法适应国际市场的竞争，强调用大农场取代小农

---

① 何顺果.小农制：一种普遍而长命的生产方式——兼论“生产方式≠社会形态”[J].世界历史，2000(6):2-10,127.

② 张进选.家庭经营制：农业生产制度长期的必然选择[J].农业经济问题，2003(5):46-51,80.

户[①-②]。也有部分学者认为小农具有存在的必要性和重要性，提出“小农美好论”。他们强调小农生产存在的竞争优势，中国农业现代化必须是以小农经营为主的现代化[③-⑤]。小农的存在可以转移中国发展过程中产生的风险，维护社会的基本稳定[⑥]；同时，小农也是解决“三农”问题必须重点思考的对象[⑦]。

3.1.4 小农生产的困境与出路

党的十九大报告专门提出“小农户”的问题，重点提出“实现小农户和现代农业发展有机衔接”，具有重大的理论和现实意义。基于小农经济仍是并且将长期是我国农业生产经营主要形式的国情判断，如何推进小农生产格局下的农业农村的现代化，是实现小农户和现代农业发展有机衔接，推进乡村振兴战略和“四化”同步发展的关键所在。基于我国国情的大背景，学者们解析小农生产的困境与出路。随着新型农业经营主体的发展，与小规模农户形成竞争，压缩了小农户的生产空间和获利空间[⑧]；农业生产统一大市场的发展和大量资本下乡也为小农户生产增加了风险[⑨]；缺乏公共资源的整合和生产成本较高限制了小农的生产[⑩]。结合我国构建统一大市场、推动新型农业经营主体发展的需求，提高小农生产竞争力可以从保障小农土地产权稳定[⑪]、培育职业化农民[⑫]、加强新型农业经营主体的社会化服务[⑩]、加强对小农的公共政策支持[⑪]等角度出发。

---

① 姜长云，郭志芳.新型经营体系与中国农业的未来——对美国公司农场最新发展的思考[J].人民论坛·学术前沿，2014(15)：84-91.

② 何秀荣.关于我国农业经营规模的思考[J].农业经济问题，2016，37(9)：415.

③ 贺雪峰，印子.“小农经济”与农业现代化的路径选择——兼评农业现代化激进主义[J].政治经济学评论，2015，6(2)：45-65.

④ 黄宗智，高原，彭玉生.没有无产化的资本化：中国的农业发展[J].开放时代，2012(3)：10-30.

⑤ 贺雪峰.为谁的农业现代化[J].开放时代，2015(5)：36-48.

⑥ 温铁军.八次危机：中国的真实经验[J].学习月刊，2013(5)：56.

⑦ 张永波.马克思恩格斯小农贫困思想及对“三农”问题的启示[J].河南科技学院学报，2018，38(1)：72-76.

⑧ 赵晓峰，赵祥云.新型农业经营主体社会化服务能力建设与小农经济的发展前景[J].农业经济问题，2018(4)：99-107.

⑨ 吴重庆，张慧鹏.小农与乡村振兴——现代农业产业分工体系中小农户的结构性困境与出路[J].南京农业大学学报(社会科学版)，2019，19(1)：13-24，163.

⑩ 常明杰.困境与进路：小农户生产向现代农业转型的衔接机制探索——新时代中国小农户的出路何在[J].新疆社会科学，2020(2)：36-44，146-147.

⑪ 匡远配，彭云.农地确权真的能推动农业适度规模经营吗——基于制度效力的视角[J].科学决策，2021(8)：24-37.

⑫ 马红坤，李言，毛世平.提升小农竞争力：中国农业突围的现实选择及日韩典型经验[J].经济学家，2020(2)：99-108.

3.1.5 绕不开的农地利用主体单元

针对“小农”问题，其研究缺乏一个令人满意的答案。其结果往往滞后于政策制定，对决策无关紧要。“小农”未来的发展方向如何，即将到来的变化如何影响地方经济，会带来什么社会经济的反馈效果等问题，更是模棱两可。

“小农”是中国维系几千年的农业社会结构中最受关注的资源利用主体单元。随着中国城镇化和经济转型的发展，城镇扩张地区农业生产方式的变化以及在“小农”生产方式瓦解的同时，社会结构中的农业生产资源利用主体单元形态也不断变化。我们可以发现，农地作为农业生产中最根本的生产资源，农地利用主体单元的变化受到农地利用的影响，这种变化与农业社会中资源的属性有重大关系。

3.2 洞悉农地依赖性

土地是农民最重要的生产要素，之于农民有着养育、承载的功能。我国的农村土地集体所有制赋予了农户农地承包经营权，农民依靠农地吃饭、创收，对农地具有依赖性。不同的农户分化对农地有不同程度的依赖。首先，对于纯农业户而言，农业经营是他们的职业，可以为他们带来持续稳定的收入，“就业有地，养老有家”的社会保障功能非常显著。其次，对于普遍存在的农业兼业户来说，如果全部劳动力实现向非农就业转移，家庭的实际生活成本比兼业的生产生活方式将会有很大程度的提高，家庭总体收益很可能会不增反降。最后，对于非农就业农户来说，农地具有就业缓冲功能。城市较高的生存成本、未来失业后的生计问题都是风险性事件，完全转出土地依赖非农就业收入将会使他们失去再择业的空间，因此保有农地具有风险规避的意义。本章界定的农地依赖性主要体现在生产依赖性、栖息依赖性和制度依赖性三个基本层面。

3.2.1 农地的生产依赖性

农地是农业社会生产力发生作用的对象，是农业社会生产结构的根本根基。古希腊历史学家色诺芬提出人的幸福依赖于土地与农业，是对农业社会中土地生产要素依赖性的最集中体现。农地的生产依赖性源于土地的生产功能。农地具有给社会生产维持生命的食品、为社会提供除了维持生命外的消费品、为人类其他生产提供原材料等功能，是农地的生产依赖性的体现。为此，古典经济学重农主义经济学家魁奈更是将农地生产要素性作为土地的最根本的功能，是全社会一切活动的依赖。

3.2.2 农地的栖息依赖性

农地栖息依赖性体现为农地"承载、庇护、文化"三维综合依赖。

1. 农地承载依赖

栖息是土地对生物最大的功能①。这个依赖性有两个体现：一是农地的栖息依赖性体现的农民对农地资源的空间依赖性。在这个空间，农民需要的生产、生活、生计和生命空间均栖息于农地的各类功能空间。二是农民脱离农业栖息空间，在工业与城市空间中的栖息将被分割为边界明显的生产、居住、公共等空间，当农民难以融入细分且边界明显的城市空间时，难以满足的功能将会很好地返回农地的栖息空间。农地的栖息空间是混沌的，也是包容的。另外，农地的栖息依赖性还体现为在工业社会和后工业社会中人们"田园梦"的对象。

2. 农地庇护依赖

农地栖息依赖性还体现为农地庇护性，体现在农业生产与生活的统一性中。工业化和城市化的发展水平再高也不能将农地和农业从业者从城市的边缘消除。欧洲城市化发展过程显示，在城市集中居住区的边缘总会存在一定数量的农业空间。在这个空间，农业从业者仍然保留着农业生产活动与居住一体的传统方式，从事农业生产的农户的农宅功能仍然与农田生产功能紧密结合，形成"城市—农村社区—农宅—农田"的空间格局②。

3. 农地文化依赖

在长期的农地使用中会构建一套与文化相关的农地利用范式，这个范式反过来会形成独特的农地文化性，称之为农地的文化依赖性。这种农地的依赖性体现出来的是农地是否在社会文化现象中有明显的体现。农地的文化依赖性是社会传统形成和维继的主要原因。农地的文化依赖性不是单一方向的，而是双向的，农地利用本身也会反向形成响应的文化范式，而引起这一文化范式的是这一文化范式的前身。

---

① Burkhard B，Petrosillo I，Costanza R. Ecosystem services-bridging ecology，economy and social sciences[J]. Ecological Complexity，2010，7(3)：257-259.

② 王健. 农宅与农田相互关系探析[J]. 农业展望，2017，13(4)：30-32，36.

3.2.3 农地的制度依赖性

土地制度是一个国家或社会的基础性制度[①]，而农地制度是土地制度的核心。土地制度的依赖性体现的是社会结构中不同的主体阶层对土地功能的不同诉求。土地制度受政治目标的影响，由政策体系所体现。农地制度的变迁具有路径依赖性[②]，这是农地的制度依赖性的主要显现，这就解释了不管产权是否完整，土地制度的改革都困难重重的原因。农地的制度依赖性还能从以下几个方面去进行个体微观的解释：利益相关者可以进行多次决策、排他性受地区和上层制度安排影响、收益提取具有技术特征与经济外部性和供给极易搭便车。

3.3 农地依赖基础上的农地经营边界

经过几千年农耕文明的发展，作为农业社会中乡村社会最基础、最主要的资源组成，农地已经发展成集农业生产、乡村社会、农民生活为一体的承载体。从基本的生产功能向保障农民安家立命转变，农地依赖性是农民生活和生产的体现。土地依赖性与“小农”的关系对农业生产、农村社会、文化传承、人与自然都有着重要的意义。如何评价“小农”是好还是坏？在新制度经济学里，有制度安排第一行动者和第二行动者的论述。在农地利用主体单元制度改革中，第一行动者自我牺牲，推动了制度改革（如小岗村按手印签订“生死状”，实施“大包干”计划），但是受益的是其他的第二行动者，在推动了制度形成之后，其他地方受益。然而在小岗村遵守第一行动者提出的制度初衷时，其发展相对落后。

土地依赖性与农地利用主体单元的发展和变化步伐是相协调的。随着工业化、城市化和非农业产业的发展，社会产业复杂性提升，社会结构分化，资源利用将出现技术与制度的外部性，前者给农地利用主体单元变化提供的变化空间，后者为这种变化提供了路径。在农业社会依然是社会发展阶段的重要组成中，“小农家庭”作为农地利用的基本单元，“小农家庭”的主体作用发挥将受到土地依赖性的深刻影响。土地依赖性是农业社会结构中农地利用主体单元的前置影响的制约条件。在土地管理政策下，农地利用主体变化的管控与放开在被动型农地

---

① 朱道林，李瑶瑶．农村土地制度改革的经济学考察[J]．中国土地科学，2018，32(3)：1-5．

② 丰雷，蒋妍，叶剑平．诱致性制度变迁还是强制性制度变迁——中国农村土地调整的制度演进及地区差异研究[J]．经济研究，2013，48(6)：4-18，57．

制度改革的威力下不仅很多地方的“小农”政策都如履薄冰，而且常出现政策目标与结果相悖的局面。

在农业社会结构，农地依赖的农地利用单元形态的相互影响中，合作是一个突变量，会带来主体单元形态的变化。然而，这种合作可以解决社会中的单元问题。同时土地依赖性可以理解为参与性。这种依赖性参与个体与社会、资源配置和服务转移。有别于工业生产，农业生产是一项人与自然协作的过程，包括原料贮存、生产工具存放、产品存置在内的农田生产辅助，这些都显示了农地的(栖息)依赖性。

Suchman(1995)曾经提出一个组织行为合理性过程的假设：一个组织的恰当行为(包括规模)要基于社会建构的规范、价值、信仰，且有明确定义①。此外，组织形成还有一个默许认知的过程，体现的是社会的支持和接受度。“小农”不仅体现在精耕细作，而且应有利于农业与自然归属感的形成。这种归属感有利于人与自然和谐的农业生产关系的形成，进而农业生产变成一项富有情感的生产活动。传统堆肥、人畜粪便再利用、农业生产废弃物再利用等对地力的保护和提升、可持续利用等都是人与自然和谐关系的体现。

农地利用单元既是一个个体，也是一个组织。社会组织(主体)依托于其他组织与主体，进行互换资源，以实现目标。政府需要通过社会组织、集体组织、群体进行干涉。“小农”在自然中形成了“土地依赖”的有机系统。构建农业有机整体的农村社会是中国千年来农耕文明发展精华的体现，即最本质的“人与自然”的关系。在美国农业工业化和规模化开始之时，美国土壤物理学之父富兰克林·H.金研究了中国农村社会的生产和生活方式以及中国农民使用和保护农业自然资源的经验，认为推广中国当时的可持续农业经验对全人类都有帮助。农地依赖与“小农”的有机关系是人与自然协调发展的结果，是农业伦理在千年农耕文明的实行，也是人与自然关系的天然组成和延伸。农地作为农业社会复杂的社会关系的核心承载，农地的利用在一定程度上也表现为土地伦理和社会规范。

① Suchman M C. Managing legitimacy: strategic and institutional approaches[J]. Academy of Management Review, 1995, 20(3): 571-610.

价 格 篇

JIAGEPIAN

第4章 土地市场的特殊性

改善土地产权和行政管理的目的是促进土地市场发展。土地市场很难建立和管理，产权制度本身不会创造一个土地市场，也不会创造一个土地管理系统。为了土地市场的发展，需要理清土地市场运作模式及演化过程。土地市场与人地关系、权利、土地制度改革、技术项目、商品化交易密不可分，我国农地经营权流转市场的发展正逐步完善这五个方面，由初级阶段逐步走向高级阶段。

4.1 市场与土地市场

市场是现实或潜在的行为主体为了获得利益而展开竞争的产物，是理性合作的共存和结果[①]。从狭义而言，市场是指商品买卖的场所或接触点。从广义而言，市场则是一种交易机制以及商品供需双方在此机制下交换关系的总和。土地资源的配置可以通过行政计划的方式实现，也可以通过市场配置的方式实现。在市场场景下，土地资源在一定程度上可作为生产要素由市场配置，土地资源的市场配置能够实现高效利用。作为要素的市场化配置，土地资源形成土地市场。

土地市场是指土地作为要素交易的机制[②]，是土地在交易过程中发生的经济关系的总和。由于土地位置的不可移动性，当土地在市场中发生交易时，真正发生交易的是土地的各种权利，如土地所有权、土地使用权等。在土地市场中，市场参与主体是土地的供给者和需求者，市场客体是土地的各项权利。土地市场可以依据交易的权利类型、交易方式、土地区位、用地类别等划分为各类特定的市场，如土地所有权市场、土地使用权市场、土地买卖市场、土地租赁市场、城镇

---

① 韦伯.论经济与社会中的法律.北京:中国大百科全书出版社,1998:160.

② 马歇尔.经济学原理:下卷.北京:商务印书馆,1991:18;高鸿业,吴易风.现代西方经济学:上册.2版.北京:经济科学出版社,2000;美国估价协会.不动产股价.11版,北京:地质出版社,2001.

土地市场、农村土地市场、工业用地市场和住宅用地市场等。

无论是研究者还是政策制定者，对土地市场都有认知上的普及。这是否就意味着建立一个土地市场是容易的呢？答案是否定的。通常人们认为土地市场涉及购买、出售、租赁和获得土地的人类活动领域，这引出了一个假设，即土地是市场的唯一成分。事实上，除了创造和营销土地本身外，完善的土地市场还通过创造和营销抽象的土地权利和复杂的商品来获得生命力。

用于市场目的的土地始于“领地性”。“领地性”是人文地理学的一个概念，是指整个领土范围的完整性和不可侵犯性，承认一个组织的政治独立及其与特定土地的关系。如果土地权属明确，土地的所有者将倾向于将土地和类似的资源划分为使用、投资、安全等用途。这些用途集也就是土地的权利集合，拥有这些权利集合的组织最终会发展成一系列法律契约，定义主体以及最终主体之间的关系（权利与义务的关系），这些关系涉及土地的范围、用途和产出。

4.2 土地市场与人地

人类对土地有很强的依附关系，但不局限于特定的土地。在特殊情况下，一个文化群体可以不依靠地理确定位置而存在，例如，一些游牧部落可以在一些高度发达国家的边界上来回迁徙。人类在与自然界的斗争中只能结成一定的社会关系，即组成一定的群体才能存在和发展。在漫长的蒙昧时代，人类最初是以原始群落为单位，从事采集和狩猎的简单经济活动。人类通过简单生产活动对周围环境产生认知，积累早期的地理知识，逐步探索人类活动与地理环境的关系。尽管人的生存、生活以及发展条件从未能离开“地”提供的生产资料和空间场所，但随着生产力发展，人类逐渐降低对“地”的依赖，增强主动性并不断压缩其他物种的活动空间，还不时触碰“地”的边界，导致人地关系趋向紧张。在原始社会，人类群体没有对人与土地之间的关系做出严格的界定，对人与土地之间关系的认识是模糊的。在没有市场或法律制度的情况下（“制度”必须存在，因为社会没有这些制度就无法运转），通过人类群体不断表达对土地主张并进行相关的辩论，逐渐发展对人地关系的复杂理解。

从人地关系内涵来看，随着人类从史前文明、原始文明向农业文明、工业文明和生态文明过渡，人类核心需求依次经历了从生存需求（野果）、生存安全需求（农产品）、物质需求（工业品）向精神需求（生态品）的转变。在不同需求的引导下，人影响“地”的核心要素也从渔猎、刀耕火种向以稳定农耕为核心的开荒拓土，再向以能矿资源开发为核心的工业生产以及以科学规范人类活动强度和范围为核心的界定主体功能过渡，由此关注的核心“地”类要素也从相对单一的土地资源逐步丰富为土地、淡水、能源和矿产及生态环境等多种资源。人对“地”的伦理认知也经历了从天命论、天人合一、人地相称、人定胜天到可持续发展的螺旋上升过程。

人与土地之间存在着复杂的关系，这种关系并非完全发生在市场化之下。在发达的土地市场之外，许多国家都存在与土地有非市场关系的群体。加拿大、美国、新西兰、日本、瑞典和澳大利亚以及其他国家都存在拒绝土地市场的群体。游牧部落也存在于没有土地市场的国家。就我们的目的而言，这些群体说明了一个至关重要的问题：当人类被组织为功能群体时，人类与土地发展出强烈而复杂的社会和个人关系。土地市场并没有否定这些趋势，任何违背其预期受益人对其与土地关系的理解来建立市场的尝试都会招致反对，即使这种关系是非正式和最低限度的。中国农地经营权流转市场正是由私人关系的非市场下的交易发展起来的。

4.3 土地市场与权利

对于市场的发展来说，人类不仅需要土地作为领土的必要条件，还需要用一种有组织的方式来考虑土地的基本功能，即内部物质再分配和有组织地允许与群体之外的人进行土地交易。土地权利要求国家法律承认其具有排他性，要求其他国家尊重国家的领土完整、社会稳定和法律制度。土地权利的发展是必然的、人类生活的迫切需要，特别是土地的稀缺性、不规范的获取和纠纷刺激了土地权利的发展。稀缺几乎总是会发生——最终不会有足够的土地满足所有人。一般来说，当社会依靠农业作为食物来源时，其经济就会发展正统的土地权利，以确保有保障的生产机会。决策模式诱导参与者期望通过制定规则使生产具有规律性和可持续性。当土地所有权受到制度结构的保护时，生产权利就得到了解决。个人可以与其家庭、村庄、其他生产单位共同使用，也可以个人使用。在人类的经验中，土地所有者和土地公认关系的细节几乎可以包含任何内容。市场开发的关键要素并不神秘。西方国家允许土地所有者保持与土地的物理联系，思考和谈论单个地块或建筑的特征，将边界内的区域视为“私有”。他们建立与土地相关的概念，将这些概念嵌入社会行为、语言和经济，并交换这些概念。在这些国家，土地管理比土地本身更重要，因为它提供了客观规律，有助于概念或无形商品的开发、所有、管理和交易。相反，如果一个国家只把土地当作土地，它就不能通过土地权利商品化和与土地相关的复杂商品来发展加速财富增长所需的功能过程。随农村土地“三权分置”政策的实施和农村土地确权工作的完成，中国农地经营权流转市场的产权交易类型已十分明晰。

像其他复杂的社会和经济系统一样，土地市场产生了自己的理论体系和共同的理解。不发达经济体和发达经济体之间的显著区别并不在于它们没有记录。有时即使有记录，第一个群体也缺乏系统地将土地概念化的能力，不足以经营一个有效的市场。仅仅是权利的记录并不能发展到市场的下一个阶段。将权利本身概念化为商品的能力(对源自土地的权利抽象的本体论理解)以及从这些抽象中构建不同机会集的能力仍然相对未被探索。也许这是因为土地以其他更紧迫的方式吸引了人类的注意力。土地的有形集中在谁拥有它，它在哪里，你能在它上面做什么活动，等等，然后是这些问题的排序和系统化。土地是物质的，获取是人类的当务之急，通过认识其抽象内涵来发展社会和认知功能需要更长的时间。机会流动要求一个群体将土地权利和机会从物质空间中分离出来，将权利视为“物”或商品，并且将权利建立在其他权利之上。

与土地相关的“非正式”一词有两种含义：第一种是指那些喜欢与土地保持“非正式”关系的人，包括具有精神或非结构化土地关系的文化，典型的文化是史前文化和游牧文化。第二种是指那些土地使用仍在其国家现有正式制度之外的人。这些非正式的土地“所有者”往往是擅自占用者或其他与土地关系脆弱和不受保护的人。那些与土地有非正式关系的人往往要求得到正式承认，以应对威胁。从世界经验来看，非正式的土地权利是常态。人们认为占有能为人类提供某种东西，这个观点得到了人们在住宅和工作场所中对安全需求的支持，而矛盾的是，人们往往反对将土地用作市场商品。因此，无论是否需要市场，通过组织和行政系统的建设，土地变得正规化都是必要的。以下是土地正规化的必要条件。

4.3.1 土地权利的最低法律认可

正统土地权利的最低限度是保证或加强个人或群体通过社会和法律结构(可能是非正式的)与土地的常规联系。土地权利是存在的，不一定是可交易的。

它们是社会认可的，而不仅是由产权主体主张；它们涉及法律所规定的权利和义务；它们允许其所有者在违反或干涉的情况下向当地政府上诉，请求恢复。为了最大限度地发挥市场影响，这些权利在有保障的使用权为其所有者的决策提供广泛机会的基础上是成功的。

4.3.2 土地正规化和登记

正规化增加了权利认可的规模，对市场运作的成功至关重要。对于发达国家来说，正规化是一项国家努力的成果。对于发展中国家来说，制定国家正规化方案的任务是艰巨而昂贵的，特别是如果它涉及法律效力的实质性重建。土地权利管理，特别是土地登记，是一项重要的工作。从土地转到土地市场的基本技术工作还需在正式登记前建立完整的土地产权体系。土地市场的成功需要对与权利相关的所有程序建立被广泛认可的权利体系，登记只是其中之一。登记可以显著提高土地权利的公信力，同时登记也需要公民的支持和认可。不良的土地权利登记不仅不能改善市场运作，而且会扭曲市场活动。

4.3.3 社会认知能力

权利在社会关系中的重要性使得社会学和人类学在最近的辩论中发挥了更大的作用。法律定义和创造社会现实，并反映它们。社会对市场活动的支持不同于所有者与特定土地和记录过程之间可观察到的关系。社会需要与履行权利相关任务的能力，包括赋予土地权利的非技术任务和与市场活动相适应的技术支持系统的社会意义。最重要的是，整个社会必须有能力将与土地有关的权利概念化。

4.3.4 土地权利组成部分的管理

为土地权利体系建立社会支持远非易事。土地权利带来活力：它们提高了人的能力，例如，建设、增长、生产、经营企业和其他活动的能力。所有者可以组织其他人，享有更大的决策影响范围。如果给予足够的土地，他可以改变其他人的生活。因此，成功的土地市场需要参与者被动地同意某些人可能被剥夺个人权利、大多数人获得不平等机会、相对少数人获得更多的机会和随之而来的权利。

4.4 土地市场与土地制度改革

有很多研究都显示，拥有成功市场的经济体比没有成功市场的经济体能创造更多的财富，因此，发展健康的土地市场是很多国家、国际机构的发展目标之一。其目的是通过建立土地市场机制来配置土地利用行为，促进经济发展。另外，好的土地市场还可以提供更稳定的就业。很多国家发展的经验，尤其是很多国家计划经济的失败让大家更加容易接受土地市场的存在。大家不是关注土地市场的好与坏，更多的是讨论应该如何构建一个健康的土地市场。从发展中国家半个多世纪的经验来看，土地市场往往跟土地改革一起进入人们的视野，但是我们需要强调的是，土地市场在通常意义上与再分配土地的土地改革是有本质区别的。以再分配为主的土地改革是对土地权利的转移，以实现设定的政策和改革目标。土地改革更多与政治有关，是政府实现一定目的而实施对土地某项权利(如所有权、占有权等)的变更，是政府干预而非市场运作的典型领域。中国农地经营权流转就是一个非常典型的结合土地市场来推动的土地制度改革。

政权管理不仅仅要求的是简单的土地管理。为了公共利益，政府必须平衡所有者的权利并对其进行合理的限制。限制和权利一样重要，因为它们是公众继续接受市场的基础。所有权管理制度至少包括以下组成部分(表4-1)。

表4-1 所有权管理制度的组成部分

维度	内容
首要权利	国家的征税和收购权，特别是为了促进公用事业、道路和其他重要基础设施的建设
重叠权利	方便两个或两个以上的人同时出于不同目的使用地块：承租人和所有者、土地所有者和采矿者、地役权所有者和土地所有者，等等
补充权利	几个人为了共同利益而分享的权利：通路、聚会墙、支持、共同共有设施、共同所有权
竞争权利	允许不同的人同时拥有不同的权利，如果发生情况，这些权利可以相互竞争，如贷款人和所有者
利益冲突	需要系统预防、管理和解决的权益纠纷(在任何系统中都不可避免)
分层权利	在地表上下的无缝活动中，与土地相关的不同方面或机会集的权利(从上面开发、开采矿物、使用地表；从下面挖掘隧道、开采树木)

土地证券化是土地制度改革的重点之一。在银行业，证券化是指将金融工具重新包装成新的通用且更具市场价值的商品的过程。其机制包括收购、分销、分类、抵押、组合和联营。这些安排为复杂的公司借贷和国际投资提供了便利。向土地收取偿还债务的费用，从而将土地价值转化为可支出的资本来创造安全是支持证券化计划的主要活动，从经济角度来看，创造了将未来收益转化为当前资本的多层次机会。二级系统的活力和可靠性取决于一级资产的可靠性。在土地证券领域，提供贷款和能够在违约时收回担保之间的联系对于土地和金融市场的增长至关重要。公司化（允许人们创建一个新的公司法人实体）必须存在，以控制风险，集中资本，将所有权与管理层分离，并增加参与的机会。对于土地而言，公司化引入了单一所有者和潜在的无限数量的利益接受者。它可以为复杂的投资提供专业的管理。实际上，将土地的完全所有权局限于自然人的国家是剥夺了人口在经济最有效的情况下筹措资金和土地管理的基本动力。

4.5 土地市场与技术项目

从发展经验上看，很多发达国家和地区用土地管理系统支持成功的土地市场。因此，土地市场对于发展中国家和欠发达地区激活土地要素，促进经济发展至关重要。为此，自半个世纪以来，诸多的国际援助计划与被援助国家和地区的政府合作，推动了相应的技术项目，试图构建一个完善的土地市场。因此，当我们谈论农地市场的时候，放眼全球，往往会跟对应的技术项目相关。总体上看，土地所有权和登记项目仍然是国际援助计划和政府活动的关键组成部分。大多数土地管理项目设计都是关于创造权利的，将非正式或部分未确权的土地权利转化为更安全的土地权利，并建立相应的行政结构，以确保权利是可知的、被承认的和永久的，并最终可交易，进而构建一个土地市场。很多发展中国家的土地技术与土地市场项目经验表明，在项目设计和当地现实中，土地市场效用目标的实现要复杂得多。一些土地管理项目未能实现市场结果，这受制于对当地的保护和贫困社区的土地使用的特殊招呼，同时，集体和社群主义的土地使用诉求也会制约土地市场的建立，本地的保护性以及非市场目标功能往往是非市场性的。比如，城市保障性居住需求和本地人对工作空间的权利诉求往往会造成非正式拥有土地的行为，进而对土地市场效应的发挥带来障碍。但是这又是不得不考虑的事情。因此,更明确地识别土地市场的社会认知是提高市场支持有效性的重要途径,以有助于识别市场边界。作为一个特殊的市场,中国农地经营权流转市场会受到千年来的小农思想和村庄发展的社会形态的影响。在当前,通过发展现代农业和规模化发展项目,农地经营权流转市场也与相应的技术项目有关。在这些技术项目实施的过程中,其与市场作用的发展能够协调,并直接影响市场作用的发挥。

从偶尔的土地交易转向拥有多样化商品、大规模交易和易于证券化的土地市场,即土地作为资本贷款的担保,也需要一些技术和社会工具。除了土地之外,土地管理对于筹集资金也至关重要。土地管理系统的四个组成部分如表4-2所列。

表4-2 土地管理的四个组件

组件	内容
司法	通过土地分配、交易跟踪、合法化划分地块和在地面上划定边界以及以图形、数字/或书面形式划定边界,界定权利。提供争端裁决、土地权利的登记、制作和保存记录
管理	为土地和资源的使用创造机会:通过分区、指定特殊区域(从历史区到脆弱的生态系统),实施土地使用限制
核算	组织土地的经济方面:这些可用于实施增加税收和生产,并可作为巩固或重新分配土地或为特定目的使用土地的激励措施
信息管理	以上三者不可分割的一部分。司法地籍是土地登记的基础。财政地籍支持估价和税收,分区和其他信息系统促进法规的规划和执行。多用途地籍的概念源于认识到这些组件共享信息的需求

4.6 土地市场与商品化交易

鉴于各国国情不同,初步阶段和市场阶段之间可能无法从理论和实际上做出明确的划分,当然也没有必要。虽然市场取决于对土地权利形式的商品是如何定义的,但实现这个目标的过程通常与土地交易和销售混淆。如果一个国家要实现土地市场,其政策制定者就必须获得公众对土地权利主要功能的承诺——稳定土地分配和创造资本。虽然可以在没有市场的情况下拥有土地权利,但不能在没有土地权利的情况下拥有市场。更重要的是,良好的土地权利和有效的土地管理制度是市场成功的必要条件,但并不是充分条件。为了使经济进一步发展，必须认真对待商品化，土地权利的界定必须完善。每一项权利都需要充分的解释，以形成一个全面的概念框架，以思考与土地有关的机会集或活动。权利必须由权利持有群体的成员宣布与完善。社会对土地的认识必须从土地作为一种有形的东西转变为与土地活动有关的权利和权力的抽象概念。整个社会有能力把以土地为基础的活动看作是一套权利和机会，通过精心制定的限制和责任加以管理，这是市场发展的基础。一个正常运转的社会总是需要理性化的人与土地的关系；商品的交易是最简单的合理化方法之一，特别是与集中分配相比。土地商品化由来已久，销售的实例在最早的人类文字中就有记载。4 000 年前土地就被商品化了：两种条件被认为是必不可少的——识字能力和稀缺性，而工业资本主义不是，尽管它是一个复杂市场的引擎。

土地交易被定义为将一个所有者替换为另一个所有者的一项简单的交易。其通常通过记录或文字得到客观证明，这是土地市场的普遍看法。决定市场何时存在的不仅是交易，还有促进交易的支持系统。交易通常在群体成员之间开始，依赖于对当地土地和商人的了解。集体内部的交易甚至可能受到非常正式的高度监管。然而，为了管理集体成员和陌生人之间经常性的土地交易，正规化是必不可少的。交易规模的加快需要交易管理。活动水平变得如此之高，以至于需要广泛的公众接受这些系统。反过来，这些系统允许权利、限制和责任得到承认、理解、更好地执行和交易。随着这个集体的成长，其制度已成熟到足以促进，甚至鼓励广泛的潜在所有者之间的土地交易，因此，依赖于村庄管理者批准和通过婚姻纽带和继承发展起来的社区关系的交易方式转向了所有权的客观证据、公开并记录转让方式以及正式的土地地块识别。土地权利和支持它们的权属得到了精确的定义，土地交易过程需要次级证据和远离社区知识的初级证据。正式的文件、测量、边界识别、归档和记录系统成为必要。中国农地经营权市场暂未进入完全的商品化交易阶段，正向着一个日益完善的市场发展。

第5章 市场演变

由于我国的经济发展不平衡，农地经营权流转市场发展具有明显的阶段性，需要分析和解释清楚农地经营权流转市场的运行、变化、演进机理及其特征，指明农地经营权流转市场的发展道路。本章主要对农地经营权流转市场的演变及其特征进行了分析，将市场演变分为内部流转与无序自发式流转、机构流转与规范化和复杂的商品化交易三个阶段，然后从农地经营权流转与农用地交易、农地经营权流转发展瓶颈、农地经营权流转市场发展前景和农地经营权流转市场培育情况等四个方面进行分析。

5.1 推动市场演变的基本逻辑

农地经营权流转市场是怎么演化的？我们对如何从农地占用者转变为复杂农地市场参与者的解释依赖于描述市场发展的五个进化阶段的启发式方法(图5-1)。这些阶段既不是历史的，也不是经验的。它们没有科学上的界限，也没有严格的分离。它们在现实中的表现是多变的，任何阶段可以同时出现在一个国家。少数发达国家有幸从土地市场的第一阶段过渡到最后阶段，但在没有出现大幅动荡的情况下，做到这一点的国家就更少了。西方发达国家花了数百年的时间才完成这一转变，发展中国家正试图将这些经验浓缩到几十年。在理论上，决策者管理从一个阶段到下一个阶段的有序过渡以及理解和预测市场发展规律的能力应该得到提高。任何演变或发展包括共识、冲突、改革或简单的渐进改进的过程，都可以用来在各个阶段推进或退化，不需要特殊的过程。

Jude Wallace 和 Ian Williamson 提出无论变化的过程如何，土地市场发展演化的每个阶段都必须在开发下一个阶段之前完成，所有早期阶段都必须成功运行，以支持下一阶段。这些阶段没有充足的经验，在不同的发展阶段，一直处于演变和发展状态。其间，土地市场演化涉及的许多活动往往是未经计划的。当针对土地市场建设和发展的计划被实施时，土地市场的发展经常产生令设计者惊讶的结果。需要明确的是，对于土地市场发展广度和深度的扩大而言，如果市场需要外部干预才能完整运行，那么在设计或操作设计中出现缺陷和变化的机会就会增加，这也是我们观察到的土地市场投机或失效行为的原因。自改革开放以来，在农地经营权流转市场需求和农地制度改革的促进下，随着中国农地经营权从非规范到规范化的发展以及在制度上对农地经营权流转边界的认可，农地经营权流转发展发生了深刻的变化，主要经历了内部无序的自发式流转、机构流转与规范化流转到复杂的商品市场交易的三个阶段。虽然中国农地经营权流转市场进入了机构流转与规范化流转阶段，但是仍不属于完整意义上的农地市场。计划和设计农地经营权市场是中国面向农业农村发展设计农地制度的重要内容。在计划和发展中，政策的缺陷和失误时常发生。其原因是农地经营权市场作为更加复杂的土地市场，其难以琢磨的影响因素更多。

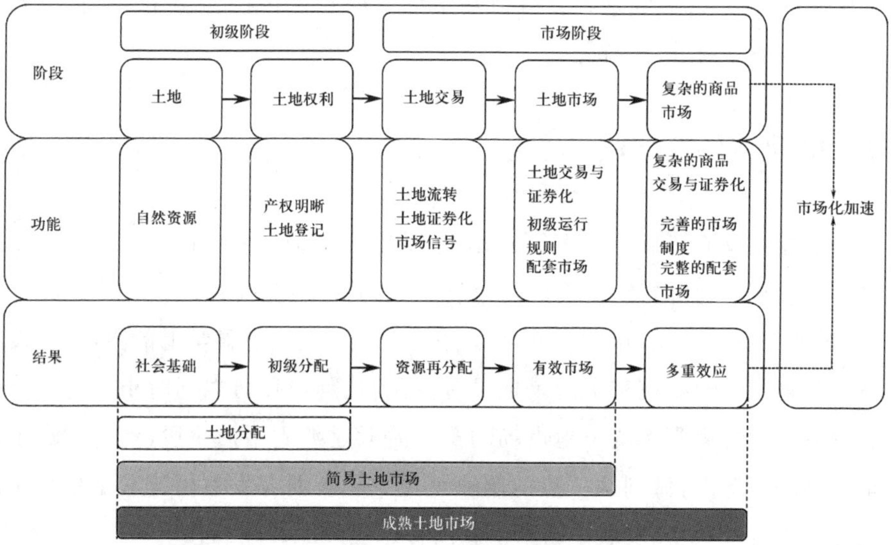

图 5-1　土地市场的演变①

5.2　农地经营权流转是中国特色的农地交易形态

农村土地归(村)集体所有，由(村)集体内农民通过家庭联产承包的形式，签订承包合同进行农业生产使用，是中国土地制度框架下的农用地使用正式规则。

① Jude Wallace, Ian Williamson. Building land markets[J]. Land Use Policy, 2006, 23(2): 123-135.

农地经营权流转在发展初期特指在中国农村基本经营制度下，保持农户家庭所承包土地承包权不变，通过协商和集体允许，农民家庭将自己的承包地“流转”给村集体内其他成员使用，受用方可以给转出方一定的用地租金，称为农地经营权流转费。为了激励农民生产的积极性和保护农民基本用地权利，赋予农民长期、稳定的土地承包经营权是农地制度改革中的重要共识，从最初的赋予 15 年承包经营权，到第二轮承包期的 30 年，并提出家庭联产承包经营“长期不变”。农地家庭承包是中国特色社会主义经济体系下的农村经济的基本用地形态。在党的十九大后，从顶层政策设计上，中央又提出了第二轮 30 年承包期限到期后继续延长 30 年，这使得农用地是当前中国各类型土地中使用期限最长的类型，达到了 75 年。长期、稳定的农地承包经营权是中国农村基本经济制度的核心，是中国在发展和改革实践探索中衍生出来的适合当前社会经济发展的制度设置。在这项制度设置之下，并没有拒绝农用地使用者的变化，通过农地经营权流转，农地资源的使用权利可以流向更加高效的用地者。这种流转是在农业经济发展中由市场作用而产生的。

并非所有的农地经营权流转都能认为是交易。农地经营权流转从家庭内部和集体内部开始。最初是以农村大家庭内部的小家庭之间的交换、给予经营等形式产生内部流转，这种流转是农民家庭劳动力在工业化背景下流向工业岗位，为了避免农地撂荒，而给予家庭其他人耕作和使用。我们可以认为这种类型的农地经营权流转是一种经营权的短暂性赠予，还达不到交易的水平。随着城镇化的发展和农民进城落户，城市对农民群体的包容性不断提高。农民在进城后能够找到稳定的工作和居所，农业劳动力从农地的短暂性离开变成常态性剥离，农村地区的农地资源利用面临新的情况，农地经营权在农村集体内进行转移。农地经营权在集体内的转移在政策和集体规则内都是被允许的，村民自治下的村庄允许集体在不损害农民土地根本利益的情况下进行农地经营权流转。农地经营权流转既能提高土地使用的效率，也可确保农业生产的持续性。对于农地在村集体内的流转而言，其转入和转出方在一定程度上是有约定的。这些约定包括使用时间、租金（或费用）等交易的核心内容，部分流转还有正式的合同（在很多场景下，村集体组织还要进行书面确认），因此，这种流转已经形成了正式的交易。

5.3 内部流转与无序自发式流转阶段

改革开放后，随着家庭联产承包责任制的确定，最初的流转通过“承包经营权”的方式来实现。农地经营权流转边界局限在村集体内部。其主要流转方式是农户自发进行的农地经营权流转（隐性流转），邻里亲朋之间自发进行的、无须协议的农地经营权流转。这种流转方式租金较低，流转形式灵活。不种地进城的农户如果从城市返乡，可以随时取回土地，自己使用。同时，进城农户的土地也能因流转而被耕作，一方面可以避免由撂荒导致的资源浪费，另一方面能够给留农种地的农户提供更多的收入来源。自改革开放以来，这种自发的农地经营权流转在我国广大农村地区一直普遍存在，灵活方便，矛盾很少，效果很好，且这样流转的农地基本上仍然是种粮食，不太可能非粮化，更不可能非农化。

这个阶段我们可以称为“内部流转与无序自发式流转阶段”。其主要特征：一是大部分的农地经营权流转面积较小，数量有限，大部分是在具有一定的亲属关系的农户家庭之间的流转，农地经营权流转具有“托管”的意思；农地经营权流转的主要目标是避免农户家庭在进城后农地撂荒；二是采用口头协议形式进行经营权的协商。但这个阶段存在一些主要问题：一是没有可靠性；二是未通过规范合同形式明确相应的权利和义务；三是易造成流转风险。

5.4 走向规范化

农地经营权流转市场进入了土地交易阶段。农地经营权具备了土地交易的基本特征。2016 年农业部发布的《农村土地经营权流转交易市场运行规范（试行）》为农地经营权流转交易制定了初步的规则。2018 年新修订的《中华人民共和国农村土地承包法》为所有权、承包权、经营权分置确立了法律制度。农地确权是农地经营权流转市场形成的基础，我国在 2019 年基本完成了承包地确权登记颁证工作。2021 年开始施行的《中华人民共和国民法典》明确了农村集体组织法人的权利和义务。对于农村集体经济组织而言，《中华人民共和国民法典》将其明确为特别法人，可以独立享有民事权利和承担民事义务。农村集体经济组织在取得法人资格后可以成为农村集体土地和其他农业资产的所有权人，参与市场交易，解决农村土地所有权主体模糊不清的问题。2021 年农业农村部颁布的《农村土地经营权流转管理办法》结合当前流转新形势和农业农村发展新态势，在流转当事人、流转方式、流转合同和流转管理等各项内容上做了更加细致的规定。随着现代农业发展和规模化农业的需求，农地经营权流转的数量、规模不断增大。

在农地制度改革和市场化发展的推动下，中国出现了不同层级的农地经营权流转交易场所（农地交易所、农村产权交易所等）。这些交易所成立的目的是规范和便利农地经营权流转，通过信息采集和价格信息发布，农地供需双方进行对接，实现农用地的市场价值。农地经营权流转交易所起到了通过市场发现价格、扩大交易规模、降低交易成本、提高资源配置效率的作用。通过正式协议，农地经营权被流转给工商大户、家庭农场等农业规模经营主体，这是近年来在国家推动下快速发展起来的农地经营权流转形式，地方政府尤其热衷。从实践来看，因为农地经营权流转涉及将众多分散的土地产权整合起来以便于经营的问题，所以正规的规模土地流转几乎都有地方以及村社集体的协调，甚至行政力量的强力推动，而不可能只是通过市场交易来进行。

这个阶段我们可以称为“机构流转与规范化阶段”。其主要特征：一是在农地经营权流转中出现了农民家庭之外的组织。这个组织包括拥有农地所有权的村集体和用地的大户或工商企业。二是农地经营权流转具有规模化特征。这个阶段的农地经营权流转主要是以规模化生产为目标，以规模化、规范化为特征，具有规范化的程序。农地经营权流转都有正式的合同，并进行了多方认证。三是农地经营权流转形成初步的信息电子化。通过交易所的平台，农地经营权流转的信息都在平台上进行电子化储存和展示。四是服务多样化。网上竞价、交易结算、抵押融资贷款业务和电商服务平台开始出现。

农地经营权流转市场不能完全实现有效交易，仍然不是完整意义上的土地市场，还存在一些问题：一是由于农地经营权流转依附于农地承包权，农地经营权流转契约具有不完全性，农地经营权流转隐含的高昂交易成本造成了农地经营权流转交易具有短期性。农地经营权流转交易规定农户在流转土地时需要经过原承包方的书面同意，还规定了农户在取得农地经营权后不得再将农地随意流转出去，这也造成了农地经营权再流转市场仍然是缺失的。二是农地经营权抵押贷款仍处于试点阶段，农地经营权未成为有效的投融资工具，农地没有形成财富效应，不具备土地交易的特征；农地经营权抵押市场发展缓慢，这也是流转租期较短，抵押价值不高，标的物难以处理的原因。三是农地经营权流转市场的流转交易中心建设不完善，农地地籍信息管理系统尚未完”全建立。农地经营权市场未形成一个全国有效的统一市场。虽然农地经营权流转市场已基本实现信息化，但未打通农地经营权流转的信息来源、收录、发布、交易、服务、监管和见证等全过程，农地细碎化信息难以形成关注，农地属性信息模糊造成了政策监管困境和高昂的管理成本。农地经营权流转市场具有本地性、细碎性，地域市场封闭，市场之间的信息共享、供给调节还没有建立，缺乏中介服务。四是农地经营权流转价格缺乏市场指导，农地经营权市场中仍然存在人情租，即以较低的流转价格，甚至零地租的价格进行交易，且普遍存在非正式口头契约，这种契约没有被管理部门认可，农民的合法权益得不到保障。农地经营权市场只有在良好的市场外部环境下才能有效运行，价格机制是市场机制有效发挥的前提。

5.5 走向复杂的商品化交易

农地经营权流转还处于行业发展的早期，农地的金融属性尚未被挖掘。虽然农地经营权流转市场已具备了初级运行规则，但配套市场还不完善。未来的农地经营权流转进入商品化交易阶段应具备完善的市场制度，拥有完善统一的农地经营权流转交易市场。农地经营权流转交易本身作为一种新兴事物，当把它作为一种商品进行交易时，其交易平台的设计很自然会参照传统的商品交易模式，即交易双方先发布供求信息，再经过讨价还价，达到一个均衡的价格则成交，卖方将大数据资源经过脱敏处理后，交付给买方，基于此实现市场之间的信息共享。同时复杂的商品化交易阶段的农地经营权流转市场还应具有完善的政府行政管制、规划调控措施、财税政策引导等市场管理机制，完善的价格机制与竞争机制等运行规则。市场中明显的价格信号和供求信号可以指导农地经营权流转交易。

这个阶段我们可以称为“复杂的商品化交易阶段”。其主要特征：一是具有完善的农地经营权流转市场制度，市场上有明确的价格信号可以指导农地经营权流转交易，流转信息可以实现互联互通；二是农地经营权的金融属性显现，农地经营权抵押贷款被广泛应用于实践，农地经营权可以作为资金融通的工具；三是除本身市场以外，农地经营权流转市场还具有完备的辅助配套市场，如劳动力雇用市场、农业外包服务市场等。

5.6 农地经营权流转市场培育与机构发展

根据农业部印发的《农村土地经营权流转交易市场运行规范（试行）》的陈述，农地经营权流转交易市场是指为农地经营权依法流转交易提供服务的平台，主要包括农村土地经营权流转服务中心、农村集体资产管理交易中心、农村产权交易中心(所)等。

为保障和促进农地经营权流转,提高交易效率和降低交易成本,我国各省市建立了农村产权交易机构,搭建了大范围的产权流转信息平台。农地经营权流转规模化水平日益提高,流转市场发展趋于整体化和现代化,但不同的省市交易机构的数量和空间分布仍存在差异。

对当前仍在有效期内且提供包含农地经营权流转、产权信息服务、交易合同咨询等业务的农村产权交易机构的数量和分布进行整理和分析发现,我国共有农村产权交易机构298个。按照区域管理级别分,省(自治区、直辖市)级有19个,市级及以下的有279个;按照交易机构类型划分,企业有164个,事业单位有134个(表5-1)。

表5-1 各省份农村产权交易机构类型、数量和等级

省份	类型/个		总数量/个	是否有省级交易平台
	企业	事业单位		
北京市	1	12	13	√
天津市	1	1	2	√
河北省	8	0	8	√
山西省	3	4	7	√
内蒙古自治区	7	1	8	
辽宁省	5	2	7	√
吉林省	3	1	4	√
黑龙江省	4	4	8	√
上海市	1	1	2	√
江苏省	21	28	49	√
浙江省	9	0	9	
安徽省	3	1	4	√
福建省	0	3	3	
江西省	5	3	8	√
山东省	7	1	8	√
河南省	4	7	11	
湖北省	4	4	8	√
湖南省	6	1	7	√
广东省	3	0	3	√

续表 5-1

省份	类型/个		总数量/个	是否有省级交易平台
	企业	事业单位		
广西壮族自治区	13	4	17	√
海南省	3	1	4	√
重庆市	0	3	3	√
四川省	14	0	14	
贵州省	5	3	8	√
云南省	3	2	5	
西藏自治区	3	0	3	
陕西省	2	34	36	
甘肃省	9	8	17	
青海省	1	1	2	
宁夏回族自治区	9	3	12	
新疆维吾尔自治区	7	1	8	

数据来源：依据企业工商注册信息整理。

从空间分布上看，我国农村产权交易机构多分布在内陆中心地区和沿海地区，东部和中部地区多设立省级的农村产权交易机构，这就说明了交易市场的形成与经济贸易、信息共享、交通可达性等有一定的相关性。东部地区的各省份的农村产权交易机构分布存在显著差异，其中江苏省分布最多，有 49 个；北京市、浙江省、河北省、山东省、辽宁省分布较多，北京市有 13 个，浙江省有 9 个，河北省有 8 个，山东省有 8 个，辽宁省有 7 个；天津市、上海市、福建省、广东省、海南省分布较少，天津市有 2 个、上海市有 2 个、福建省有 3 个、广东省有 3 个、海南省有 4 个。中部地区分布比较平均，其中吉林省和安徽省相对较少，均为 4 个；河南省相对较多，有 11 个；黑龙江省、江西省、湖北省、湖南省、山西省分布大致相同，前三个省均为 8 个，后两个省均为 7 个。西部地区分布也存在差异，但差异程度小于东部地区，陕西省、甘肃省、广西壮族自治区、四川省、宁夏回族自治区分布较多，陕西省有 36 个、甘肃省有 17 个、广西壮族自治区有 17 个、四川省有 14 个、宁夏回族自治区有 12 个；新疆维吾尔自治区、内蒙古自治区、贵州省分布比较平均，均有 8 个；青海省、重庆市、西藏自治区、云南省分布较少，青海省有 2 个、重庆市有 3 个、西藏自治区有 3 个、云南省有 5 个。

虽然北京市、上海市、天津市、广东省等省市的农村产权交易机构分布数量较少，但是其交易机构规模大、服务范围广、交易项目数量和类型多、规章流程更为规范。这些农村产权交易机构多通过搭建省级的互联网平台为当地的农村产权交易提供资源和信息服务。

江苏省、陕西省、广西壮族自治区、甘肃省等省份的交易机构数量较多，其中江苏省和甘肃省的交易机构兼顾企业和事业单位性质，陕西省的交易机构多以事业单位性质为主，广西壮族自治区的交易机构多以企业性质为主。企业是以盈利为目的的生产性单位，而事业单位受国家行政机关领导，所需经费由公共财政支出，这能体现出各地政府对于农地经营权交易的重视程度及支持的差异性。这几个地区之间的共同点是所有的农村产权交易机构规模较小，多为县镇级别；虽然为农村产权流转的规模经营提供了平台，但服务范围较小，不利于交易市场的可持续发展。

青海省、西藏自治区、福建省、海南省等地区的交易机构数量较少，造成交易流程复杂、农户产权流转成本高昂等问题，农用地私下交易的现象较为普遍。通过调研发现，这几个地区的企业和事业单位多为近五年注册，这说明当地政府开始重视农村产权交易市场的建立，产权流转服务平台逐渐向规模化发展。

总体来看，我国农村产权交易市场发展呈现不断完善的趋势，经济发达的省市已经搭建了较为规模化的交易服务信息平台，农交机构数量较少的省市也在开始重视农村产权交易市场的建立，并且各省市均逐渐完成互联网信息服务平台的搭建，已进入大数据时代的数字化交易阶段。但这些农村产权交易市场存在三个问题：一是农村产权交易市场未在全国范围内均衡分布，缺乏统一的市场规划，各省市之间仍存在较大的差异和信息不互通。单一的农村产权流转交易机构规模较小，运营经济效果不佳，市场交易量小，交易效率低，农村产权流转交易的服务半径较小。二是各省市没有完全形成全省统筹、分级实施的交易市场架构；部分省市没有省级的农村产权交易机构；市级及以下的交易机构存在服务范围重叠、交易项目重复、信息传达速度慢等问题，缺乏上传下效的统一管理。三是互联网服务平台建设初步形成，但不够完善；部分企业单位未完成联网流程，存在信息不对称、服务流程混乱、操作过程复杂、平台功能不齐全等问题。

为了适应农地经营权流转发展趋势，我国农村产权交易机构需要从三个方面进行完善：一是在全国层面进行统一的市场规划，加强地区之间的信息共享，鼓励先发展，带动后发展，扩大农村产权流转交易半径。二是建立全国、省、市、县各个级别互联互通的产权信息交易平台，搭建高效有序的管理网络，提高统一管理水平。三是进一步完善互联网服务平台，积极运用数据平台、线上签约等数字化技术，实现交易信息化，逐步形成规模化、规范化、现代化的交易市场。

5.7 农地经营权流转市场发展的实证测度

通过构建具备内在逻辑的农地经营权流转市场化测度指标，定量刻画现阶段的我国农地经营权流转市场培育程度。为了对各地区农地经营权流转市场情况进行客观评价，需要建立相应的评价指标体系，因此选取流转市场参与度、流转对象自由化、流转对象市场化、流转市场服务、流转市场稳定性和流转市场效果等6个评价维度对农地经营权流转市场化情况进行评价。各培育评价维度及指标含义（表5-2）以及依据熵权法确定的各评价指标权重如下（表5-3）。

表 5-2　农地经营权流转市场培育情况评价指标

评价维度	指标含义
流转市场参与度	家庭承包经营耕地流转面积占比①
流转对象自由化	出租给本乡镇以外人口或单位的面积占比
流转对象市场化	流转给新型农业经营主体的面积占比②
流转市场服务	农地经营权流转市场个数/区县级行政区划个数
流转市场稳定性	单位面积纠纷数（个/10万亩）
流转市场效果	中型以上农场占比

表 5-3　农地经营权流转市场培育情况评价指标权重

项目	流转市场参与度	流转对象自由化	流转对象市场化	流转市场服务	流转市场稳定性	流转市场效果
权重	0.181 7	0.140 7	0.222 4	0.187 2	0.108 4	0.159 5

通过构建模糊子集对所有评价因素进行模糊量化，利用熵权法确定各评价因素的权重，然后利用模糊变化原理对各影响因素综合评判，以得到综合评价结果。运用模糊综合评价建立数学模型，其主要步骤如下。

5.7.1 确定评价因素集

假设待评价对象的影响因素有 n 个，则评价因素集 $U=\{u_1,u_2,\cdots,u_n\}$，其

① 此处的家庭承包经营耕地流转面积包含转让和互换的面积。

② 此处的新型农业经营主体是指除普通农户以外的家庭农场、专业合作社、企业、其他主体等农业经营主体。

中，$u_1,u_2,\cdots,u_n$ 分别代表 n 个评价因素。

5.7.2 建立评价集

假设可能出现的评语有 m 个，采用 $v_1,v_2,\cdots,v_m$ 分别代表 m 个评语，则评价等级集合 $V=\{v_1,v_2,\cdots,v_m\}$，每一个评价等级集合相当于一个模糊子集。本节确定农地经营权流转市场培育情况为 5 个等级的数值，计算得到每个地区的每个指标的最高水平、平均水平及最低水平，分别作为最好值、一般值和最差值，取最高水平与平均水平的中间值的较好值，在平均水平与最低水平之间取中间值的较差值。当实际数值≥较好值时，评分为 100；当一般值≤实际数值<较好值时，评分为 75；当较差值≤实际数值<一般值时，评分为 50；当实际数值<较差值时，评分为 25。

5.7.3 单因素评价

如果对每一个因素 u_n 单独做一个评判，就可以看作从 U 到 V 的模糊映射 $f:U\to F(v),u_n\to f(u_n)=(r_{n1},r_{n2},\cdots,r_{nm})$，其中 $f(u_n)$ 表示对 u_n 的模糊因素评语模糊向量。

$$令\ r_{nm}=\frac{v_{nm}}{\sum_{j=m}^{n} v_{nm}} \tag{5-1}$$

进而得到模糊评价矩阵 $\boldsymbol{R}$：

$$\boldsymbol{R}=\begin{bmatrix} r_{11} & r_{12} & \cdots & r_{1m} \\ r_{21} & r_{21} & \cdots & r_{2m} \\ \vdots & \vdots & \vdots & \vdots \\ r_{n1} & r_{n1} & \cdots & r_{nm} \end{bmatrix} \tag{5-2}$$

5.7.4 确定评价因素的权重

在模糊综合评价中，各个因素对评价对象的影响程度往往不同，因此需要结合实际情况确定权重，一般记为 $\mathbf{A}=\{a_1,a_2,\cdots,a_i\},i=1,\cdots,n$，其中 a_i 为第 i 个因素 u_i 所对应的权重，且 $\sum_{i=1}^{n} a_i=1$。为了消除因主观因素导致权重设置的偏差，本节采用熵权法确定评价因素的权重。

假设有 n 个样本，m 个指标，则 x_{ij} 为第 i 个样本的第 j 个指标的数值（$i=1,\cdots,n$；$j=1,\cdots,m$）。

① 指标的归一化处理：

$$正向指标：Y_{ij}=\frac{x_{ij}-\min\{x_{1j},\cdots,x_{ij}\}}{\max\{x_{1j},\cdots,x_{ij}\}-\min\{x_{1j},\cdots,x_{ij}\}} \tag{5-3}$$

$$负向指标：Y_{ij}=\frac{\max\{x_{1j},\cdots,x_{ij}\}-x_{ij}}{\max\{x_{1j},\cdots,x_{ij}\}-\min\{x_{1j},\cdots,x_{ij}\}} \tag{5-4}$$

② 计算第 j 个指标下第 i 个样本值占该指标的比重：

$$p_{ij}=\frac{Y_{ij}}{\sum_{i=1}^{n}Y_{ij}} \tag{5-5}$$

③ 计算第 j 个指标的熵值：

$$e_j=-k\sum_{i=1}^{n}p_{ij}\ln(p_{ij}),\quad 其中\ k=1/\ln(n)>0 \tag{5-6}$$

④ 计算信息熵冗余度（差异）：

$$d_j=1-e_j \tag{5-7}$$

⑤ 计算各项指标的权重：

$$w_j=\frac{d_j}{\sum_{j=1}^{n}d_j} \tag{5-8}$$

5.7.5 综合评判

当模糊评价矩阵 $\boldsymbol{R}$ 和评价因素权向量 $\boldsymbol{A}$ 均已确定后，通过模型 $M=(\wedge,\vee)$ 或改进模型合成运算，把 $\boldsymbol{A}=\{a_1,a_2,\cdots,a_i\}$ 变成评价集 $\boldsymbol{V}=\{v_1,v_2,\cdots,v_m\}$ 上的模糊子集 $\boldsymbol{B}=\{b_1,b_2,\cdots,b_n\}$，即综合评价指标 $\boldsymbol{B}=\boldsymbol{A}\circ\boldsymbol{R}$，其中 b_j 代表着第 j 种评判 v_j 在综合评判中所占的地位。

常用的全向量与单因素评价矩阵的合成模型主要有四种：主因素决定型、主因素突出型、不均衡平均型和加权平均型。当前三种模型存在评价因素过多时，很多因素权重值很小，因此主要因素占据主导地位，也就忽略了次要因素。本节主要采用的第四种模型对所有因素均依据权重大小均衡兼顾，适用于各个因素均起作用的情况，其计算公式为：

$$b_j = \sum(a_i r_{ij})(i=1,\cdots,n;j=1,2,\cdots,m) \quad (5\text{-}9)$$

基于上述模型方法，采用各省农地经营权流转市场的相关数据[①]，测定各省农地经营权流转市场化测度。由测算结果可知(表5-4)，我国农地经营权流转市场化程度处于前三名的是天津市、上海市和江苏省，分别为0.044 2、0.044 1、0.043 4。从全国分区域来看，东、中、西部地区的农地经营权流转市场培育情况评分分别为0.034 5、0.032 8、0.032 6，从东至西呈现出市场化程度依次递减的趋势。粮食主产区和非粮食主产区的农地经营权流转市场培育情况评分分别为0.032 3、0.034 2，粮食主产区的市场化程度低于非粮食主产区的市场化程度。

表5-4 农地经营权流转市场化测度结果

排名	省份	综合得分	排名	省份	综合得分
1	天津市	0.044 2	16	湖北省	0.033 4
2	上海市	0.044 1	17	山东省	0.033 1
3	江苏省	0.043 4	18	河北省	0.032 9
4	安徽省	0.043 4	19	云南省	0.032 9
5	北京市	0.042 2	20	河南省	0.031 8
6	湖南省	0.041 2	21	甘肃省	0.029 9
7	重庆市	0.041 0	22	海南省	0.027 5
8	江西省	0.040 6	23	新疆维吾尔自治区	0.026 4
9	陕西省	0.039 7	24	山西省	0.026 3
10	四川省	0.038 1	25	吉林省	0.022 8
11	浙江省	0.037 3	26	黑龙江省	0.022 8
12	宁夏回族自治区	0.036 9	27	青海省	0.022 8
13	广东省	0.036 1	28	福建省	0.021 9
14	贵州省	0.036 1	29	内蒙古自治区	0.019 3
15	广西壮族自治区	0.035 0	30	辽宁省	0.016 7

注：香港特别行政区、澳门特别行政区、台湾地区和西藏自治区的数据不全，未被列入评价。

① 数据来源于农业农村部政策与改革司发布的《2020年中国农村政策与改革统计年报》。由于香港特别行政区、澳门特别行政区、台湾地区和西藏自治区的数据不全，所以未被列入评价。

第6章 价格本质与形态

农地的特殊性决定了当农地经营权作为一种特殊商品在市场中交换时，其价格也不同于普通商品。农地经营权流转价格不仅是一定内涵条件下的价格，主要包括权利内涵、要素内涵等，而且农地经营权流转价格具有明显的区域特征，不同区位的农地经营权流转价格存在显著差异。本章主要针对农地经营权流转的价格理论、经济内涵、成本分化、价格形态进行分析，理清农地经营权流转价格的基本内涵。

6.1 农地经营权市场流转的价格理论

认识我国农地经营权的价格本质，需要先梳理学术界的农用地价格的理论学说。针对农用地价格的本质和形成，对学术界所提出的各类理论观点进行梳理。

6.1.1 要素论

农用地价格的要素论①是最流行，也是影响最大的理论。其基本理论的出发点是将农用地视为生产要素之一，价格是要素利用边际成本等于边际产出收益时的价格。在要素论中，农用地被视为是一个无差异的投入生产要素，要素的供给和需求相等时形成土地均衡价格。农用地价格的要素论有两个视角：一是将农用地视为一种整体性要素，价格是要素投入产出品的边际收益价值。二是考虑农用地的物理属性，农用地不同于资本、劳动等要素的单一属性，农用地地块具有资源禀赋和地理区位等特征差异，且现实交易双方对土地的需求是衍生性需求，土地市场确定的价格不是单一的价格，而是土地及其特征的价格②。因此，

① Wiebe, Tegene, and Kuhn 1996; Boyd, Caballero, and Simpson 1999; Clifton, and Epperson 1994; Miranow- ski and Hammes 1984; Palmquist and Dan- ielson 1989; Shonkwiler and Reynolds 1986; Vitaliano and Hill 1994.

② 艾伦·W.埃文斯. 经济、房地产与土地供应[M]. 徐青，译. 北京：中国人民大学出版社，2013.

除了从要素的供给和需求角度来研究农用地价格，学者们还会基于特征而非商品的消费者效用分析农地价格[①]。通过对农用地进行“特征化”分析，测算每一种特征因素单独对要素的贡献率，以此来测算一块农用地的价格（称为特征价格）[②-④]。土地地块的大小、地形坡度、表层土壤质地、土壤有机质含量、有效土层厚度等均是特征之一，也被认为是解释农用地价格存在差异的重要原因。

6.1.2 贴现论

贴现论[⑤]是评估和测算农用地价格的通用方法[⑥]。其理论基础是农用地作为具有长期收益性质的资产投资，储存资本功能的商品，对农用地进行投资，获取地租等收益，因此，可将农用地视为一笔能够带来贴现流的投资，并且理论假设了农用地具有长期稳定利用的时间属性，将农用地价格作为农用地未来收益的一种贴现[⑦-⑨]。贴现论揭示了农用地的农业生产力的经济价值。与贴现论相近的是农用地的投资属性论，其可预测农业生产力的经济价值。

6.1.3 投资论

投资论的基本前提是将农用地视为一项资产，农用地永续利用及可带来预期最高收益是其两个前提条件。资本属性的农用地“天然”就具有投机性。伊利在其土地经济学的著作中做出的一个判断是土地的资本属性使得土地的使用最

---

① Lancaster K J. A new approach to consumer theory[J]. Journal of Political Economy, 1966, 74(2): 132-157.

② Rosen S. Hedonic prices and implicit markets: product differentiation in pure competition[J]. Journal of Political Economy, 1974, 82(1): 34-55.

③ Maddison D. A hedonic analysis of agricultural land prices in England and Wales[J]. European Review of Agricultural Economics, 2000, 27(4): 519-532.

④ Kostov P. A spatial quantile regression hedonic model of agricultural land prices[J]. Spatial Economic Analysis, 2009, 4(1): 53-72.

⑤ Hurlburt V L. On the theory of evaluating farmland by the income approach[M]. US Department of Agriculture, Agricultural Research Service, Farm Economics Research Division, 1959.

⑥ Burt O R. Econometric modeling of the capitalization formula for farmland prices[J]. American journal of Agricultural Economics, 1986, 68(1): 10-26.

⑦ Lloyd T. Testing a present value model of agricultural land values[J]. Oxford Bulletin of Economics and Statistics, 1994, 56(2): 209-223.

⑧ Lloyd T A, Rayner A J, Orme C D. Present-value models of land prices in England and Wales[J]. European Review of Agricultural Economics, 1991, 18(2): 141-166.

⑨ Ustaoglu E, Castillo C P, Jacobs-Crisioni C, et al. Economic evaluation of agricultural land to assess land use changes[J]. Land Use Policy, 2016, 56: 125-146.

终必然转向投机行为[①]。从投资论的角度看，农用地价格是生产性和投机性使用获得未来收入的资本化，其中包括正常的农业生产贴现回报和投机回报[②]。例如，如果农业生产是目前土地最有利可图的用途，出于其他目的的开发预计将在未来会产生更大的净回报，那么当前农用地价格应该是农业短期收益贴现流和未来某一时点土地用途发生转换后的预期收益贴现流的总和。由于未来开发时机和开发回报率的不确定性以及农地转用的高昂成本，农用地价格还包含与土地开发决策相关的期权价值[③]。与投资论相关联的是农用地的机会论。

6.1.4 机会论

机会论是建立在土地的稀缺性、用途专一性及土地有潜在向最佳用途的方向转变的基础上。土地的稀缺性决定土地利用必须考虑机会成本。土地的价格包括资源开发利用的边际成本和边际机会成本。农用地的机会成本在于土地选择农用地用途时失去作为建设用地产生收益的机会。这个机会成本是由农地发展权(即土地所有权和规划管理权)引起的，表现为土地利用规划、土地用途与土地利用强度变化所产生的土地收益的变化量(土地增值收益)。从机会论角度看，农用地价格应包含农地收益权价值和土地发展权价值。而土地发展权带来的土地增值收益分配问题也一直是征地补偿问题的核心。对农民的土地征收补偿应当包含土地增值收益。现行的区片综合地价补偿标准承认土地价值不仅包含土地作为农业生产资料的价值，还包含资源价值、区位价值、市场价值及当地经济社会发展带来的价值。

6.1.5 区位论

区位是土地多样化和非农利用的先决条件[④-⑤]。区域间的土壤质量和气候

---

① Ely R T, Morehouse E W. Elements of land economics[M]. New York: The Macmillan Company, 1924.

② Reydon B P, Plata L E A, Sparovek G, et al. Determination and forecast of agricultural land prices[J]. Nova Economia, 2014, 24: 389-408.

③ Tegene A, Wiebe K, Kuhn B. Irreversible investment under uncertainty: conservation easements and the option to develop agricultural land[J]. Journal of Agricultural Economics, 1999, 50(2): 203-219.

④ Walford N. Patterns of development in tourist accommodation enterprises on farms in England and Wales[J]. Applied Geography, 2001, 21(4): 331-345.

⑤ Gannon A. Rural tourism as a factor in rural community economic development for economies in transition[J]. Journal of Sustainable Tourism, 1994, 2(1-2): 51-60.

条件等自然本底条件的异质性致使农用地价格存在先天差异①，而与地理位置关联的土地用途转换潜力等非农业因素也会影响农用地的价格②-③。城市边缘的农田价值不仅取决于生产农产品和服务的能力，也包含土地向高价值城市土地利用活动（如商业或住宅用途）的转化潜能④。城市空间规模演变理论利用人口和收入来解释城市邻近性对农业用地价值的影响⑤-⑦。在 Capozza 和 Helsley (1989)开发的模型中⑧，土地的价值是由农业回报的资本化价值、城市地区人口增长导致的预期未来租金增长的价值、城市中心的可达性价值以及土地开发转换的成本构成。其中，城市中心的可达性价值和城市地区人口增长导致的预期未来租金增长的价值取决于土地相对于城市中心或中央商务区的距离，即农用地价格和其与城市中心点的距离呈反函数关系。

6.1.6 经验论

农用地价格的形成并非像要素价格论所提出的那样，对影响土地价格的因素进行科学分析和评估，并基于评估价格达成交易行为。实践中的农用地价格往往是协商价格，价格来源于买卖双方主体的协商能力以及双方所能掌握的信息⑨。因此，经验价格论强调农用地的价格在实际调查中产生，现实交易形成的实际交易价格才是真实的价格。协商（经验）价格可能会高估或低估，但这个价格至少是双方满意的。经验价格论多是通过实证研究的工具来发现价格，形成

---

① Miranowski J A, Hammes B D. Implicit prices of soil characteristics for farmland in Iowa[J]. American Journal of Agricultural Economics, 1984, 66(5): 745-749.

② Nilsson P, Johansson S. Location determinants of agricultural land prices[J]. Jahrbuch für Regionalwissenschaft, 2013, 33(1): 1-21.

③ Shi Y J, Phipps T T, Colyer D. Agricultural land values under urbanizing influences[J]. Land Economics, 1997: 90-100.

④ Delbecq B A, Kuethe T H, Borchers A M. Identifying the extent of the urban fringe and its impact on agricultural land values[J]. Land Economics, 2014, 90(4): 587-600.

⑤ Brueckner J K, Fansler D A. the economics of urban sprawl: theory and evidence on the spatial sizes of cities[J]. The Review of Economics and Statistics, 1983: 479-482.

⑥ McGrath D T. More evidence on the spatial scale of cities[J]. Journal of Urban Economics, 2005, 58(1): 1-10.

⑦ Guiling P, Brorsen B W, Doye D. Effect of urban proximity on agricultural land values[J]. Land Economics, 2009, 85(2): 252-264.

⑧ Capozza D R, Helsley R W. The fundamentals of land prices and urban growth[J]. Journal of Urban Economics, 1989, 26(3): 295-306.

⑨ Courtois P, Subervie J. Farmer bargaining power and market information services[J]. American Journal of Agricultural Economics, 2015, 97(3): 953-977.

对区域内农用地价格的指示(如基准地价)。在这个基础价格的指导下，根据实际地块的差异凭借经验判断，调节价格。从经验价格论角度来看，每一块农用地价格的形成都是独特的。

6.1.7 经营论

农用地的价格体现为农用地经营的产值，而不是来源于土地资产的市场价值①。从经营论的视角看，农用地的价格与区位论有一定的连续性，其理论贡献主要来源于阿隆索的地租模型②。经营论在地租模型的基础上把农用地价格定义为社会部门在特定地点购买或租用一块土地的意愿，这些投标价格被假定为农民可以从一块具有最高产量和平均成本的土地中获得的净利润的结果。理解经营论的一个理论视角是成本论。成本论认为农用地价格形成的理论逻辑在于土地需求的衍生性，这个特性决定了我们需要从土地的要素用途上去理解土地价格，土地价格是土地产出品价格的原因。因此，农用地的价格就取决于和来源于农用地产出品的价格。

6.1.8 生态论

生态论认为农用地及其景观为人类提供多种生态系统服务，应根据人类直接或间接从生态系统服务中获得的效用价值，测算农用地的价格③。农用地作为一种自然资本，其价值核算主要源于农用地对人类的惠益性。除提供基本的农产品供给服务外，农地生态系统还提供防洪、水质调控、碳储存等调节服务以及风景、休闲娱乐等文化服务，土壤形成、养分循环和遗传多样性等支持服务④。农地生态系统服务价值的评估的主流方法包括直接市场法、基于单位生态价值的方法⑤、揭示偏好法和陈述偏好法⑥等。由于农地生态系统提供的多种类型的服

---

① Ustaoglu E，Castillo C P，Jacobs-Crisioni C，et al. Economic evaluation of agricultural land to assess land use changes[J]. Land Use Policy，2016，56：125-146.

② Alonso W. Location and land use[M]. Cambridge：Harvard University Press，2013.

③ Ma S，Swinton S M. Valuation of ecosystem services from rural landscapes using agricultural land prices[J]. Ecological Economics，2011，70(9)：1649-1659.

④ Millennium ecosystem assessment M E A. Ecosystems and human well-being[M]. Washington DC：Island Press，2005.

⑤ Xie G，Zhang C，Zhen L，et al. Dynamic changes in the value of China's ecosystem services[J]. Ecosystem Services，2017，26：146-154.

⑥ Jianjun J，Chong J，Thuy T D，et al. Public preferences for cultivated land protection in Wenling City，China：a choice experiment study[J]. Land Use Policy，2013，30(1)：337-343.

务没有交易市场，所以不能直接采用市场定价。农地生态系统服务的价值评估主要是从公民的角度进行，忽视了农民既是农地生态服务的提供者和受益者，又是农地生态服务消费的群体之一。农户个人偏好的异质性带来对农地非市场价值（水质、空气质量、物种丰富度、休闲价值）各种属性的异质支付意愿[①-②]，也带来了农地生态系统价值评估的复杂性。

表 6-1 不同理论流派的农用地价格本质属性

理论流派	前提假设	价格本质	局限性
要素论	将农地视为无差异的投入生产要素	要素（特征）的边际收益	只考虑投入产出的总效应，忽略农用地的非经济效应
贴现论	农业用途保持不变	资本投资的贴现收益	只在正常经济水平下才有意义
投资论	将农地视为“投资品”，具有资本的投机性	其生产性和投机性使用获得的未来收入的资本化，其中包括正常的农业生产贴现回报和投机回报	—
机会论	土地的稀缺性、用途专一性、潜在向最佳用途的方向转变的前提条件	农地收益权价值和土地发展权价值	—
区位论	区位是土地多样化和非农利用的先决条件	价格包含生产农产品和服务的能力，也包含土地向高价值城市土地利用活动（如商业或住宅用途）的转化潜能	以“距离”作为区位的表征，忽略现实自然条件的异质性
经验论	—	现实交易形成的实际交易价格才是真实的价格	价格可能会偏离其使用价值
经营论	将农地视为差异化的生产要素	价格来源于农产品的价格	只考虑投入产出的总效应，忽略农用地的非经济效应
生态论	将农地视为自然资本，可为人类提供多种生态系统服务	根据人类直接或间接从生态系统服务中获得的效用价值，测算农用地的价格	部分生态系统价值的不可计量性

① Yang X, Burton M, Cai Y, et al. Exploring heterogeneous preference for farmland non-market values in Wuhan, Central China[J]. Sustainability, 2015, 8(1): 12.

② Yang X, Zhou X, Shang G, et al. An evaluation on farmland ecological service in Jianghan plain, China—from farmers' heterogeneous preference perspective[J]. Ecological Indicators, 2022, 136: 108665.

其实，从不同的理论视角认识农用地的价格并非是独立和相互排斥的。尽管理论出发点不同，但是这些理论之间也具有关联性。在具体的实证研究应用中，这些理论往往相互支撑和验证。更明显的差别是，在不同的场合，农用地价格的“应用场景”不同，其占主导地位的论点也不同，仅仅基于应用场景来认识农用地的价格是不够的。其最主要的缺陷是无法实现对农用地价格进行合理预期。价格预期在协调经济关系、开展宏观调控和调整公平与正义的平衡领域的重要性是不言而喻的。尽管对农用地价格的解释从不同的理论视角有不同的观点，但是我们需要综合这些理论去把握农用地价格的根本属性。

6.2 农地经营权市场流转价格的经济内涵

6.2.1 理想市场：以边际生产力决定的农地要素价格

以马歇尔为代表的新古典经济学家以“供求论”“生产费用论”“边际效用论”等理论为基础，融合形成以“完全竞争市场”为前提和“均衡价格”为核心的经济学体系。均衡价格理论认为，在完全竞争市场和其他条件不变的情况下，商品的价格由商品的供给和需求决定。商品的供给价格由厂商生产产品的边际成本决定，需求价格由消费者对商品的边际效用决定。当商品的供给价格与需求价格相等时形成商品的均衡价格，又被称为市场出清价格。同时，马歇尔将均衡价格理论引入生产要素价格分析，形成以均衡价格为基础的生产要素价格决定理论。其理论认为收入由土地、资本、劳动力和企业经营能力（组织）四大生产要素相互作用形成，各生产要素所占的收入份额由其均衡价格决定。

地租作为土地要素的收入形式，包括自然恩赐的土地“原始价值”、土地所有者投入资本、劳动力改良产生的“私人价值”及社会经济发展进步产生的“共有价值”。但真实的地租仅包含自然恩赐的土地“原始价值”。地租在原则上由土地的供求决定，受自然条件的限制，土地的供给量固定不变且生产成本为零，因而土地没有供给价格，土地的均衡价格仅受土地需求的影响。土地的需求价格取决于土地的边际效用，也就是土地的边际生产力。当使用土地支付的成本（MC）等于要素投入产生的边际产品收益（MVP）时，生产者就会停止投入土地要素，形成由土地边际生产力决定的农地经营权流转均衡价格（P_0）（图 6-1），即土地租金由投入的最后一个土地要素单元的边际收益决定。在完全竞争市场中，农地经营权流转价格应该由承包地利用产生的经济效益决定，反映土地在农业投入产出中所做的贡献由土地要素投入产出品的边际收益价值决定，因此又称之为农地要素价格。

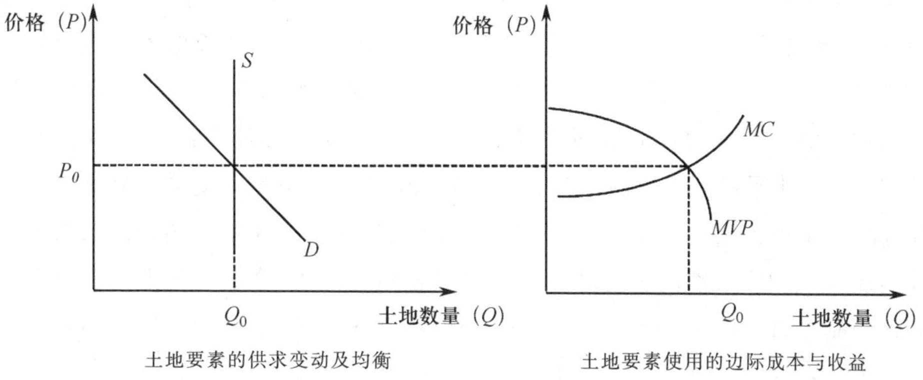

图 6-1　农地经营权要素价格的形成过程[①]

6.2.2　一般市场：基于土地及其特征的协商价格

完全竞争市场是一种理想化状态。在现实中，由于信息不对称、外部性与公共产品的存在，农地经营权流转市场表现出非完全竞争性。不同于其他市场交易商品本身明确，农地经营权流转市场实际交易的是土地特征集。土地特征集具有地理空间上的异质性和难以观测的特点，且土地的特征价格会随地区和位置的变化而不同，土地的异质性、特征价格的多变性导致市场决定价格机制的非完全竞争性。

市场存在瑕疵不能完全决定价格的主要原因在于土地本身的异质性，而土地位置固定的基本属性是造成异质性的原因。首先，土地位置的固定性导致相似，甚至相同的土地的特征价格因其位置的变化而有所不同。其次，现实中的土地多是各种特征的集合，土地的特征集不同且特征价格随地区和位置的变化有所不同导致不动产价格难以确定。最后，大多数农地经营权流转市场的参与者不经常进行交易的事实加剧了交易定价的复杂性。多数交易者只有在有流转土地交易需求时才会选择收集市场信息，而价格在长期内会发生变化，交易者在上

---

① 马歇尔. 经济学原理[M]. 北京：北京出版社，2007.

次交易中所获得的信息在下次交易中的作用基本不大，即市场参与者本身无法保证土地定价是有效的。总而言之，土地异质性加之买卖双方不常交易导致农地经营权流转市场存在无效和瑕疵，市场仅能确定价格的出售范围。

市场仅能确定价格的区间，那么农地经营权实际流转价格是如何确定的？假定市场上有两种既定数量的商品 X 和商品 Y 在消费者 A 和消费者 B 之间进行分配，通过埃奇渥斯盒装图分析可知（图 6-2），盒子的水平长度表示整个经济体内商品 X 的总量 $\overline{X}$，盒子的高度表示整个经济体内商品 Y 的总量 $\overline{Y}$。O_A 水平向右表示消费者 A 对商品 X 的消费量，O_A 垂直向上表示消费者 A 对商品 Y 的消费量；O_B 水平向左表示消费者 B 对商品 X 的消费量，O_B 垂直向下表示消费者 B 对商品 Y 的消费量。$A_1 \sim A_3$ 分别代表消费者 A 的效用水平递增的三条无差异曲线，$B_1 \sim B_3$ 分别代表消费者 B 的效用水平递增的三条无差异曲线。只有当两种商品在消费者 A 和消费者 B 之间分配处于 A 和 B 无差异曲线的切点处（例

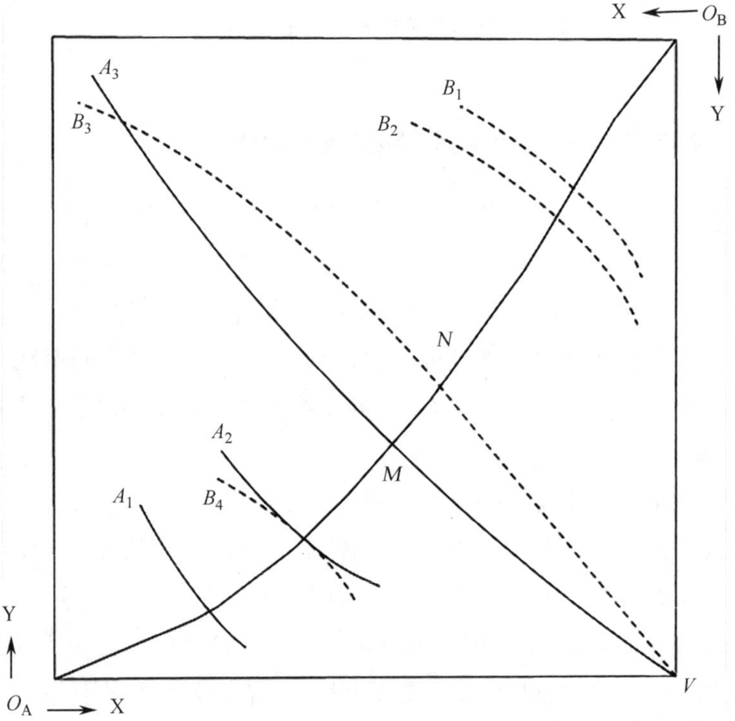

图 6-2　价格确定及“核”理论[①]

① 艾伦·W. 埃文斯. 经济、房地产与土地供应[M]. 陈青，译. 北京：中国人民大学出版社，2013.

如，图中 A_2 和 B_4 两条无差异曲线相切），消费者 A 和消费者 B 的效用实现综合最大化；所有切点连接形成的曲线 O_A、O_B，即为交换契约线，它是两个消费者实现交换帕累托最优的集合。

假设最初消费者 A 持有全部数量的商品 X，消费者 B 持有全部数量的商品 Y，即盒子右下角点为初始分配点 V，消费者 A、消费者 B 经过该点的无差异曲线将形成一个椭圆形的“核”，那么交易会停止在经过该“核”内部的契约线段 MN 的中点处，契约线上的该点称为“核心”。随经济体内参与交易人数的增多，“核”将会逐渐变小，趋向于一个点。当交易者数量较少时，核心的规模会很大，最终的分配不是完全由市场决定，而是依赖于双方讨价还价的地位及协商技巧。当消费者 A 的谈判能力高于消费者 B 时，则最终交易点可能偏向于“核心”的东北角；反之，当消费者 B 的谈判能力高于消费者 A 时，则最终交易点可能偏向于“核心”的西南角。因此市场存在瑕疵不能完全决定价格，买卖双方的议价能力及谈判地位等其他因素会影响最终成交价格的形成。

农地经营权流转市场存在瑕疵，那么市场供求双方不再只是价格的接受者，双方对价格的形成有一定的决策力。最终价格的形成还依赖于买卖双方的地位及出售环境等其他因素，即农地经营权实际流转价格由供求双方考虑自身家庭特征、本地交易情况、农地资源禀赋等条件协商形成。交易双方的行为方式会影响实际流转价格偏离于土地边际生产力决定的农地要素价格，即表现为农地经营权实际流转价格在理论均衡价格上下浮动。

6.3 农地经营权流转市场的成本分化

6.3.1 土地使用成本

土地使用成本也就是农地经营权的流转价格。农地经营权交易有两种方式：市场交易和行政性调整。这两种方式相应地存在两种交易价格：市场交易价格和行政性调整价格。就市场交易而言，由于单个农户无法左右土地交易价格，因而可以接受农地经营权市场为完全竞争市场的假设；就农地经营权的行政性调整而言，由于农户生存空间的相对稳定性，特定社区范围内一旦形成农地经营权行政性调整的流转价格标准，农户就会以此为参照系，因此可以假设农户是农地经营权行政性调整价格的接受者。

在农地经营权流转市场，其流转价格一方面要受到农户特征和农地特征的约束，另一方面也会受到当地经济环境特征和政策环境特征的影响。一般来说，影响农地经营权流转价格的内部因素首先表现为农户特征，包括户主年龄、户主文化程度、户主的耕种意愿、家庭务农劳动力数量和家庭务农收入所占比重。就这些变量对农地经营权转出价格的影响而言，户主年龄越大，其在体力上越难以承受较重的体力活，在物质上可能越能得到子女的一些资助，相对来说经济压力不大，因而越倾向于转出农地经营权，而其转入农地经营权的概率越小，且转出价格也相对较低。户主文化程度越高，其非农就业机会可能越多，能获得的非农就业收益可能也越高。即使农地经营权转出价格偏低，农户也可能越愿意转出其农地经营权。由于务农劳动力缺乏等，家庭务农劳动力数量越少，农户越希望转出农地经营权，农地经营权转出价格可能就会越低。对于具有以上特征的转入农地经营权的农户而言，除非农地转入价格很低，否则，他们将不会转入农地。户主的耕种意愿越强烈，农地经营权转出价格也许会越高，否则，他会选择自己耕种。此外，户主的耕种意愿越强烈，即使农地经营权转入价格相对较高，他可能也愿意接受。家庭务农收入所占比重越大，说明农户对农地的依赖性越强，只有当农地经营权转出价格高于其预期收益时，农户才可能选择转出；在转入农地经营权时，农户则希望转入价格越低越好。

6.3.2 交易成本

科斯认为，产权流转需要花费一定的成本和代价，交易成本的大小与产权明晰程度、交易规模、交易频率、风险、市场完善程度等有关。一般农地产权越不明晰，交易规模越大；交易频率越高，风险越大；市场越不完善，交易成本越高。农地资源的交易特性多样(专用性、风险性和规模性)且可变导致政府或流转方要全面掌握农地配置权利的所有信息难度极大。在农地经营权流转的过程中，产生交易成本不可避免。

其一，农地经营权交易的特殊性使交易的搜寻成本较高。一般而言，由于农户生活范围和社区游戏规则的限制，农户大多在社区范围内转让农地经营权；扩大交易半径，尽管能增加交易对象，但是农地市场信息的不完全性、农地交易的复杂性导致农户搜寻交易信息往往需要花费太多的代价。其二，农地经营权的不完全性提升了谈判成本。现行农地经营权具有的不完全性使交易对象和交易内容具有了不确定性，交易的难度增加；我国户均经营土地面积远远低于规模经营的要求，农户扩张土地经营规模就必须与众多的农户打交道。随着谈判对象的增加，谈判成本也会呈现边际递增趋势。其三，乡村干部对土地的行政维护使市场交易的游说成本上升。相对于农民对自家土地的控制而言，乡村干部往往对全村土地具有很大的处置权，从而导致流转主体要进行大范围、大规模农地经营权的市场交易就必须支付不菲的游说成本来说服村集体组织，才能得到全村范围内的连片土地。其四，相关法律的不完善、中介服务组织的缺乏增加了履约成本。虽然现行农地经营权流转合同的签订率有较大上升，但是依然有大量小农户采用口头协议的方式进行流转，这较容易引起交易双方的争议。长期以来，农地经营权流转合同得不到有效的执行，毁约者所承担的代价较小使毁约者形成一种毁约预期；交易双方由于可能存在的事后机会主义行为，利用传统文化的作用及所处的地缘优势使自身所承担的毁约责任降到最低的限度等。

6.3.3 生产投入成本

农业生产经营的生产投入成本大体可分为四类：一是指劳动的消耗，如雇工和自家劳动投入；二是流动资金的消耗，如化肥、农药、良种和其他原料投入；三是固定资产的消耗和折旧，如农机、生产用仓房等固定资产；四是土地的投入成本，如土地整理的费用、施用有机肥的费用等。

不同的土地经营规模对四类投入成本大不相同。对于劳动的消耗而言，小农户经营土地规模狭小，较少的土地承载较多的农业劳动力，相对于非农产业，农业的劳动生产率过低，因此经营规模的扩大有利于更有效地利用家庭劳动力，进而提高劳动效率。对于流动资金的消耗而言，由于流动资金具有可分性，对农地规模没有相应的要求，因而流动资金的消耗与农业经营规模没有直接关系。对于固定资产的消耗和折旧而言，其具有不可分割性的特点，一般来说，在其生产能力允许的范围内，随着农业经营规模的扩大，不可分割性的要素（如耕牛、农机等）能够在时间和空间上得到更加充分有效的利用，单位产量所分摊的成本就会降低。对土地的投入成本而言，小农户经营对土地的经营和维护将付出更多资金，以期得到较大和收益回报，其对有机肥施用率会较高；大规模经营农业主体则对土地的平整度、集中连片程度较为看重，其对土地整理费用较高。

6.4 我国农地经营权流转的价格形态

随着农地经营权流转的发展，农地经营权流转价格越来越成为农业生产成本的重要组成部分，在农村经济运行中能够有效地促进农地经营权流转，实现农业规模化经营①。结合《全国农产品成本收益资料汇编 2010》至《全国农产品成本收益资料汇编 2020》的统计资料可知，2010—2020 年，小麦、玉米、水稻三种粮食作物的平均土地租赁费用从 15.37 元/亩上涨到 44.01 元/亩，增长了 1.86 倍。农地经营权流转价格的显化和上涨会进一步抬高农业生产成本，增加转入户的经济压力，同时也会对农业规模经营稳定性，尤其是粮食生产带来严峻挑战。为此，研究农地经营权流转价格的空间分布特征对完善我国农地经营权流转政策具有重要意义。本节基于网络大数据平台，以 2021 年数据进行价格的空间异质性分析。

基于网络大数据的分析，计算得到 2021 年农地经营权流转平均价格。从总体上看，2021 年全国耕地经营权流转均价为 885 元/(亩・年)、园地经营权流转均价为 1 451 元/(亩・年)、林地经营权流转均价为 552 元/(亩・年)、草地经营权流转均价为 518 元/(亩・年)(表 6-2)。从耕地样本交易价格来看，超过三成的耕地经营权流转价格低于 500 元/(亩・年)；约四成的耕地经营权流转价格处于 500～1 000 元/(亩・年)；从地类来看，旱地经营权流转均价为 774 元/(亩・年)，水浇地经营权流转均价为 939 元/(亩・年)，水田经营权流转均价为 950 元/(亩・年)，价格趋势符合“水田＞水浇地＞旱地”的走向。

表 6-2　2021 年分地类农地经营权流转平均价格　[元/(亩・年)]

地类	耕地	园地	林地	草地
价格	885	1 451	552	518

我国幅员辽阔，区域间的社会经济发展水平和资源禀赋存在明显的客观差异，农地经营权流转价格在区域上也具有显著的分化特征。结合网络大数据的统计结果，耕地、林地、园地、草地等各地类的交易价格由东部地区至西部地区呈现递减的态势。

从区域上看，东部地区的耕地经营权流转均价为 1 249 元/(亩・年)、园地经

① 童列春. 中国农村经济实现中的地租机制[J]. 农业经济问题，2013，34(3)：25-32，110.

营权流转均价为2 048元/(亩·年)、林地经营权流转均价为1 077元/(亩·年)、草地经营权流转均价为825元/(亩·年);中部地区的耕地经营权流转均价为709元/(亩·年)、园地经营权流转均价为1 146元/(亩·年)、林地经营权流转均价为277元/(亩·年)、草地经营权流转均价为407元/(亩·年);西部地区的耕地经营权流转均价为679元/(亩·年)、园地经营权流转均价为763元/(亩·年)、林地经营权流转均价为666元/(亩·年)、草地经营权流转均价为486元/(亩·年)(表6-3)。

表6-3 2021年全国区域层面农地经营权平均流转价格情况 元/(亩·年)

区域	耕地经营权平均流转价格	园地经营权平均流转价格	林地经营权平均流转价格	草地经营权平均流转价格
东部地区	1 249	2 048	1 077	825
中部地区	709	1 146	277	407
西部地区	679	763	666	486

基于省(区市)层面进行统计,发现2021年全国各省(区市)的农地经营权流转价格存在明显的分异(表6-4)。在耕地层面,流转均价前三名的省市分别是上海市、北京市和云南省;在园地层面,流转均价前三名的省市分别是北京市、辽宁省和江苏省;在林地层面,流转均价前三名的省区市分别是上海市、宁夏回族自治区和北京市;在草地层面,流转均价前三名的省分别是福建省、贵州省和海南省。

表6-4 2021年全国各省农地经营权流转价格 元/(亩·年)

省份	耕地经营权平均流转价格	园地经营权平均流转价格	林地经营权平均流转价格	草地经营权平均流转价格	是否为粮食主产区①
全国平均	885	1 451	552	518	
北京市	2 159*	4 978*	2 597*	200	
天津市	1 178	1 132	855	—	
河北省	1 168	1 227	401	891	√
山西省	770	1 442	117	—	
内蒙古自治区	538	1 895	249	502	√
辽宁省	1 144	3 536*	216	311	√

① 依据财政部《关于改革和完善农业综合开发若干政策措施的意见》,我国粮食主产区包括黑、吉、辽、蒙、冀、豫、鲁、苏、皖、川、湘、鄂、赣等13个省份。

续表 6-4

省份	耕地经营权平均流转价格	园地经营权平均流转价格	林地经营权平均流转价格	草地经营权平均流转价格	是否为粮食主产区
吉林省	805	1 398	355	139	√
黑龙江省	598	1 638	211	98	√
上海市	2 250*	1 962	2 824*	856	
江苏省	1 128	2 546*	1140	—	√
浙江省	1 200	1 094	842	—	
安徽省	803	1 207	431	800	√
福建省	905	2 085	697	1 533*	
江西省	570	395	240	506	√
山东省	1 028	1 635	670	450	√
河南省	872	1 184	451	—	√
湖北省	720	623	221	325	√
湖南省	707	531	219	480	√
广东省	961	1 266	792	953	
广西壮族自治区	819	838	523	1 000	
海南省	1 047	2 282	1 369	1 227*	
重庆市	509	—	422	—	
四川省	753	558	330	556	√
贵州省	799	697	685	1 235*	
云南省	1 356*	974	349	130	
西藏自治区	218	—	—	—	
陕西省	888	636	234	300	
甘肃省	409	629	155	—	
青海省	633	—	—	—	
宁夏回族自治区	802	1 008	2 674*	97	
新疆维吾尔自治区	419	837	479	597	

注："—"代表该地区无样本数据；"＊"代表该地区该地类农用地经营权流转价格排名在全国前三。

耕地经营权流转价格呈明显的空间集聚特征，价格热点（高值）区集聚在农业生产条件优越及大都市郊区等社会经济发达的区域。流转价格的热点区集聚在黄淮海平原东北部地区、长三角城市群、云南东北部（昆明市周围）地区，冷点区集聚在黑龙江省西部、川渝城市群、长江中游地区。热点区和冷点区的流转价格间也存在显著差异(表 6-5)。值得注意的是,大部分热点区域是全国沿海经济发达地区,区域耕地经营权流转价格受到优越的农业生产条件和发达的社会经济基础双重因素叠加影响。相对于热点区而言,冷点区的自然地理条件和社会经济基础较差。

表 6-5　2021 年全国六大市场耕地经营权流转价格

热(冷)点市场	耕地经营权流转价格/[元/(亩·年)]				标准耕作制度		全国农业区划
	最高价	最低价	平均值	标准差			
黑龙江西部地区	1 730	148	519	348	一年一熟	水稻、玉米	中温带半湿润区松辽平原区
黄淮海平原东北部	4 187	78	1 215	832	一年两熟	小麦、玉米	暖温带湿润区、暖温带半湿润区华北平原区
长三角城市群	4 500	120	1 359	886	一年两熟、一年三熟	水稻、小麦	北亚热带湿润区长江中下游区
长江中游地区	3 409	23	574	474	一年两熟、一年三熟	水稻、小麦	中亚热带湿润区江南丘陵区
川渝城市群	1 675	17	486	296	一年两熟	水稻、小麦、玉米	中亚热带湿润区四川盆地区
云南东北部(昆明周围)地区	7 400	147	1 503	1 503	一年两熟、一年三熟	水稻、小麦、玉米	中亚热带湿润区云南高原区、南亚热带湿润区滇南山原区

第7章 干预与价格偏离

培育一个健康有效的农地经营权流转市场是深化农地改革的基础和重要保障。然而,价格作为市场机制的核心,定价机制的不健全成为阻碍当前农地经营权流转市场运转的重要原因。一个客观的事实是我国大规模农地经营权流转过程中的流转价格表现出与市场供求关系间的不匹配,存在高价与低价,甚至与无偿流转并存的现象。其主要表现为不少地区流转价格过高,价格已难以保证农业生产的正常利润。与此同时,农户之间自发流转的交易价格偏低,甚至无偿转让。据2021年农地经营权流转网络大数据的分析结果可知,33.96%的区县农地经营权平均流转价格为0～500元/(亩·年);11.81%的区县农地经营权平均流转价格高于1 500元/(亩·年)。农地经营权流转价格的不合理势必会阻碍农村土地资源优化配置的步伐。本章试图通过定义农地经营权流转价格及其扭曲的内涵,测度我国农地经营权流转价格的扭曲度,并通过构建理论框架分析流转价格扭曲的形成逻辑,实证检验流转价格扭曲的成因,以期为理解当前农村土地经营权流转价格的内在机制提供一个视角。

7.1 价格偏离问题

价格扭曲是价格的过度偏离,可理解为超出价值变动边界或超出一般意义的价格差异的偏离。从价格背后的制度与权利来看,农地经营权流转价格是指农地经营权在不同农业经营主体之间以不同方式转移所应支付的地租。基于要素分配理论,土地的价格来源于土地产出品或服务的价格[①]。生产者对土地的需求取决于土地的边际效用,当使用土地支付的成本(*MC*)等于要素投入产生的边际产品收益(*MVP*)时,生产者会停止投入土地要素,形成由土地边际生产力决定的流转均衡价格(P_0)(图7-1),即流转价格由投入的最后一个土地要素单元的

① 朱道林,李瑶瑶,张立新.论土地价格的本质及其来源[J].中国土地科学,2021,35(7):1-6.

边际收益决定[①]。因此,在理想条件下,农地经营权流转价格应该由承包地利用产生的经济效益决定,以期反映当前投入产出水平下的农业用地真实市场价值,由土地要素投入产出品的边际收益价值所决定,因此又称之为农地要素价格。

土地需求是衍生性需求,基于不动产价值理论。土地的特征价格会随地区和位置的变化而不同,土地的异质性、特征价格的多变性导致市场决定价格机制的非完全竞争性。市场供求双方不再只是价格的接受者,双方对价格的形成有一定决策力。最终价格的形成还依赖于买卖双方的地位及出售环境等因素,即农地实际交易价格是由供求双方考虑自身家庭特征、本地交易情况、农地资源禀赋等条件协商形成[②]。当部分土地流出时,农户会根据剩余自留地的生产收益提出协商价格;当全部土地流出时,协商价格则会考虑以往自家经营土地的生产收益和经营权蕴含的社会保障价值,使用土地支付的成本由 MC 升高到 MC'(图 7-1)。可见,在农村特殊的人地关系及社会经济环境下,交易双方的行为方式会影响实际流转价格 P' 偏离以土地边际生产力决定的农地要素价格 P_0,表现为农地经营权流转价格扭曲。传统经济学理论认为,政府干预是促进有效市场构建的重要手段,理论上政府通过培育农地经营权流转市场,提高土地供给弹性 S_G,缓解由需求增长至 D_1 引起的价格上涨,流转价格由 P_1 降低至 P_G。若政府在农地经营权流转过程中出现不当的干预行为,就会产生与预期相反的结果。

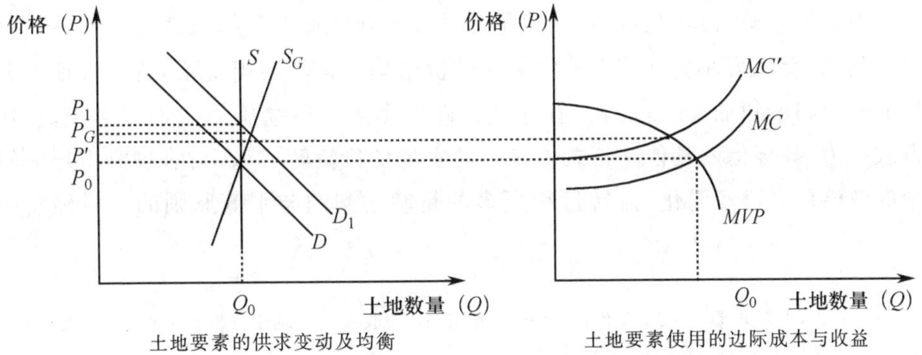

土地要素的供求变动及均衡　　土地要素使用的边际成本与收益

图 7-1　农地经营权要素价格的形成过程[③]

---

① 路燕,朱道林. 构建与农地流转市场相适应的农地价格体系[J]. 价格理论与实践,2006(2):52-53.

② Qlan C,Li f,Antonides G,et al. Effect of personality traits on smallholders'land renting behavior: theory and evidence from the north China plain[J]. China Economic Review,2020,62:101510.

③ 马歇尔. 经济学原理[M]. 北京:北京出版社,2007.

7.2 价格干预问题

有效的政府干预是解决市场失灵最好的办法，这也充分表现在农地经营权流转市场的培育上。在“三权分置”制度改革下，农户对流转服务需求的增加以及政府追求政绩的目标促使政府、村集体等不同利益主体参与土地流转；流转行为也由单纯农户主导转变为具有政府干预的行为，流转价格成为农户群体、行政组织等多种力量相互博弈的结果。根据政府是否直接参与流转过程，其可分为直接干预和间接干预[①]。直接干预是指政府直接参与交易过程的主导开发模式，即政府通过向村委会下发行政命令和流转任务，由村委会出面组织农民将农地经营权以委托代理的形式集中到村委会进行集中流转，政府参与流转对象选择、流转期限及价格确定、流转合同签订等实施过程。间接干预是指政府通过构建流转交易平台、提供补贴等政策，为农户提供流转信息、合同签订和监督管理等服务，改善流转交易环境。政府干预通过影响各利益主体的土地收益及对土地价值的认知，改变供需双方的行为决策，借此调控市场供需关系，引导流转价格，最终缓解或加剧农地经营权流转价格的扭曲。

7.2.1 直接干预效应

有些地方政府运用自身行政力量并没有达到培育完善的农地经营权流转市场的目的，反而可能会导致农地实际流转价格偏离市场均衡价格，造成农地经营权流转价格的扭曲[②-③]。起初，有些地方政府多迫于政绩压力或为了寻租，利用行政权力，甚至借助其他非正式力量推动农地低价流转[④-⑥]。当前政府主导流转中的政治色彩已经弱化，流转过程更多的是基于契约与平等原则的农村经济关

① 王珊，洪名勇，钱文荣.农地流转中的政府作用与农户收入 ——基于贵州省608户农户调查的实证分析[J].中国土地科学，2020，34(3)：39-48.

② 范传棋，范丹.高额耕地租金：原因解析与政策启示[J].四川师范大学学报(社会科学版)，2016，43(6)：114-120.

③ 周敏，雷国平，匡兵.信息不对称下的农地流转“柠檬”市场困境——以黑龙江省西城村例证[J].华中农业大学学报(社会科学版)，2017(4)：118-123.

④ 王德福，桂华.大规模农地流转的经济与社会后果分析——基于皖南林村的考察[J].华南农业大学学报(社会科学版)，2011，10(2)：13-22.

⑤ 孙新华.土地流转与农户家计：两种流转模式的比较——基于江西省T村的实证调查[J].贵州社会科学，2012(4)：77-83.

⑥ 曾红萍.地方政府行为与农地集中流转——兼论资本下乡的后果[J].北京社会科学，2015(3)：22-29.

系调整[①],村民和基层政府组织之间有讨价还价的空间。相对于农户分散流转时的弱势谈判地位而言,规模土地的稀缺性使其在价格谈判中占据优势。作为双边代理人,政府为促进流转行为的达成,一方面会谈取高于当前农业种植收益的集体统一价格,以提升转出农户的流转意愿,增加土地的弹性供给 S_G(图 7-2);另一方面,通过提供支农惠农服务,改变转入方经营的成本和收益,人为放大土地的需求弹性 D_G,农地经营权流转价格被重估为 P_G,偏离农地要素价格 P_0。

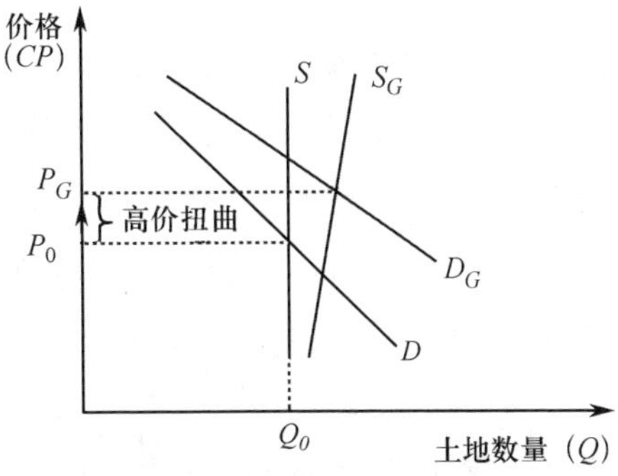

图 7-2 政府直接干预与农地经营权流转价格扭曲

7.2.2 间接干预效应

农户流转土地要考虑兼顾经济收益和规避风险,价格的最终形成是农户根据其对外界环境的认知做出的理性选择。当市场价格发现功能不足时,较高的交易费用压缩了流转价格空间。此时农户之间的自发流转更倾向于以低价 P'',甚至无偿将农地转给亲人或熟人(图 7-3),以维护土地产权安全[②-④],实现社会资本的积累[⑤-⑥]。"关系型"流转市场排斥除亲属熟人外的其他农户的交易行为造成农地经营权流转市场的分割[⑥]。而政府主导的交易服务中心通过构建正规流转机制为农户提供流转信息、合同签订和监督管理等服务,代替社会关系对交易

① 黄忠怀,邱佳敏.政府干预土地集中流转:条件、策略与风险[J].中国农村观察,2016(2):34-44.

② Ma X,Heerink N,Van ierland E,et al. Decisions by Chinese households regarding renting in arable land—the impact of tenure security perceptions and trust[J]. China Economic Review,2020,60:101328.

③ 周海文,周海川.农户社会信任对土地流转租金的影响——基于 CHIP 数据的实证分析[J].公共管理学报,2019,16(3):118-130.

④ 王亚辉,李秀彬,辛良杰.山区土地流转过程中的零租金现象及其解释——基于交易费用的视角[J].资源科学,2019,41(7):1339-1349.

⑤ 陈奕山,钟甫宁,纪月清.为什么土地流转中存在零租金——人情租视角的实证分析[J].中国农村观察,2017(4):43-56.

⑥ 胡霞,丁冠淇.为什么土地流转中会出现无偿转包——基于产权风险视角的分析[J].经济理论与经济管理,2019(2):89-100.

成本的减缓作用，推进农地经营权流转市场由“关系市场”向“要素市场”的转变[①]。土地市场需求显化，需求曲线由亲属间流转的 D'' 向 D_G 移动，流转价格由 P'' 上升至 P_G，农地经营权流转价格的低价扭曲得到缓解。同时，农业补贴的流向会通过改变交易双方的交易意愿以影响流转价格。若农业补贴直接发放给承包方，未通过市场机制类似于“收益补贴”[②]，就不会对流转价格产生显著影响。若农业补贴发放给承租方，承包方则会将其视为承租方的土地收益，作为要价的“砝码”[③]。农业补贴转化为地租，抬高流转价格水平。

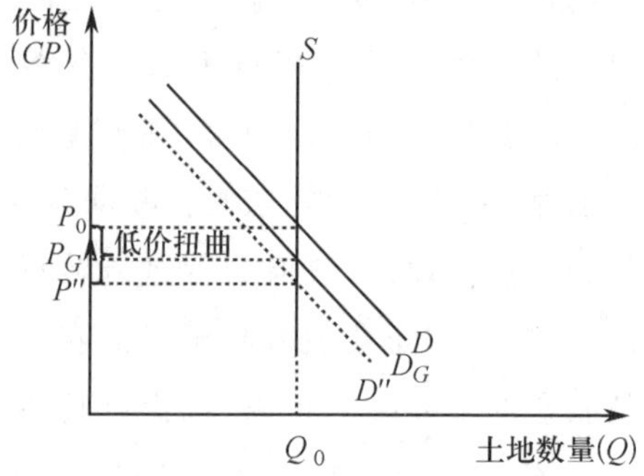

图 7-3　政府间接干预与农地经营权流转价格扭曲

由此可见，受到市场机制发育不完善的影响，市场发现价格功能不足引起农户间自发流转价格的自然扭曲。因此，政府需要采取政策手段完善市场资源配置。由于政府在流转中的角色定位、干预动机的不同，各种干预行为并不都具有缓解市场自然扭曲的效果，甚至部分干预行为会导致价格的人为扭曲（图 7-4）。

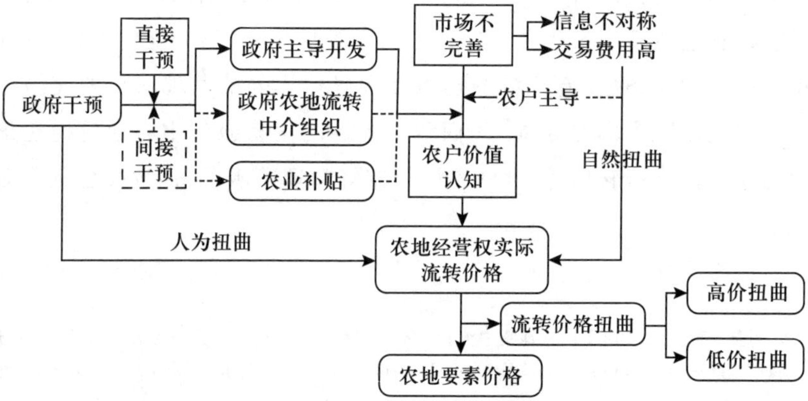

图 7-4　农地经营权流转价格扭曲形成机制

① Tang L, Ma X, Zhou Y, et al. Social relations, public interventions and land rent deviation: evidence from Jiangsu Province in China[J]. Land Use Policy, 2019, 86: 406-420.

② 钟甫宁，顾和军，纪月清．农民角色分化与农业补贴政策的收入分配效应——江苏省农业税减免、粮食直补收入分配效应的实证研究[J]．管理世界，2008(5)：65-70.

③ 李尚蒲，仇童伟，谢琳．粮食直补、农地市场结构与农地租金决定[J]．学术研究，2021(4)：95-100.

7.3 实证测度

借鉴已有文献[①]，本研究采用超越对数生产函数，分析土地要素在农业投入产出中的边际贡献，由此确定农地要素价格。超越生产函数是克里斯蒂森(Christensen)等在1973年提出的一个易估性和包容性较好的生产函数[②]。它可被看作任何函数的二阶近似，常用来分析投入要素的产出弹性和替代弹性[③]，其函数形式为：

$$\ln Y_i = \beta_0 + \sum_{j=1}^{n} \beta_j \ln X_{ij} + \frac{1}{2} \sum_{j=1}^{n} \sum_{k=1}^{n} \beta_{jk} \ln X_{ij} \ln X_{ik} + u_i \quad \beta_{jk} = \beta_{kj} \tag{7-1}$$

式中，因变量 Y_i 为农户家庭 i 经营农地的年总产值；X_{ij} 为农户家庭 i 的第 j 种生产要素投入量，包括土地 S、劳动力 L 和资本 C；β_0、β_j 和 β_{jk} 为待估系数；u_i 为误差项。本章分别使用生产经营的土地面积(亩)，农业劳动力总工作时长(月)，种子、化肥、农药等农资品的费用(万元)衡量土地、劳动力、资本投入情况。

农户家庭 i 农业生产经营中土地的投入产出系数 e_{is} 计算公式如下：

$$e_{is} = \frac{\mathrm{d}(\ln Y_i)}{\mathrm{d}(\ln X_{is})} = \beta_s + \beta_{ss} \ln X_{is} + \beta_{sL} \ln X_{iL} + \beta_{sc} \ln X_{ic} \tag{7-2}$$

农地要素价格计算公式如下：

$$R_c = \frac{Y_i}{S} \times e_{is} \tag{7-3}$$

式中，R_c 为农地要素价格。

农地经营权流转价格扭曲采用农地实际流转价格和农地要素价格的差与农地要素价格的比值表征农地经营权流转价格的扭曲。其计算公式如下：

$$D = \frac{R_t}{R_c} - 1 \tag{7-4}$$

式中，D 为农地经营权流转价格的扭曲度；R_t 为农地经营权实际流转价格。若

① Tang L, Ma X, Zhou Y, et al. Social relations, public interventions and land rent deviation: evidence from Jiangsu Province in China[J]. Land Use Policy, 2019, 86: 406-420.

② Christensen L R, Jorgenson D W, Lau L J. Transcendental logarithmic production frontiers[J]. The review of Economics and Statistics, 1973, 55(1): 28-45.

③ Tan S, Heerink N, Kuyvenhoven A, et al. Impact of land fragmentation on rice producers' technical efficiency in South-East China[J]. Njas-Wageningen Journal of Life Sciences, 2010, 57(2): 117-123.

$|D| \leqslant 0.1$，则价格处于合理区间；若 $D > 0.1$，则价格存在高价扭曲；若 $D < -0.1$，则价格存在低价扭曲。

为了探究农地经营权流转价格扭曲的成因，判断政府不同的干预行为对流转价格扭曲的影响方向及影响概率，本节将因变量农地经营权流转价格扭曲简化为二元离散变量，采用 Binary Logistic 模型分别从转出户、转入户视角分析农地经营权流转价格高价或者低价扭曲的成因。其具体模型为：

$$Y_i = \ln\left(\frac{P_i}{1-P_i}\right) = \beta_0 + \sum_{n=1} \beta_1 D_{ni} + \varepsilon_i \tag{7-5}$$

式中，P_i 为第 i 个农户的农地经营权流转价格高价或低价扭曲的概率；D_{ni} 为借鉴现有文献选取的可能会导致农地经营权流转价格扭曲的各种因素[①-②]，包括政府干预行为、农户家庭特征、土地特征和村庄特征四类控制变量（表 7-1）；β_0 为常数项；β_1 为待估因素的偏回归系数，反映该因素对流转价格扭曲倾向的影响程度；ε_i 为误差项。

表 7-1 变量设定与描述性统计

变量			变量含义	转入户 均值 （标准差）	转出户 均值 （标准差）	总体 均值 （标准差）
因变量						
农地经营权流转价格扭曲			流转价格是否高价扭曲，1=是，0=否	0.318 （0.467）	0.346 （0.476）	0.336 （0.472）
			流转价格是否低价扭曲，1=是，0=否	0.656 （0.476）	0.6114 （0.488）	0.628 （0.483）
核心解释变量						
政府干预行为	政府直接干预		政府是否直接干预流转，1=是，0=否	0.035 （0.185）	0.331 （0.471）	0.218 （0.413）
	政府间接干预	政府中介组织	是否有政府支持建立的交易服务组织以提供流转服务，1=是，0=否	0.071 （0.257）	0.185 （0.389）	0.141 （0.349）
		农业补贴	农业补贴流向，0=无补贴，1=承包方，2=承租方	1.167 （0.496）	1.029 （0.493）	1.082 （0.499）

① Qiu T, Luo B, He Q. Do land rents among acquaintances deviate from the reference point—evidence from rural China[J]. China & World Economy, 2019.

② 沈怡. 差序格局、政府引导与农地流转价格扭曲[D]. 南京：南京农业大学，2017：64.

续表 7-1

变量		变量含义	转入户均值（标准差）	转出户均值（标准差）	总体均值（标准差）
控制变量					
农户家庭特征	户主年龄	户主的实际岁数/岁	55.470 (10.070)	58.671 (11.446)	57.448 (11.047)
	户主受教育程度	0=未上学，1=小学，2=初中，3=高中/职高，4=大/中专，5=大学本科及以上学历	1.537 (0.880)	1.582 (0.946)	1.565 (0.921)
	家庭人口数	家庭实际人口数/人	3.685 (1.692)	3.599 (1.788)	3.632 (1.752)
	农业收入情况	家庭人均农业收入（对数）/（元/人）	7.616 (3.766)	4.912 (4.168)	5.945 (4.227)
土地特征	流转土地面积	流转土地面积（亩）	11.300 (20.525)	4.377 (5.196)	7.023 (13.741)
	流转合同	是否签订农地经营权流转合同，1=是，0=否	0.096 (0.296)	0.443 (0.497)	0.311 (0.463)
	流转年限	是否约定农地经营权流转年限，1=是，0=否	0.154 (0.361)	0.479 (0.500)	0.354 (0.479)
	农地确权	是否有农地承包经营权证，1=是，0=否	0.799 (0.401)	0.823 (0.382)	0.814 (0.389)
村庄特征	经济条件	农户所在村人均可支配收入（对数）/（元/人）	8.861 (0.591)	8.979 (0.693)	8.934 (0.658)
	区位条件	距最近农贸/自由市场的距离（对数）/（千米）	1.427 (0.907)	1.212 (0.972)	1.294 (0.953)

注：①政府直接干预是指政府通过向村委会下发行政命令和流转任务，由村委会出面组织统一经营或流转给龙头企业等组织/整理后划片分包给农户。②政府未直接干预是指有流转意愿的普通农户协商流转（包括亲戚朋友熟人间代种），即农户主导流转。③农业补贴指粮食直补、良种和农机补贴等。④农地经营权流转获得的服务类型包括：a. 农地经营权流转交易信息服务；b. 农地经营权流转政策宣传与解读服务；c. 农地经营权流转价格评估服务；d. 法律咨询服务；e. 协调流转合同签订服务；f. 流转行为监督服务；g. 调解土地纠纷服务等。

在变量选择上，本章中因变量为农户的农地经营权流转价格是否高价或低价扭曲。采用农地经营权实际流转价格和农地要素价格的差值表征农地经营权流转价格的扭曲程度。其中，农地要素价格根据农户提供的家庭经营农地的年总产值，资本、劳动力、土地等生产要素投入量采用超越对数生产函数计算得到。

借鉴现有文献可能会导致农地经营权流转价格扭曲的各种因素，选取涵盖政府干预行为、农户家庭特征、土地特征和村庄特征在内的控制变量。其中，借鉴已有文献将政府干预行为划分为直接干预和间接干预。

直接干预是指直接参与交易过程的主导开发模式，即政府通过向村委会下发行政命令和流转任务，由村委会出面组织统一经营/集体流转给公司或其他组织/整理土地后划分包给农户，政府参与流入对象选择、流转期限及价格确定、流转合同签订等实施过程中。本次引入二分变量“政府是否直接干预农地流转行为”进行衡量，“政府直接干预”记为1，“政府未直接干预”，即农户主导流转记为0。

间接干预是指通过构建流转交易平台、提供补贴等政策，为农户提供流转信息、合同签订和监督管理等服务，改善流转交易环境。本次用变量“是否有政府支持建立的交易服务组织以提供流转服务”“农业补贴的流向”进行衡量。“政府支持建立的交易服务组织以提供流转服务”是指政府建立农村产权交易所等组织提供农地经营权流转信息、流转政策宣传讲解、流转价格评估、法律咨询与援助、协调流转合同签订、流转行为监督等服务。本次引入二分变量“是否有政府支持建立的交易服务组织以提供流转服务”进行衡量，“有政府支持建立的交易服务组织以提供流转服务”记为1，“没有政府支持建立的交易服务组织以提供流转服务”记为0。变量“农业补贴的流向”中，将无补贴记为0，补贴流向承包方记为1，补贴流向承租方记为2。

农户家庭特征主要包括户主年龄、户主受教育程度、家庭人口数和农业收入情况。户主年龄越大，恋土情结越浓重，越倾向于亲戚熟人之间的低价流转以维护土地产权安全。户主受教育程度越高，可获取的流转信息渠道越多，对农地经营权流转的认识水平越高，越倾向于通过土地竞争市场合理显化土地经济价值。家庭人口数越多，经济压力越大，对土地的保障诉求越强烈，更易产生农地经营权流转高价扭曲的倾向。收入越高的家庭农业越重视农地的生产功能，也越容易产生农地经营权流转高价扭曲的倾向。

土地特征主要包括流转土地面积、是否签订流转合同、流转年限和农地确权状况。土地流转面积越大、流转年限越长，越有利于土地持续产生规模效益；土地竞争优势越强，越容易产生溢价现象，造成农地经营权流转价格的高价扭曲。签订流转合同、农地确权意味着土地产权稳定性越强，越会降低农户想通过亲戚熟人之间的低价流转,以维护土地产权安全的意愿,农户在流转中则更倾向于显化土地的经济价值,而非用经济价值换取产权保障,进而缓解农地经营权流转价格的扭曲。

村庄特征主要包括经济条件、区位条件。考虑到我国地区经济条件差异较大,地区经济发展水平会影响其对各种生产、生活资料的需求,进而通过农产品价格影响农地经营权流转价格。在经济条件较好的地区,其物价水平较高,农地经营权流转价格也会随之升高。同时,农地区位条件会影响生产和销售环节中生产资料及农产品的运输成本,进而通过农业生产利润影响农地经营权流转价格,即区位条件越好的农地,优势越强,越容易产生溢价现象,造成农地经营权流转价格的高价扭曲。因此,本次选取农户所在村的人均可支配收入来衡量农户所在地区经济发展水平,农地距最近农贸/自由市场的距离衡量农地的区位条件。

表7-2分别从转入户、转出户视角描述各地区农地经营权流转价格扭曲的实际情况。从总体上看,我国农地经营权流转价格存在明显的价格扭曲现象,且低价扭曲现象较为普遍。具体来看,30.12%转入样本的流转价格存在高价扭曲,67.32%转入样本的流转价格存在低价扭曲,且有220个低价扭曲样本地块为无偿转入,占总转入样本的43.31%。34.59%转出样本的流转价格存在高价扭曲,61.14%转出样本的流转价格存在低价扭曲,且有235个低价扭曲样本地块为无偿转出,占总转出样本的28.62%。这就表明,当前农地经营权流转价格普遍偏低,无偿流转现象较为普遍。

表7-2 全国各地区农地经营权流转价格扭曲情况

省份	村庄层面平均转出价格/[元/(亩·年)]	转出价格扭曲情况/%			村庄层面平均转入价格/[元/(亩·年)]	转入价格扭曲情况/%		
		低价扭曲占比	未扭曲占比	高价扭曲占比		低价扭曲占比	未扭曲占比	高价扭曲占比
安徽省	516	46.43	7.14	46.43	488	50.00	3.85	46.15
北京市	1 100	0.00	0.00	100.00	—	—	—	—
福建省	227	100.00	0.00	0.00	120	100.00	0.00	0.00
甘肃省	418	70.59	0.00	29.41	563	92.86	0.00	7.14
广东省	733	53.85	7.69	38.46	400	100.00	0.00	0.00
广西壮族自治区	881	63.16	0.00	36.84	600	100.00	0.00	0.00
贵州省	344	83.33	0.00	16.67	379	94.23	1.92	3.85
海南省	700	56.25	0.00	43.75	300	100.00	0.00	0.00

续表 7-2

省份	村庄层面平均转出价格/[元/(亩·年)]	转出价格扭曲情况/%			村庄层面平均转入价格/[元/(亩·年)]	转入价格扭曲情况/%		
		低价扭曲占比	未扭曲占比	高价扭曲占比		低价扭曲占比	未扭曲占比	高价扭曲占比
河北省	664	32.73	3.64	63.64	433	42.86	0.00	57.14
河南省	602	50.00	3.13	46.88	673	59.26	0.00	40.74
黑龙江省	537	0.00	10.00	90.00	450	11.32	3.77	84.91
湖北省	391	83.72	4.65	11.63	467	72.00	8.00	20.00
湖南省	431	79.25	1.89	18.87	340	96.43	0.00	3.57
吉林省	1 237	40.00	6.67	53.33	1 305	12.50	0.00	87.50
江苏省	832	11.54	7.69	80.77	775	50.00	0.00	50.00
江西省	250	88.89	5.56	5.56	195	79.41	2.94	17.65
辽宁省	536	55.00	5.00	40.00	417	64.71	0.00	35.29
内蒙古自治区	206	78.26	0.00	21.74	217	88.24	0.00	11.76
宁夏回族自治区	675	15.00	5.00	80.00	450	50.00	50.00	0.00
青海省	512	57.14	0.00	42.86	800	100.00	0.00	0.00
山东省	460	61.54	15.38	23.08	702	42.86	4.76	52.38
山西省	208	64.86	0.00	35.14	173	68.42	15.79	15.79
陕西省	808	50.00	6.25	43.75	638	50.00	0.00	50.00
四川省	572	75.00	5.36	19.64	463	100.00	0.00	0.00
天津市	968	28.57	0.00	71.43	590	100.00	0.00	0.00
云南省	836	63.46	3.85	32.69	854	87.50	3.13	9.38
浙江省	633	83.33	0.00	16.67	667	50.00	0.00	50.00
重庆市	564	69.09	9.09	21.82	571	92.59	0.00	7.41

注：根据“中国家庭大数据库”2019 年家庭调查数据测算。北京市无转入户样本数据，暂忽略不计；香港特别行政区、澳门特别行政区、台湾地区三地无数据。

为避免估计偏差，检验设置变量是否存在多重共线性，结果显示，各变量的方差膨胀因子（VIF）的最大值为 1.862＜10，容忍度（Tolerance）的最小值为 0.537＞0.1。因此认为解释变量间不存在多重共线性。HL 统计量（Hosmer-Leme-show）检验的 *P* 值均＞0.05，表明模型与样本数据拟合良好，且各模型样本预测准确率在 65％以上，表明采用二元 Logistic 模型可以很好地解释流转价格扭曲的成因。

从转入户、转出户低价扭曲模型的回归结果看(表 7-3),在转出户回归中,政府直接干预的回归系数显著为正,即与政府直接干预流转(参照组)相比,农户间的自发流转的转出价格低价扭曲的概率比值显著上升,表明普通农户私下协商形成的流转价格显著偏低。在转入户回归中,政府直接干预的回归系数为正但不显著。其原因可能是政府通过金融支持政策对转入方进行价格补偿,隐化了流转价格的扭曲。

政府中介组织的回归系数在转入户和转出户回归中均显著为负,即与无政府中介组织干预(参照组)相比,政府中介组织干预流转中流转价格低价扭曲的概率比值显著降低。这个结果验证了假说,即政府中介组织的存在能够缓解流转价格的低价扭曲。此外,农业补贴流向承租方的回归系数在转入户和转出户回归中均显著为负。对比无农业补贴(参照组),农业补贴发放给承租方导致流转价格低价扭曲的概率比值均显著降低,分别为参照组的 0.646 倍和 0.549 倍。这个结果证实了假说,即农业补贴发放给承租方会转换为承包方要价的“砝码”,农业补贴转化为地租,抬高流转价格水平,缓解流转价格低价扭曲。

在控制变量方面,户主年龄、农业收入情况、流转年限、经济条件四个变量分别对转入户和转出户低价扭曲表现出显著的正向、负向、负向、负向影响。户主年龄越大,农地经营权流转的思想越保守,越倾向于人情市场低价流转,以维护土地的产权安全。家庭人均农业收入越高,土地生产保障功能愈加重要,流转价格低价扭曲的概率越低。土地流转期限越长,越能获得持续稳定的经济效益,土地竞争优势也越明显,溢价现象越容易产生,流转价格低价扭曲的概率越低。经济发达地区的农地经营权流转市场发育愈加完善,流转价格就越倾向于市场化。

此外,在转出户低价扭曲模型中,流转合同、农地确权、区位条件的回归系数分别显著为负、正和正。签订流转合同意味着土地流转稳定性增强,农户在流转中则更倾向于显化经济价值,而非用经济价值换取产权保障,因此会缓解农地经营权低价扭曲的现象。农地确权在理论上可以促进产权稳定,降低交易风险并促进农地经营权市场化交易,缓解流转价格低价扭曲。但实证结果表明,农地确权未缓解流转价格低价扭曲。一个可能的原因是农地确权到“四至”加剧了农户承包地的“产权地理垄断”,土地的细碎化特征更加明显,从而内生出流转交易成本并阻碍农地流转契约的构建,抑制了农地经营权流转价格的市场化①。区位条件的回归系数显著为正,说明随农地与最近农贸/自由市场距离的增加,即随土

① 罗必良,张露. 中国农地确权:一个可能被过高预期的政策[J]. 中国经济问题,2020(5):17-31.

地区位优势的衰减，农业生产和销售环节中的生产资料及农产品的运输成本越高，土地经济优势越弱，则转出价格低价扭曲的可能性也越大。在转入户低价扭曲模型中，家庭人口数、流转土地面积的回归系数分别显著为正和负，说明家庭人口数越多，转入价格越容易出现低价扭曲的现象；流转土地面积越大，转入价格出现低价扭曲的可能性越小。

从转入户、转出户高价扭曲模型的回归结果看（表 7-3），在转出户回归中，政府直接干预的回归系数显著为正，即与农户之间自发流转相比（参照组），政府直接干预流转中转出价格高价扭曲的概率比值显著上升，这就验证了假设中就政府直接干预对农地经营权流转价格高价扭曲有显著影响。在转入户样本中，政府直接干预的回归系数为正但不显著。其原因可能是政府通过金融支持政策对转入方进行价格补偿，隐化了流转价格的高价扭曲。

表 7-3　政府干预对农地经营权流转价格扭曲影响的模型回归结果

变量	转入户				转出户			
	低价扭曲		高价扭曲		低价扭曲		高价扭曲	
	回归系数	优势比	回归系数	优势比	回归系数	优势比	回归系数	优势比
政府直接干预 a	0.605	1.831	0.351	1.421	0.352**	1.422	0.412**	1.510
政府中介组织 b	−0.792**	0.453	−0.878*	0.415	−0.046**	0.955	−1.173**	0.841
农业补贴 b								
承包方	0.282	1.326	−0.178	0.837	−0.047	0.954	−0.156	0.856
承租方	−0.437*	0.646	0.445	1.561	−0.600*	0.549	0.292	1.339
户主年龄	0.036***	1.036	−0.038***	0.963	0.016**	1.016	−0.024***	0.976
户主教育程度	0.083	1.087	0.048	1.049	−0.088	0.916	0.082	1.086
家庭人口数	0.230***	1.259	−0.280***	0.756	−0.058	0.944	0.026	1.027
农业收入情况	−0.252***	0.778	0.241***	1.273	−0.041**	0.960	0.034*	1.034
流转土地面积	−0.034***	0.967	0.020**	1.020	−0.019	0.981	0.016	1.017
流转合同 b	−0.403	0.668	0.598	1.818	−0.728***	0.483	0.831***	2.295
流转年限 b	−0.844**	0.430	0.823**	2.277	−0.689***	0.502	0.609***	1.838
农地确权 b	−0.428	0.652	0.250	1.285	0.481**	1.618	−0.484**	0.617
经济条件	−0.582***	0.559	0.658***	1.931	−0.226*	0.789	0.155	1.168
区位条件	0.012	1.012	0.040	1.040	0.240***	1.271	−0.232***	0.793
常数项	2.498***	12.158	−2.607***	0.074	2.111	8.258	−1.201	0.301
样本量	508		508		821		821	
P 值	0.000		0.000		0.000		0.000	

续表 7-3

变量	转入户				转出户			
	低价扭曲		高价扭曲		低价扭曲		高价扭曲	
	回归系数	优势比	回归系数	优势比	回归系数	优势比	回归系数	优势比
−2 倍似然对数值	465.637		465.578		963.037		929.819	
Cox & Snell R^2	0.310		0.285		0.151		0.145	
Nagelkerke R^2	0.428		0.399		0.204		0.201	
HL 统计量	0.320		0.853		0.145		0.114	
预测准确率/%	78.7		78.1		68.7		69.9	

注：*、**、*** 分别表示在 10%、5%、1% 的统计水平上显著；P 值为回归方程的显著性概率；a 表示在低价扭曲模型中以“政府干预流转”为参照组，在高价扭曲模型中以“无政府干预流转”为参照组；b 表示以对应变量＝0 为参照组。

政府中介组织的回归系数在转入户和转出户回归中均显著为负。对比无政府中介组织干预(参照组)，政府中介组织干预流转中流转价格高价扭曲的概率比值显著降低。政府中介组织通过提供流转交易服务以提高市场交易的透明度，缓解流转双方的信息不对称，流转价格趋于正常竞争市场的合理水平。而农业补贴对流转价格高价扭曲无显著影响。其原因可能是样本中的高价扭曲多存在于政府主导流转的直接干预模式，此时政府凭借自身力量对流转价格具有垄断权，农业补贴的资本化效应不再明显①。

在控制变量方面，户主年龄、农业收入情况、流转年限三个变量均对转入户和转出户高价扭曲表现出显著负、正、正向影响。户主年龄越大，农地经营权流转的思想越保守，越倾向于以亲情价流转维护土地的产权安全，流转价格高价扭曲的可能性也越小。家庭对农地收益依赖越明显，流转价格高价扭曲的可能性也越大。同时，土地流转期限越长，越能获得持续稳定的经济效益，土地的竞争优势也越明显，越容易产生溢价现象。

在转出户高价扭曲模型中，流转合同、农地确权、区位条件的回归系数分别显著为正、负和负。签订流转合同在一定程度上提高了土地流转的稳定性，土地收益稳定的优势越明显，转出价格高价扭曲的可能性越大。而农地确权会降低转出价格高价扭曲的可能性。区位条件的回归系数显著为负，说明随农地与最近农贸/自由市场距离的增加，流转价格出现高价扭曲的可能性也逐渐减小。在

① 林文声，陈荣源．农业生产补贴对新型农业生产主体土地租金的影响[J]．湖南农业大学学报(社会科学版)，2021，22(3)：16-22.

转入户高价扭曲模型中，家庭人口数、流转土地面积、经济条件的回归系数分别显著为负、正和正。说明家庭人口数越多，转入价格高价扭曲的可能性越小；土地流转面积越大，规模经济的经营优势越明显，流转中越容易产生竞争溢价现象；经济发达地区的农地经营权转入价格出现高价扭曲的可能性也越大。

为了检验结果的稳健性，进一步采用该数据库 2017 年家庭调查数据进行回归。结果表明（表 7-4），关键变量的影响方向与显著性与上文回归模型结果规律较为一致。除少数控制变量的显著性存在细微变化外，多数控制变量的影响方向与显著性基本与上文回归保持一致，进一步证实了本章的研究结论具有较好的稳健性。

表 7-4　政府干预对农地经营权流转价格扭曲影响的模型回归结果

变量	转入户				转出户			
	低价扭曲		高价扭曲		低价扭曲		高价扭曲	
	回归系数	优势比	回归系数	优势比	回归系数	优势比	回归系数	优势比
政府直接干预 a	1.263**	3.537	1.499***	4.479	1.281***	3.601	1.109***	3.031
政府中介组织 b	−0.750*	0.472	−0.639**	0.528	−0.615*	0.541	−0.881**	0.415
农业补贴 b								
承包方	0.237	1.267	−0.235	0.791	0.421	1.523	−0.450	0.638
承租方	−0.102*	0.903	−0.059	0.943	−0.115*	0.891	−0.338	0.714
户主年龄	0.031***	1.032	−0.030***	0.971	0.010	1.010	−0.014	0.986
户主教育程度	−0.215*	0.806	0.204	1.226	0.138	1.149	−0.162	0.851
家庭人口数	0.139	1.149	−0.088	0.916	−0.015	0.985	0.016	1.016
农业收入情况	−0.069**	0.934	0.068**	1.071	−0.236***	0.790	0.214***	1.238
流转土地面积	−0.157***	0.854	0.175***	1.192	−0.013**	0.987	0.010	1.010
流转合同 b	−0.122	0.885	0.214	1.239	−1.211***	0.298	1.182***	3.262
流转年限 b	−1.580***	0.206	1.628***	5.092	−0.247	0.781	0.243	1.274
农地确权 b	−0.458**	0.633	0.458**	1.582	−0.180	0.835	0.092	1.097
经济条件	−0.147	0.863	0.232	1.261	−0.529***	0.589	0.593***	1.810
区位条件	0.233*	1.262	−0.243**	0.784	0.154	1.167	−0.067	0.935
常数项	1.478	4.386	−3.343*	0.035	4.932**	138.709	−5.648***	0.004
样本量	640		640		391		391	
P 值	0.000		0.000		0.000		0.000	
−2 倍似然对数值	675.975		644.870		428.605		427.675	
Cox & Snell R^2	0.209		0.219		0.252		0.246	

续表 7-4

变量	转入户				转出户			
	低价扭曲		高价扭曲		低价扭曲		高价扭曲	
	回归系数	优势比	回归系数	优势比	回归系数	优势比	回归系数	优势比
Nagelkerke R^2	0.289		0.306		0.336		0.329	
HL 统计量	0.282		0.642		0.302		0.171	
预测准确率%	72.8		75.3		74.7		73.7	

注：*、**、*** 分别表示在 10%、5%、1% 的统计水平上显著；P 值为回归方程的显著性概率；a 表示在低价扭曲模型中以“政府干预流转”为参照组，在高价扭曲模型中以“无政府干预流转”为参照组；b 表示以对应变量=0 为参照组；本表为 2017 年的数据。

7.4 进一步解析与应对

农地经营权流转价格本应反映承包地利用产生的经济效益，由土地要素投入产出品的边际收益价值决定。但现实中的农地经营权流转价格受到市场机制、政府干预与乡土伦理规范的多重影响，在理论均衡价格上下浮动。最终价格的形成不单由市场决定，还取决于买卖双方的地位以及出售时的环境，即买卖双方对价格的形成有一定的决策力。农地实际交易价格由供求双方考虑自身家庭特征、本地交易情况、农地资源禀赋等条件协商形成。农户会根据与缔约对象之间社会关系的远近表现出不同的意愿价格；政府会利用手中的行政和经济优势资源，影响农地交易环境和实施过程，以价格机制推动和实现土地规模经营。受市场外因素的干扰形成的实际交易价格偏离由土地边际生产力决定的农地要素价格，从而形成农地经营权流转价格扭曲。实证测度发现，我国农地经营权流转价格存在明显的价格扭曲现象，且低价扭曲现象明显。

对土地的经济诉求和保障诉求是造成农地经营权流转价格扭曲的重要原因。土地流转面积越大、流转年限越长、区位条件越好等经济优势越明显，流转中的溢价现象越容易产生，从而造成农地经营权流转价格的高价扭曲；土地流转稳定性和产权保障性越低，农户则更倾向于人情市场交易流转，用经济价值换取产权保障，进而造成农地经营权流转价格的低价扭曲。同时，农地经营权流转价格对农户土地利用行为具有一定的引导效应，较高的土地成本会造成耕地“非粮化”的倾向。

政府干预作为完善土地流转市场的重要力量，不同的干预方式对流转价格扭曲的效果存在差异。与农户间自发流转的低流转价格相比，政府主导流转的直接干预模式会引起流转价格的高价扭曲。通过建立农村产权交易所等流转中介组织、提供补贴等政策间接干预可以改善农户流转环境，缓解农地经营权流转价格的低价扭曲。如何应对农村土地经营权流转价格的扭曲问题，我们有如下三个方面的建议。

一是建立健全农地经营权流转市场价格评估机制。由于缺少合理的市场价格评估体系以及价格评估中介服务组织，我国农地经营权流转价格呈现为流转主体因人因事而异的谈判或约定俗成的"关系价格"。农地价格信息的缺失和随意性是导致农地经营权流转价格扭曲的重要原因。因此应进一步完善农地经营权流转价格评估服务体系，建立村庄农用地价值快速评估系统，系统搭载手机终端软件，实现估价过程及参数的快速化、客观化和准确化。为农地经营权流转、农地经营权抵押贷款、农村土地资源资产核算管理提供土地价值信息。

二是引导规范政府农地经营权流转干预行为。政府干预作为解决市场失灵问题的重要手段，干预手段和力度的差异会对农地经营权流转价格产生差异化效应。从缓解农地经营权流转价格扭曲的视角来看，政府应尽量避免由对流转实施过程的直接干预造成流转价格的人为扭曲。农地的根本属性在于其生产功能，避免由为政绩以高地租流转土地而造成农业经营主体经营的不可持续性，这就违背了农民增收和农业增产的双重政策目标。地方政府应积极培育搭建土地流转中介组织，通过流转交易平台实现农地信息的传递共享，增强交易双方信息的对称性和透明度，优化农地市场交易环境。同时，提高农业补贴的精准度，即应将农业补贴发放到农业生产者而非农地所有者手中，以实现用农业补贴降低农业生产经营者经营成本的初衷。

三是完善农地经营权流转配套制度体系，优化流转市场内外环境，健全农村社会保障制度体系。农户对土地的保障诉求是造成农地经营权流转价格扭曲的重要原因。土地流转稳定性和产权保障性越低，农户则更倾向于人情市场交易流转，用经济价值换取产权保障进而造成了农地经营权流转价格的低价扭曲。因此，政府应继续健全农村社会养老、医疗保险等社会保障制度体系，实现对农村土地保障功能的替代。此外，应加快完善农地经营权流转管理制度体系，构建规范的农地经营权流转交易平台，制定规范农地经营权流转行为准则，推进农地经营权流转监督制度化，为充分发挥流转市场优化土地资源配置功能奠定制度保障。

效应篇

XIAOYINGPIAN

第8章 农业技术效率效应

我国正处于快速城镇化和产业转型升级发展的关键阶段,农业生产面临着诸多不确定性,提高农业技术效率是当前确保农业持续健康发展的关键。实现农业技术效率的稳定增长,需要优化农业投入要素的配置。非农劳动力市场和农业服务外包市场的发展促进了农地经营权流转市场的发育,农地经营权流转逐步走向市场化。虽然我国农地经营权流转市场化改革提高了农地利用效率,但农业产出、粮食产出和农业收入增长均逐渐放缓,出现了内卷化的现象。本章通过长时间序列分析我国整体和区域间农地经营权流转市场发育对农业技术效率的影响,为提高我国农业技术效率,促进农业经济高质量发展提供借鉴和参考。

8.1 拉动效应

发展农地经营权流转市场是为了优化农业生产要素配置和实现农业规模化经营。随着城镇化的发展,大批农民进城务工,农村地区出现了土地撂荒或低效利用的现象。要素配置结构优化可以促使农地经营权从低技术水平的农户手中流向高技术水平的农户①,降低农地错配程度②-③,提高农业生产的技术效率。农地经营权流转市场的建立有助于促进农地资源在农业经营者之间的合理流动,产生边际产出拉平效应和交易收益效应,提高农业技术效率。同时,农地经营权流转市场的发育提高了农户对农地长期性投资的需求。农地的长期投资包括土地改良、修建灌溉排水设施等。虽然这些投资往往一次性投入成本比较高,但能

---

① Gao X,Shi X,Fang S. Property rights and misallocation:evidence from land certification in China [J]. World Development,2021,147:105632.

② Ito J,Nishikori M,Toyoshi M,et al. The contribution of land exchange institutions and markets in countering farmland abandonment in Japan[J]. Land Use Policy,2016,57:582-593.

③ Chari A,Liu E M,Wang S Y,et al. Property rights,land misallocation,and agricultural efficiency in China[J]. The Review of Economic Studies,2021,88(4):1831-1862.

够产生长期收益，提高农户抵抗农业风险的能力、增加农业产出，从而实现农业技术效率的提高。

中国人多地少的资源禀赋条件加之家庭联产承包责任制下的农地按质量好坏、位置远近搭配进行分配的方式导致家庭农业生产经营规模小、农地细碎化严重。农地经营权流转市场的发育使农业生产者有机会调整农业生产规模，有效整合土地，降低土地细碎化，从而提高农业技术效率。虽然农地经营权流转市场发育没有直接带来技术的创新，但推动了新技术的应用。根据诱致性变迁理论，新技术的快速发展会促使资源禀赋中相对稀缺的要素被相对廉价的要素所替代[①]，促进农业机械对劳动力替代。其实质是资本要素对劳动要素的替代[②]。对于农业新技术的应用而言，一般投资成本较高且资产专用性较强，对生产经营规模有一定的要求[③]，小农户的农业生产经营规模往往较小，农户基于成本考虑往往选择人力、畜力的生产方式。随着市场发育程度的增加，农户可以通过扩大生产经营规模来降低单位面积土地对新技术的应用成本，在保证产量的基础上提高农业技术效率。

8.2 内卷化效应

虽然农地经营权流转市场通过优化要素配置结构对农业技术效率产生一定的正效应，但在农地经营权流转市场发育程度达到一定水平后，会产生规模报酬递减的现象，对农业技术效率产生内卷化效应。农地经营权流转的内卷化主要体现为市场交易频次、规模不断增加，但是农业分散经营格局固化，农业技术效率不变，甚至降低的现象[④]。内卷化效应的产生有两方面的原因：一是农地经营权流转市场的失灵导致农村土地经营权错配。农地经营权流转市场的活跃度逐渐提高，过高的农地经营权流转率会造成市场秩序的混乱，导致农地配置效率受损。由于市场价格机制扭曲及不同流转主体的禀赋效应差异，农地经营权并没有流向生产绩效更高的农户，而是流入小农户。低效或无效流转产生了大量的

---

① Ruttan V W，Hayami Y. Agricultural development：an international perspective[M]. Baltimore：Johns Hopkins Press，1971.

② Qiu T，Choy S T B，Luo B. Is small beautiful—links between agricultural mechanization services and the productivity of different-sized farms[J]. Applied Economics，2022，54(4)：430-442.

③ Chen T，Rizwan M，Abbas A. Exploring the role of agricultural services in production efficiency in Chinese agriculture：a case of the socialized agricultural service system[J]. Land，2022，11(3)：347.

④ 匡远配，陆钰凤．我国农地流转“内卷化”陷阱及其出路[J]. 农业经济问题，2018(9)：33-43.

“小农复制”的现象，小农经济固化农业规模生产没有效率，致使农业新技术的应用受到抑制。二是资本对劳动没有产生有效的替代作用。尽管农地经营权流转市场的发育程度不断提高，农业生产经营已形成一定规模，但土地整合需要大量的资金沉淀。在劳动力、资本市场失灵的情况下，农户因劳动力、资本要素市场短缺或价格过高，无法增加劳动力、资本要素的投入，技术受到抑制，从而无法产生更多的农业生产利润。农户对农业投资的积极性不高导致各生产要素配置效率降低。盲目发展和推进农地经营权流转市场，而相关要素市场的不完善则会导致技术效率的下降。因此，随着农地经营权流转市场的深化，其对农业技术效率的拉动效应可能呈下降趋势，农地经营权流转市场可能存在内卷化效应。

8.3 区域效应

农地经营权流转市场对农业技术效率的影响存在区域差异，农地经营权流转的最终目的是依靠规模经营来增加生产利润，利润的增加主要发生在耕地面积较大、市场化程度较高的地区，这些地区具有更强的购买农业机械和投资农业基础设施的能力。最重要的是，由于地势相对平坦，其具有更大的技术应用空间，粮食主产区就符合这个特点。粮食主产区的农业机械利用率高于非粮食主产区，意味着有更多的技术投入，农业技术效率更高。非粮食主产区主要分布在东部一些经济发达的省份和西部一些经济落后的省份。这些地区以种植经济作物或发展畜牧业为主，农场规模较小，农民以生计产品或园艺产品为主，农业机械的使用效率不高，特别是在一些有地形或坡度限制的地区。

由于农地经营权流转市场发展尚未完善，当前的流转市场仍属于一个“人情市场”，这就导致了部分地区农户被迫流转自己的土地，从而产生了两种现象：一是农地经营权不是集中连片流转，分散的农业经营格局固化，没有实现规模效益；二是农民对转入土地的投资兴趣不高，农民会在主观上减少对转入土地的资本投入。在经济作物生产中难以实现较高的农业机械利用率，这意味着经济作物比粮食作物需要更多的劳动力，从而转变为劳动密集型农业。农业技术效率的提高更多的是得益于资本要素的投入，而不是劳动力要素的投入。非粮食主产区的农业政策不以粮食生产为主要目标，在政策支持和市场支持方面存在更多不足，同样也产生了更多的市场失灵，进一步降低了农业技术效率(图 8-1)。农地经营权流转市场的拉动效应主要发生在粮食主产区,而农地经营权流转市场的内卷化效应主要发生在非粮食主产区。

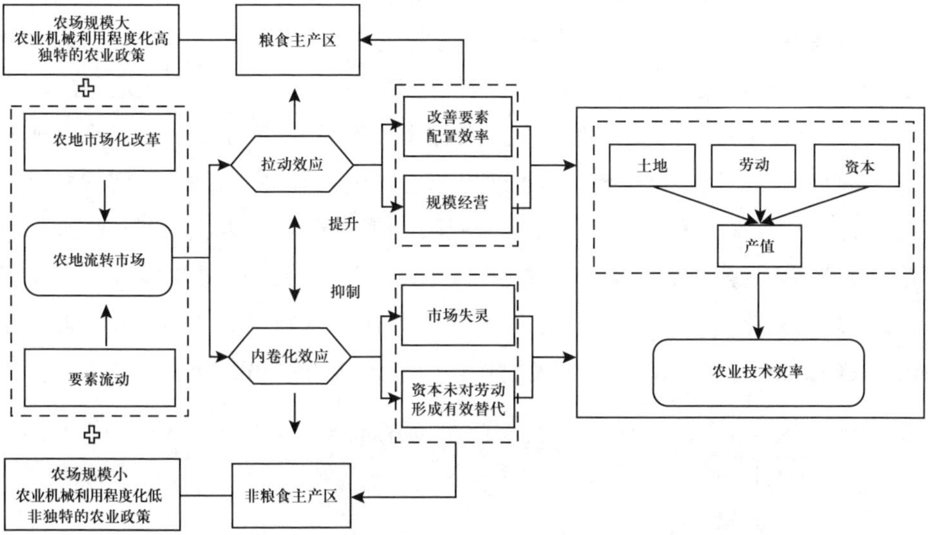

图 8-1　农地经营权流转对农业技术效率影响效应的理论框架

8.4　实证测度

本章采用各省的宏观面板数据分析农地经营权流转市场对农业生产效率的影响。本章节所用数据来源于《2006 中国统计年鉴》至《2021 中国统计年鉴》;《中国农村经营管理统计年报(2005 年)》至《中国农村经营管理统计年报(2020 年)》;《2005 年中国农村政策与改革统计年报》至《2020 年中国农村政策与改革统计年报》。通过收集中国 30 个省区市 2005—2020 年农业技术效率和农地经营权流转市场相关面板数据①,实证分析我国各省农地经营权流转对农业技术效率的影响。此外,本章从粮食主产区和非粮食主产区角度进行实证回归分析研究。

我们选取农业产值表示产出,用农作物播种面积表示土地要素投入,第一产业从业人员数表示劳动要素投入,农业机械总动力、化肥施用量分别表示农业资本存量和资本品中间投入。有效灌溉面积表示我国在农业生产过程中的灌溉投

① 不包括香港特别行政区、澳门特别行政区、台湾地区、西藏自治区。

入，计算得出农业技术效率作为被解释变量。为了减少因物价指数上涨带来的计算误差，历年农业产值均折算至 2005 年的可比价格。

核心解释变量为农村土地经营权流转市场发育程度。农村土地经营权流转市场发育的最终目的是实现要素配置结构的优化和规模化经营，农村土地经营权流转率和劳均经营规模可以直观地表征这两个目的。因此本章选取用农村土地经营权流转率和劳均经营规模作为农村土地经营权市场发育程度的代理变量，家庭承包耕地经营权流转总面积除以家庭承包经营耕地面积，得到农村土地经营权流转率；家庭承包经营的耕地面积除以第一产业从业人员数，得到劳均经营规模。农地经营权流转率变量分布大部分为 0～0.08(图 8-2a)，劳均经营规模出现的频率为 0～8.4 亩(图 8-2b)，从劳均经营规模来看，中国农业仍处于小农经营模式。总体而言，中国农地经营权流转市场仍处于发展阶段。

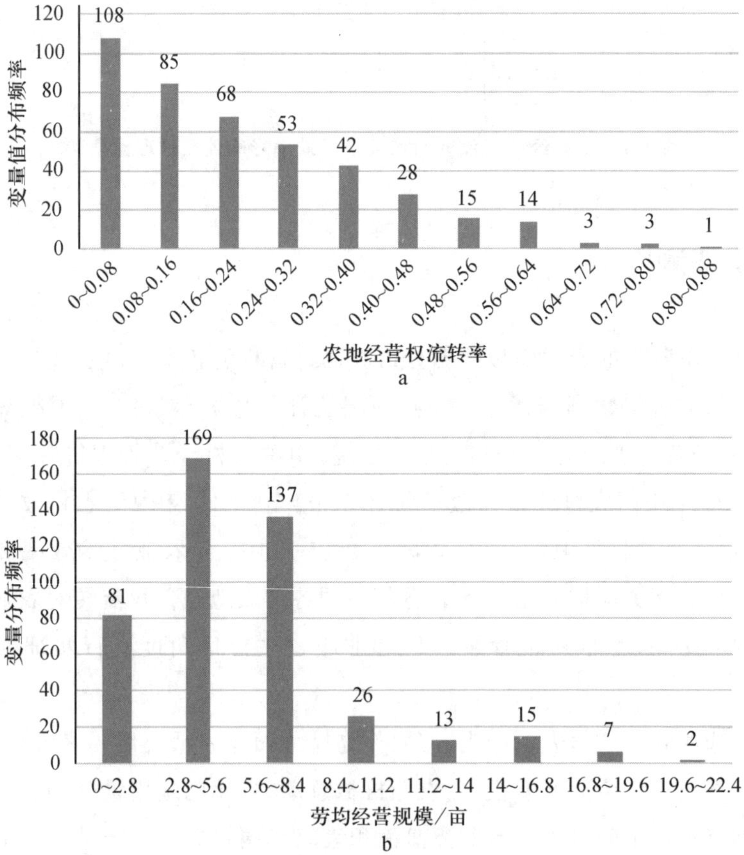

图 8-2 频率分布

为了更准确地刻画自变量与因变量之间的相关性，建立了相应的控制变量。受灾面积（受灾面积/作物播种面积）、农业财政支持（农林水财政支出/地方一般公共预算支出）、受教育程度（农村初中及以上人口数量/6 岁及以上人口数量）、以种植业生产者价格指数（2005 年为基准期）、粮食播种面积（粮食播种面积/农作物播种面积）为控制变量。研究数据的变异系数均小于 1，处于中等变异范围，在时间和空间上的分散度相对稳定（表 8-1）。

表 8-1 变量的描述统计

数据分类	变量代码	变量含义	最小值	最大值	均值	标准差	变异系数
产出	output	农业产值/亿元	35.211 5	3 574.334 5	943.807 6	704.639 1	0.746 6
投入	land	农作物播种面积/千公顷	88.6	14 910.1	5 404.854 0	3 713.608	0.687 1
	labor	第一产业从业人员/万人	37.09	3 050	872.223 2	623.048 8	0.714 3
	machinery	农业机械总动力/万千瓦	94	13 353	3 184.91	2 846.536	0.893 8
	fertilizer	化肥施用量/万吨	5.5	716.09	186.200 3	142.964 7	0.767 8
	irrigated	灌溉面积/千公顷	109.243	6 177.59	2 101.585	1 585.343	0.754 4
农村土地经营权流转市场发育	rate	流转耕地面积占比/%	1.36	87.34	22.73	17.51	0.770 3
	scale	劳均耕地面积/亩	1.554 4	20.801 4	5.791 3	3.542 5	0.611 7
控制变量	affected	农作物受灾面积占比（农作物受灾面积/农作物播种面积）/%	0	93.56	20.46	14.83	0.724 8
	support	财政支农占比（农林水支出/地方一般公共预算支出）/%	2.13	18.97	10.48	3.32	0.316 8
	education	文化程度（农村人口初中及以上文化占比）/%	25.53	79.39	54.54	10.15	0.186 1
	price	农业生产者价格指数	98.750 0	235.013 0	153.220 6	33.076 6	0.215 9
	sown	粮食播种面积占比（粮食播种面积/农作物播种面积）/%	32.81	97.08	65.46	13.02	0.198 9

为了探究农地经营权流转市场发育对农业技术效率的影响程度，本章采用 SFA 模型与 Tobit 模型联立，首先利用随机前沿生产函数依据各省份农业投入与产出的面板数据，测算农业技术效率这一中间变量，然后利用 Tobit 模型测算农地经营权流转市场发育对农业技术效率的影响。随机前沿生产函数的基本模

型为：

$$\ln Y_{it}=\ln f(X_{nit},\beta)+(v_{it}-\mu_{it}) \tag{8-1}$$

式中，对各省份的农业技术效率进行评价，将各省份视为一个决策单元($i=1,2,\cdots,30$)；Y_{it} 为省份 i 第 t 年农业产出值；X_{nit} 代表省份 i(DMU)第 t 年第 n 种投入要素的投入量($n=1,2,3,4,5$)，投入要素包括农作物播种面积、农业从业人员、农业机械总动力、化肥施用量、灌溉面积等；β 为待估参数向量；$\mu_{it}\sim iidN^+(m_{it},\sigma_u^2)$ 为非负随机变量，即各省份农业生产要素组合距离最佳前沿面的效率损失，$v_{it}\sim N(0,\sigma_v^2)$ 为随机干扰项，显示因遗漏变量与统计性误差等不可控制的因素造成的干扰，v_{it} 与 μ_{it} 之间相互独立。

本章基于 Battese 提出的随机前沿生产函数分析法，采用超越对数生产函数，避免使用柯布-道格拉斯生产函数隐含的技术中性和产出弹性不变的假定，使研究更具一般性，具体模型设定为：

$$\begin{aligned}\ln output_{it}=&\beta_0+\beta_1\ln land_{it}+\beta_2\ln labor_{it}+\beta_3\ln machinery_{it}+\beta_4\ln fertilizer_{it}+\\&\beta_5\ln irrigated_{it}+\beta_6\ln land_{it}\ln labor_{it}+\beta_7\ln land_{it}\ln machinery_{it}+\\&\beta_8\ln land_{it}\ln fertilizer_{it}+\beta_9\ln land_{it}\ln irrigated_{it}+\beta_{10}\ln labor_{it}\\&\ln machinery_{it}+\beta_{11}\ln labor_{it}\ln CFA_{it}+\beta_{12}\ln labor_{it}\ln irrigated_{it}+\\&\beta_{13}\ln machinery_{it}\ln fertilizer_{it}+\beta_{14}\ln machinery_{it}\ln irrigated_{it}+\\&\beta_{15}\ln fertilizer_{it}\ln irrigated_{it}+\beta_{16}(\ln land_{it})^2+\beta_{17}(\ln labor_{it})^2+\\&\beta_{18}(\ln machinery_{it})^2+\beta_{19}(\ln fertilizer_{it})^2+\beta_{20}(\ln irrigated_{it})^2+\\&(v_{it}-\mu_{it})\end{aligned} \tag{8-2}$$

式中，$output_{it}$ 为省份 i 第 t 年的农业产值；$land_{it}$ 为省份 i 第 t 年农作物播种面积；$labor_{it}$ 为省份 i 第 t 年的第一产业从业人员数；$machinery_{it}$ 为省份 i 第 t 年的农业机械总动力；$fertilizer_{it}$ 为省份 i 第 t 年的化肥施用量；$irrigated_{it}$ 为省份 i 第 t 年的灌溉面积；$\mu_{it}\sim iidN^+(m_{it},\sigma_u^2)$ 为非负随机变量；$v_{it}\sim N(0,\sigma_v^2)$ 为随机干扰项。

$$TE_{it}=\frac{Y_{it}}{\exp(X_{it}\beta)}=\exp(-\mu_{it}) \tag{8-3}$$

由于本章测算的农业技术效率结果大多分布为 0～1，可以应选用 Tobit 模型针对农地经营权流转市场发育对农业技术效率的影响进行研究。由于找不到个体异质性 u_i 的充分统计量，故固定效应的 Tobit 模型无法进行条件最大似然估计,因此本章仅考虑随机效应的 Tobit 模型。

考虑到农地经营权流转市场发育程度与农业技术效率之间存在的内生性问题,将模型自变量进行滞后一期处理。由于农地经营权流转率与劳均经营规模之间可能相互影响,本研究分别建立两个方程来研究农地经营权流转率与劳均经营规模这两个农地经营权流转市场发育程度的代理变量对农业技术效率的影响,其构建模型如下:

$$TE_{it}=\beta_0+\beta_1 rate_{i,t-1}+\beta_2 affected_{i,t-1}+\beta_3 support_{i,t-1}+\beta_4 education_{i,t-1}+\beta_5 price_{i,t-1}+\beta_6 sown_{i,t-1}+\varepsilon_{i,t-1} \quad (8\text{-}4)$$

式中,$rate_{i,t-1}$ 为省份 i 在第 $t-1$ 时期的农地经营权流转率;$affected_{i,t-1}$ 为省份 i 在 $t-1$ 时期的农作物受灾面积占比;$support_{i,t-1}$ 为省份 i 在 $t-1$ 时期的农林水支出占比;$education_{i,t-1}$ 为省份 i 在 $t-1$ 时期的农村人口初中及以上文化占比;$price_{i,t-1}$ 为省份 i 在 $t-1$ 时期的种植业生产者价格指数;$sown_{i,t-1}$ 为省份 i 在 $t-1$ 时期的粮食播种面积占比。

$$TE_{it}=\beta_0+\beta_1 scale_{i,t-1}+\beta_2 affected_{i,t-1}+\beta_3 support_{i,t-1}+\beta_4 education_{i,t-1}+\beta_5 price_{i,t-1}+\beta_6 sown_{i,t-1}+\varepsilon_{i,t-1} \quad (8\text{-}5)$$

式中,$scale_{i,t-1}$ 为省份 i 在 $t-1$ 时期的劳均经营规模,其他变量均与式(8-4)中的变量相同。

通过使用随机前沿面分析软件 frontier4.1 对生产函数和技术效率损失进行估计(表 8-2),模型整体结果拟合良好。从参数估计结果来看,大部分估计通过了 t 检验,模型具有较强的解释力,技术无效率项 γ 在 1% 显著性水平下通过 t 检验,γ 为 0.949 0,说明复合误差主要来自管理误差,随机误差仅占复合误差的 5.1%。二次项和交叉项均显著,表明生产函数的超越对数形式是合理的。

表 8-2 随机前沿生产函数模型结果

函数	系数	标准差	T 值
Constantterm	−2.179 6***	0.868 2	−2.510 6
ln*land*	0.082 7**	0.237 0	2.348 7
ln*labor*	1.692 6***	0.205 3	8.244 1
ln*machinery*	0.381 3*	0.221 9	1.718 1
ln*fertilizer*	1.220 7***	0.393 9	3.098 7

续表 8-2

函数	系数	标准差	T 值
ln*irrigated*	−0.433 1	0.319 3	−1.356 3
ln*land*ln*labor*	0.001 0	0.035 1	0.029 0
ln*land*ln*machinery*	−0.075 0***	0.021 7	−3.457 2
ln*land*ln*fertilizer*	−0.164 1***	0.031 2	−5.252 6
ln*land*ln*irrigated*	0.093 7 *	0.053 0	1.768 2
ln*labor*ln*machinery*	−0.006 7	0.041 1	−0.162 2
ln*labor*ln*fertilizer*	0.337 9***	0.044 8	−7.539 5
ln*labor*ln*irrigated*	0.248 7***	0.077 6	3.203 8
ln*machinery*ln*fertilizer*	−0.160 3**	0.069 8	−2.298 1
ln*machinery*ln*irrigated*	0.158 2 *	0.083 6	1.892 6
ln*fertilizer*ln*irrigated*	0.098 2**	0.041 3	2.381 1
(ln*land*)^2	0.159 2***	0.056 9	2.798 4
(ln*labor*)^2	0.005 3 *	0.051 8	1.901 6
(ln*machinery*)^2	−0.078 5**	0.065 7	−1.994 7
(ln*fertilizer*)^2	0.053 6	0.058 8	0.911 3
(ln*irrigated*)^2	−0.168 0*	0.092 7	−1.811 8
σ^2	0.054 4***	0.003 5	15.619 8
γ	0.949 0***	0.006 4	148.766 1
loglikelihoodfunction		607.573 7	
LRtestoftheone-sidederror		987.572 6	

注：***、**、*表示在 1%、5%、10%水平上显著。

总体而言，各地区在各时期的农业技术效率平均值均未达到 1，表明农业产出从生产最优前沿有更大的增长空间。2006—2020 年我国农业技术效率平均值呈现明显的下降趋势，粮食主产区的农业技术效率平均值呈现出明显的上升趋势，而非粮食主产区的农业技术效率平均值呈现出下降趋势。这表明我国农业技术效率平均值的下降主要受非粮食主产区的影响（图 8-3）。从全国整体上看，2006—2010 年农业技术效率较高的省（市）主要有黑龙江、四川和湖北。2010—2015 年农业技术效率较高的省（市）主要有青海、黑龙江、四川和河南。2016—2020 年农业技术效率较高的省（市）主要有贵州、黑龙江和四川。总体来看，沿海省份的农业生产效率不高，农业生产效率高的地区集中在粮食主产区（表 8-3）。

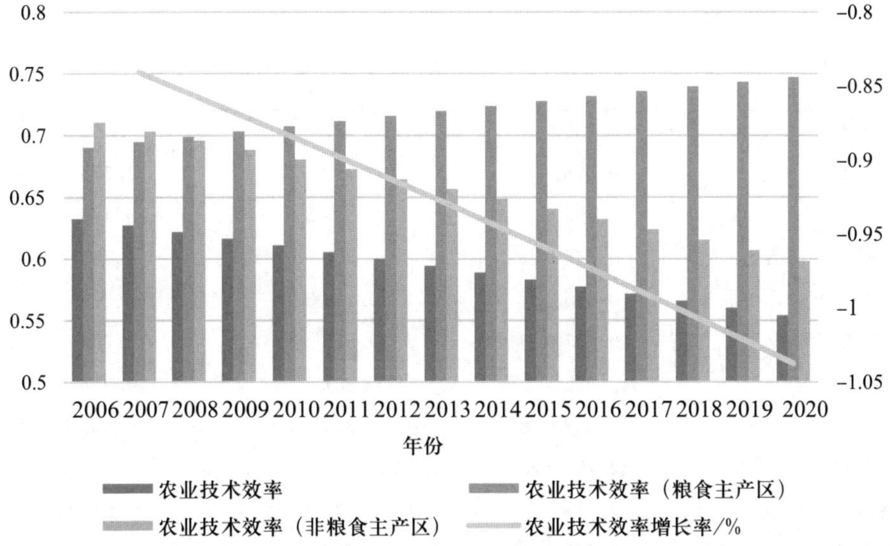

图 8-3　农业技术效率

表 8-3　各省份农业技术效率

省份	年份		
	2006—2010	2011 2015	2016—2020
北京市	0.435 2	0.454 9	0.192 3
天津市	0.460 7	0.558 8	0.323 3
河北省	0.525 7	0.721 0	0.613 9
山西省	0.831 8	0.752 5	0.592 8
内蒙古自治区	0.815 7	0.839 1	0.829 8
辽宁省	0.517 7	0.630 8	0.560 1
吉林省	0.797 5	0.836 2	0.675 3
黑龙江省	0.985 0	0.968 4	0.986 6
上海市	0.655 1	0.634 0	0.410 6
江苏省	0.552 7	0.665 8	0.538 1
浙江省	0.434 2	0.532 9	0.297 2
安徽省	0.756 8	0.783 0	0.632 1
福建省	0.446 7	0.472 0	0.247 9
江西省	0.703 8	0.802 9	0.699 6
山东省	0.565 7	0.757 4	0.768 6
河南省	0.759 2	0.909 3	0.866 6

续表8-3

省份	年份		
	2006—2010	2011—2015	2016—2020
湖北省	0.882 4	0.847 0	0.704 8
湖南省	0.658 1	0.798 7	0.771 3
广东省	0.554 5	0.596 2	0.480 3
广西壮族自治区	0.745 0	0.670 9	0.746 6
海南省	0.495 3	0.511 3	0.279 7
重庆市	0.737 6	0.832 2	0.753 3
四川省	0.925 5	0.937 2	0.916 0
贵州省	0.852 8	0.844 6	0.989 7
云南省	0.794 2	0.801 9	0.820 0
陕西省	0.718 4	0.736 7	0.573 6
甘肃省	0.679 6	0.694 1	0.600 9
青海省	0.842 3	0.990 3	0.617 8
宁夏回族自治区	0.836 4	0.773 1	0.523 1
新疆维吾尔自治区	0.595 6	0.463 2	0.453 8

基于2006—2020年的数据进行计量实证分析(表8-4)，模型整体通过了显著性检验，具有可靠性。农地经营权流转率在1%的水平下通过了t检验，系数为负，表明在其他条件不变的情况下，随着农地经营权流转率的提高，农业技术效率出现了下降趋势。劳均经营规模在1%的水平下通过了t检验，系数为负，表明在其他条件不变的情况下，随着劳均经营规模的增大，农业技术效率出现了下降趋势。我国农地经营权流转市场的发育从整体趋势上来看，抑制了农业技术效率的提高。农作物受灾面积在1%的水平下通过了t检验，系数为正，表明在其他条件不变的情况下，农作物受灾面积占比越高，下一年的农业技术效率越高。农村人口初中及以上文化占比在1%的水平下通过了t检验，系数为负，表明在其他条件不变的情况下，随着农村人口文化程度的提高，农业技术效率逐渐降低。其原因可能是农村人口的文化程度越高，更多的人口从事非农行业，造成农业技术效率下降。农业生产者价格指数在1%的水平下通过了t检验，系数为负，表明在其他条件不变的情况下，农业生产者价格指数越高，农业技术效率越低。

表 8-4　农地经营权流转市场对农业技术效率影响的实证分析结果

变量	2006—2020 年					
	模型 1			模型 2		
	系数	标准误	Z 值	系数	标准误	Z 值
农地经营权流转率	−0.083 1***	0.005 5	−14.99	—	—	—
劳均耕地面积	—	—	—	−0.005 3***	0.000 5	−10.78
农作物受灾面积占比	0.015 7***	0.005 1	3.08	0.018 6***	0.005 5	3.36
财政支农占比	0.030 3	0.033 1	0.92	0.036 9	0.040 1	0.92
文化程度	−0.068 6***	0.015 1	−4.53	−0.113 8***	0.025 9	−4.40
农业生产者价格指数	−0.000 3***	0.000 0	−10.73	−0.000 4***	0.000 0	−11.43
粮食播种面积占比	−0.001 6	0.009 6	−0.17	−0.039 4	0.013 3	−2.96
常数项	0.756 8***	0.010 0	75.96	0.759 7***	0.014 8	51.49
对数似然值	1 249.739 3			1 217.606 8		
Wald 值	1 924.26			1 567.51		
Prob 值	0.000 0			0.000 0		
样本量	450			450		

注：*** 表示 1%水平上显著。

为了探究农地经营权流转市场发育对农业技术效率是否一直处于抑制状态，对农地经营权流转市场发育程度是否存在技术有效性进行分阶段回归（表 8-5）。2006—2010 年和 2011—2015 年农地经营权流转率在 1%的水平下显著，系数均为正，表明在其他条件不变的情况下，2006—2010 年和 2011—2015 年农地经营权流转率的提高均促进了农业技术效率的提升。2016—2020 年农地经营权流转率在 1%的水平下显著，系数均为负，表明在其他条件不变的情况下，2016—2020 年随着农地经营权流转率的提高，农业技术效率出现了下降现象，且下降趋势明显。2006—2010 年劳均经营规模在 1%的水平下显著，系数为正，表明在其他条件不变的情况下，随着劳均经营规模的提高，农业技术效率出现了提升。2011—2015 年和 2016—2020 年劳均经营规模在 1%的水平下显著，系数为负，表明在其他条件不变的情况下，随着劳均经营规模的提高，农业技术效率出现了下降。从时间段来看，在农地经营权流转市场的发育初期，农业技术效率得到提高，但近些年农地经营权流转市场的发育产生了内卷化效应，出现了农业技术效率下降。

表 8-5　不同时期农地经营权流转市场对农业技术效率影响的实证分析结果

变量	2006—2010 年	2011—2015 年	2016—2020 年	2006—2010 年	2011—2015 年	2016—2020 年
	模型 3	模型 4	模型 5	模型 6	模型 7	模型 8
农地经营权流转率	0.010 4*** (0.002 4)	0.016 8*** (0.002 0)	−0.023 6*** (0.005 8)	—	—	—
劳均耕地面积	—	—	—	0.005 3*** (0.000 3)	−0.000 7*** (0.000 1)	−0.000 6*** (0.000 2)
农作物受灾面积占比	−0.001 5 (0.001 3)	0.002 5 (0.002 1)	0.005 5 (0.003 8)	−0.003 5 (0.002 5)	0.003 5* (0.002 1)	−0.005 0 (0.003 4)
财政支农占比	0.098 0*** (0.009 7)	0.017 6 (0.012 0)	0.079 5** (0.036 9)	0.144 4*** (0.022 0))	0.065 8*** (0.016 9)	0.079 3*** (0.023 4)
文化程度	−0.001 2 (0.002 4)	−0.010 8*** (0.003 4)	−0.270 8*** (0.007 5)	−0.141 3*** (0.005 2)	−0.012 6*** (0.004 6)	−0.251 4*** (0.006 1)
农业生产者价格指数	0.000 1*** (0.000 0)	0.000 2*** (0.000 0)	0.000 01 (0.000 0)	0.000 3*** (0.000 0)	0.000 3*** (0.000 0)	−0.000 01 (0.000 0)
粮食播种面积占比	0.025 1*** (0.001 9)	0.033 9*** (0.002 1)	−0.015 4 (0.009 5)	0.018 2*** (0.006 4)	0.035 4*** (0.003 9)	−0.018 1*** (0.006 7)
常数项	0.666 1*** (0.002 0)	0.756 4*** (0.003 3)	0.814 7*** (0.015 1)	0.671 3*** (0.005 5)	0.751 5*** (0.004 6)	0.802 9*** (0.010 1)
对数似然值	563.309 8	543.589 6	475.501 2	490.816 2	534.486 5	486.333 0
Wald 值	527.440 0	690.050 0	3 584.080 0	1 649.810 0	537.130 0	3 597.580 0
Prob 值	0.000 0	0.000 0	0.000 0	0.000 0	0.000 0	0.000 0
样本量	150	150	150	150	150	150

注：括号中的数字表示各自系数的标准误差；***、**、* 分别表示在 1%、5%、10%水平上显著。

为考察区域间农地流转市场的影响是否存在差异，分别对粮食主产区和非粮食主产区进行了回归分析（表 8-6）。从粮食主产区来看，农地经营权流转率和劳均经营规模在 1%的水平，系数为正，说明随着农地经营权流转率和劳均经营规模的增加，农业技术效率明显提高。从非粮食主产区来看，农地经营权流转率和劳均经营规模在 1%水平上显著，系数为负，说明农业技术效率随着农地经营权流转率和劳均经营规模的增加而降低。从整体回归结果来看，粮食主产区的农地经营权流转市场是有效率的，而非粮食主产区的农地经营权流转市场是低效的。

表 8-6　农地经营权流转市场对各地区农业技术效率影响的实证分析结果

变量	粮食主产区	非粮食主产区	粮食主产区	非粮食主产区
	模型 9	模型 10	模型 11	模型 12
农地经营权流转率	0.099 8*** (0.008 7)	−0.188 1*** (0.016 9)	—	—
劳均耕地面积	—	—	0.006 2*** (0.000 8)	−0.006 7*** (0.001 5)
农作物受灾面积占比	−0.007 0 (0.007 2)	0.014 8 (0.010 6)	−0.016 0* (0.008 2)	0.017 8 (0.012 6)
财政支农占比	−0.100 0** (0.046 6)	0.085 0 (0.084 2)	−0.095 8* (0.054 9)	0.058 4 (0.099 8)
文化程度	0.127 5*** (0.032 0)	−0.107 8** (0.052 4)	0.158 2*** (0.036 9)	−0.208 0*** (0.060 9)
农业生产者价格指数	0.000 01 (0.000 0)	−0.000 3*** (0.000 0)	0.000 2*** (0.000 0)	−0.000 6*** (0.000 1)
粮食播种面积占比	−0.034 1 (0.022 2)	−0.013 4 (0.029 5)	0.015 2 (0.024 5)	−0.101 3*** (0.036 0)
常数项	0.683 7*** (0.026 9)	0.803 4*** (0.057 4)	0.559 2*** (0.048 4)	0.941 5*** (0.061 8)
对数似然值	580.603 0	587.849 8	555.432 1	547.244 7
Wald 值	666.750 0	847.660 0	461.060 0	537.230 0
Prob 值	0.000 0	0.000 0	0.000 0	0.000 0
样本量	195	255	195	255

注：括号中的数字表示各自系数的标准误差；***、**、* 分别表示在 1%、5%、10%水平上显著。

完善农地经营权流转市场是提高农业技术效率、促进农业经济增长的关键。农地经营权流转市场对农业技术效率具有显著的拉动效应和内卷化效应。拉动效应是指由于农地经营权流转提高了要素配置效率，从而带来了规模化经营；内卷化效应是指由市场失灵，资本没有有效替代劳动力造成的。SFA-Tobit 模型的实证分析结果也验证了这个理论分析：①从时间趋势来看，2006—2015 年农地经营权流转市场对农业技术效率具有显著的拉动效应；2016—2020 年农地经营权流转市场进入内卷化阶段。②从区域差异来看，农地经营权流转市场对农业技术效率的拉动效应主要集中在粮食主产区，而内卷化效应主要集中在非粮食主产区；③从整体趋势综合来看，农地经营权流转市场发育对农业技术效率产生了抑制作用。

根据结论，建议采取的政策：①在农地经营权流转市场发展政策中，必须构建政府主导的农业技术创新推广体系，对流转中的种植大户提供必要的技术指导，防止产生内卷问题。②完善农地经营权流转市场机制，提高农村土地流转效率，政府必须根据资源禀赋、生产要素配置、不同地区的农业技术应用程度等方面的差异，因地制宜地制定差异化的农地经营权流转规则。③在重视农地经营权流转市场的同时，必须重视劳动力、资本、技术等其他要素市场的建设。随着农地经营权流转市场的不断发展，需要农业社会化服务、农业科技发展与农地经营权流转市场相辅相成。

第9章 适度规模系数探索

农地经营权流转被认为是优化土地资源配置和提高土地经营效率的有效途径，也是提升农业生产规模和农业全要素生产率的重要前提。我国农村长期以来实施的家庭联产承包责任制在促进农业增长、缩小农村内部收入差距等方面发挥了重要作用，但也忽略了农户在农业生产效率上差异。随着我国工业化、城镇化水平的不断提高，农户规模与效率错配问题日益凸显。理论上，通过农地资源再配置，可以实现农业适度规模经营，提升农业生产效率。然而，事实上，学术界对农地经营权流转和农业生产效率的关系并没有统一的定论。本章重点考察农地经营权流转市场发育与适度规模经营、农业生产效率之间的内在联系。首先，构建农地经营权流转市场对农业生产效率影响的理论模型，研究证实农地市场发育与农业生产效率之间的联系；其次，聚焦农户与新型经营主体两类农业经营主体，探究基于两类农业经营主体视角的农地市场与要素配置耦合下的农地适度规模经营系数，构建农地市场化测度模型，研究农地市场发育对适度规模经营的引导作用。

9.1 效率最大化目标导向下的农地再配置

由于不同农业经营主体在生产主体、生产方式、生产规模等方面均存在着可视化区分，而农地资源禀赋和农业生产要素配置会影响农业全要素生产率。因此，本节将农业经营主体划分为农户、新型经营主体两类对象，通过构建农户、新型经营主体的农业生产函数模型，探讨农地经营权流转与农业生产效率之间的内在逻辑关系。

农户与新型经营主体以实现农业生产效率最大化为生产经营的目标导向，分别构建农户、新型经营主体的农业生产函数模型。考虑到确定农业生产函数模型的关键在于对规模报酬和要素替代弹性的判断，规模报酬具体可分为规模报酬递减、递增以及不变三类；要素替代弹性是否为“1”两类。根据许庆(2011)

等的研究表明，在考虑土地细碎化的影响后，我国粮食生产总体的规模报酬不变。本节基于前人研究成果，同样假设农户和新型经营主体的农业生产函数为规模报酬不变的。既有研究认为，经济增长率和要素替代弹性呈正相关关系，高速增长的新兴经济体的要素替代弹性往往大于1，而接近稳态增长的发达经济体的要素替代弹性通常小于1。考虑到我国社会经济发展处于重要战略机遇期，已由以往的高速发展模式转变为新常态发展模式，故假设两类农业经营主体生产函数模型的要素替代弹性均小于1。

农户的农业生产函数为 $f(L,A)$，其中，L 代表用于农户自耕农业生产的劳动力，以劳动投入时间衡量。A 代表用于农业生产的土地，以耕地经营面积大小衡量。$f(L,A)$ 具有二阶连续可导、规模报酬不变的属性，满足标准假设：$f_L>0, f_A>0, f_{LL}<0, f_{AA}<0, f_{LA}>0, f_{LL}f_{AA}-f_{LA}^2>0$。新型经营主体的农业生产函数为 $g(L_*,A_*,K)$，其中，L_*、A_*、K 分别代表劳动力、土地、资本投入量①，同时假设新型经营主体和农户在相同的投入要素和农业产出之间存在一定的数量关系，即 $L_*=\mu L, A_*=\eta A, g(L_*,A_*,K)=\lambda f(L,A)$。由于规模报酬不变，故 $g(L_*,A_*,K)=Kg\left(\frac{\mu L}{K},\frac{\eta A}{K}\right)$，即 $Kg\left(\frac{\mu L}{K},\frac{\eta A}{K}\right)=\lambda f(L,A)$，则

$$g_{L_*}=\mu g_L>0,\quad g_{A_*}=\eta g_A>0,\quad g_K=g-\frac{\mu L}{K}g_L-\frac{\eta A}{K}g_A>0,$$

$$g_{L_*L_*}=g_{LL}\left(\frac{\mu^2}{K}\right)<0,\quad g_{L_*A_*}=g_{LA}\left(\frac{\mu\eta}{K}\right)>0,$$

$$g_{L_*K}=g_{LL}\left(-\frac{\mu^2L}{K^2}\right)+g_{LA}\left(-\frac{\mu\eta A}{K^2}\right)>0,$$

$$g_{A_*A_*}=g_{AA}\left(\frac{\eta^2}{K}\right)<0,\quad g_{A_*K}=g_{AL}\left(-\frac{\mu\eta L}{K^2}\right)+g_{AA}\left(-\frac{\eta^2A}{K^2}\right)>0,$$

$$g_{KK}=g_{LL}\left(\frac{\mu^2L^2}{K^3}\right)+2g_{LA}\left(\frac{\mu\eta LA}{K^3}\right)+g_{AA}\left(-\frac{\eta^2A^2}{K^3}\right)<0。$$

农地资源可以通过农地经营权流转市场进行再配置。随着“三权分置”的制度改革及农地经营权流转的政策落地，我国农地市场也基本建立，农户家庭通过流转的方式进行经营权的让渡，这使得我们的这一前提条件也是成立的。在该流转市场中，农地经营权流转价格为 r，土地转入和转出涉及的交易成本为 T。

① 与农户主体相比，新型经营主体最突出的特点是由于自身资本加持，其农业生产中的资本投入强度远超于农户主体的雄厚经济实力。因此，本小节中新型经营主体的农业生产函数中引入资本 K。

此外，农产品价格等其他因素也会对模型产生影响，这里统一用 p 表示，单位劳动工资为 w。为了简化模型，假设农业部门和非农部门具有相同的单位工资。此外，在劳动力市场方面，新型经营主体因其有足够的资本支撑，可以负担雇用农用劳动力的支付成本；而考虑到获取农用劳动力资源需要支付相当多的交易成本，假设农户可以出卖除用于自身农业生产劳动外的全部剩余劳动力，而无法雇用劳动力从事农业生产经营。

9.2 农户视角的配置行为

本节假设农户是具有家庭特征（年龄、受教育程度等，但不包括农业能力）、劳动力禀赋、耕地禀赋和农业生产能力的"舒尔茨型"农户——农业生产以利润最大化为目标。因此，农户会根据自身农业生产效率和非农部门的工资水平，通过农地经营权流转来调整原有土地的经营规模，并依据土地的经营规模自行将家庭劳动力分配到农业和非农部门。农户的利润最大化目标可表示为：

$$\max_{L,A} p\alpha f(L,A)+w(\overline{L}-L)+r(\overline{A}-A) \tag{9-1}$$

式中，p、α、w、r、$\overline{L}$、$\overline{A}$ 分别为农产品价格、农业生产能力、工资、地租、劳动力资源禀赋、土地资源禀赋。由于现实农业劳动力市场不完善，故 $\overline{L}-L\geqslant 0$。$\overline{A}-A$ 则分为大于0、等于0和小于0三种情况，针对等于0这种情况，本小节将其理解为农户不参与农地经营权流转市场活动，不予进行讨论。$\overline{A}-A>0$ 表示农户租出土地，$\overline{A}-A<0$ 表示农户租入土地。基于式(9-1)，且如果土地市场是完善的，即农户面临的土地租金率是通过竞争确定的，并且没有与租入和租出相关的交易成本，那么农户将通过 L 和 A 的合理配置来实现收益最大化，其一阶条件为：

$$p\alpha f_L(L,A)=w \tag{9-2}$$

$$p\alpha f_A(L,A)=r \tag{9-3}$$

现实土地市场存在不完善，存在对农地经营权流转行为的限制，即存在一定的土地交易成本。租入和租出土地的双方都需要支付额外的交易成本 T，方可促成交易的实现。交易成本的出现会对土地交易双方完成交易时的地租形成一个楔子，使得地租在土地租出方和租入方之间是不对称的：对于土地租出方而言，出租一单位土地得到的净收益是 $r-T$；对于土地租入方而言，承租一单位土

地支出的净成本是 $r+T$。

$$p\alpha f_A(L,A)=r+T \tag{9-4}$$

$$p\alpha f_A(L,A)=r-T \tag{9-5}$$

则式(9-4)、式(9-5)分别表示此时土地租入方和土地租出方，满足新一阶条件的土地数量。针对租入户进行分析，即式(9-2)、式(9-4)，对其分别求 α 和 T 的偏导：

$$pf_L(L,A)+p\alpha f_{LL}(L,A)\frac{\partial L}{\partial \alpha}+p\alpha f_{LA}(L,A)\frac{\partial A}{\partial \alpha}=0 \tag{9-6}$$

$$pf_A(L,A)+p\alpha f_{AL}(L,A)\frac{\partial L}{\partial \alpha}+p\alpha f_{AA}(L,A)\frac{\partial A}{\partial \alpha}=0 \tag{9-7}$$

$$p\alpha f_{LL}(L,A)\frac{\partial L}{\partial T}+p\alpha f_{LA}(L,A)\frac{\partial A}{\partial T}=0 \tag{9-8}$$

$$p\alpha f_{AL}(L,A)\frac{\partial L}{\partial T}+p\alpha f_{AA}(L,A)\frac{\partial A}{\partial T}=1 \tag{9-9}$$

由式(9-6)得 $\frac{\partial L}{\partial \alpha}$、$\frac{\partial A}{\partial \alpha}$，式(9-8)得 $\frac{\partial A}{\partial T}$、$\frac{\partial L}{\partial T}$，分别代入式(9-7)、式(9-9)，根据假设的生产函数属性条件得：

$$\frac{\partial A}{\partial \alpha}=\frac{f_{LA}f_L-f_Af_{LL}}{\alpha(f_{LL}f_{AA}-f_{LA}^2)}>0 \tag{9-10}$$

$$\frac{\partial L}{\partial \alpha}=\frac{f_{LA}f_A-f_Lf_{AA}}{\alpha(f_{LL}f_{AA}-f_{LA}^2)}>0 \tag{9-11}$$

$$\frac{\partial A}{\partial T}=\frac{f_{LL}}{p\alpha(f_{LL}f_{AA}-f_{LA}^2)}<0 \tag{9-12}$$

$$\frac{\partial L}{\partial T}=\frac{-f_{LA}}{p\alpha(f_{LL}f_{AA}-f_{LA}^2)}<0 \tag{9-13}$$

联立式(9-10)、式(9-12)得：

$$\frac{\partial T}{\partial \alpha}=\frac{f_{LA}f_L-f_Af_{LL}}{pf_{LL}}<0 \tag{9-14}$$

由式(9-12)、式(9-13)可得，土地市场不完善造成的交易成本会减少租入户租入土地的数量和劳动力要素的投入量。同理可得，对于租出土地的农户而言，交易成本会对其土地租出数量产生抑制作用，降低其土地投入市场的份额。由式(9-14)可知，土地交易成本的上升会使得农户农业生产能力下降，过高的土地交易成本会抑制农户扩大生产经营规模的积极性，降低农户的生产意愿，农户的农业生产能力也会随之下降。其下降幅度受到农户的劳动边际产出、土地边际产出以及农产品价格的制约。

9.3 新型农业经营主体视角的配置行为

新型农业经营主体的利润最大化目标我们用式(9-15)表示：

$$\max_{L,A} p\beta K g\left(\frac{\mu L}{K},\frac{\eta A}{K}\right)-w\mu L-r\eta A-RK \tag{9-15}$$

式中，β、R 分别为新型经营主体的生产能力、资本投入的单位成本。对新型经营主体而言，其农业生产中的劳动力和土地要素均需要从相关要素市场中获得。基于式(9-15)，如果土地市场是完善的，新型经营主体将通过 L、A 和 K 的合理配置来实现收益的最大化，则利润最大化的一阶条件为：

$$p\beta g_L\left(\frac{\mu L}{K},\frac{\eta A}{K}\right)=w \tag{9-16}$$

$$p\beta g_A\left(\frac{\mu L}{K},\frac{\eta A}{K}\right)=r \tag{9-17}$$

$$p\beta g\left(\frac{\mu L}{K},\frac{\eta A}{K}\right)-p\beta\left(\frac{\mu^2 L}{K}\right)g_L\left(\frac{\mu L}{K},\frac{\eta A}{K}\right)-p\beta\left(\frac{\eta^2 A}{K}\right)g_A\left(\frac{\mu L}{K},\frac{\eta A}{K}\right)=R \tag{9-18}$$

考虑到现实土地市场的不完善，式(9-17)将发生变化，

$$p\beta g_A\left(\frac{\mu L}{K},\frac{\eta A}{K}\right)=r+T \tag{9-19}$$

同理，针对式(9-16)、式(9-19)，其分别求得 β 和 T 的偏导：

$$\frac{\partial\left(\frac{\eta A}{K}\right)}{\partial\beta}=\frac{g_L g_{AL}-g_A g_{LL}}{\beta(g_{LL}g_{AA}-g_{LA}^2)} \tag{9-20}$$

$$\frac{\partial\left(\frac{\mu L}{K}\right)}{\partial\beta}=\frac{g_A g_{LA}-g_L g_{AA}}{\beta(g_{LL}g_{AA}-g_{LA}^2)} \tag{9-21}$$

$$\frac{\partial\left(\frac{\eta A}{K}\right)}{\partial T}=\frac{g_{LL}}{p\beta(g_{LL}g_{AA}-g_{LA}^2)} \tag{9-22}$$

$$\frac{\partial\left(\frac{\mu L}{K}\right)}{\partial T}=\frac{-g_{LA}}{p\beta(g_{LL}g_{AA}-g_{LA}^2)} \tag{9-23}$$

式(9-20)至式(9-23)由生产函数 $g(L_*, A_*, K)$ 的性质可判断得出，前两个方程等式右边的分子均大于0；后两个方程等式右边的分子均小于0。分母中的 $g_{LL}g_{AA}-g_{LA}^2$ 的正负性需要进一步判断，根据生产函数性质，$g_{L_*K}=g_{LL}\left(-\frac{\mu^2 L}{K^2}\right)+g_{LA}\left(-\frac{\mu\eta A}{K^2}\right)>0$，$g_{A_*K}=g_{AL}\left(-\frac{\mu\eta L}{K^2}\right)+g_{AA}\left(-\frac{\eta^2 A}{K^2}\right)>0$，$g_{L_*A_*}=g_{LA}\left(\frac{\mu\eta}{K}\right)>0$，得：

$$\mu L g_{LL}+\eta A g_{LA}<0$$

$$\mu L g_{AL}+\eta A g_{AA}<0$$

$$\eta A g_{LA}<-\mu L g_{LL}$$

$$\mu L g_{AL}<-\eta A g_{AA}$$

$$g_{LA}^2<g_{LL}g_{AA}$$

故式(9-20)至式(9-23)右边分母均大于0，即

$$\frac{\partial\left(\frac{\eta A}{K}\right)}{\partial \beta}=\frac{g_L g_{AL}-g_A g_{LL}}{\beta(g_{LL}g_{AA}-g_{LA}^2)}>0 \tag{9-24}$$

$$\frac{\partial\left(\frac{\mu L}{K}\right)}{\partial \beta}=\frac{g_A g_{LA}-g_L g_{AA}}{\beta(g_{LL}g_{AA}-g_{LA}^2)}>0 \tag{9-25}$$

$$\frac{\partial\left(\frac{\eta A}{K}\right)}{\partial T}=\frac{g_{LL}}{p\beta(g_{LL}g_{AA}-g_{LA}^2)}<0 \tag{9-26}$$

$$\frac{\partial\left(\frac{\mu L}{K}\right)}{\partial T}=\frac{-g_{LA}}{p\beta(g_{LL}g_{AA}-g_{LA}^2)}<0 \tag{9-27}$$

由式(9-24)、式(9-25)可得，对于新型经营主体而言，其生产能力同样受到生产要素投入的影响。与农户不同的是，新型经营主体不单纯受到单个生产要素

影响，而是受到不同生产要素之间比率的影响。式(9-24)和式(9-25)表示生产能力β会随着投入“土地资本化”(单位面积土地上投入的资本)的提升而降低、“人均资本”(劳均资本占有比率)的提升而降低。式(9-26)和式(9-27)则表示交易成本T会随着投入“土地资本化”的提升而升高、“人均资本”(劳均资本占有比率)的提升而升高。联立式(9-24)、式(9-26)得：

$$\frac{\partial T}{\partial \beta}=\frac{p(g_L g_{AL}-g_A g_{LL})}{g_{LL}}<0 \tag{9-28}$$

由式(9-28)可以得出，土地交易成本的上升同样会使新型经营主体的生产能力下降，因$\frac{\partial T}{\partial \beta}=\frac{p(g_L g_{AL}-g_A g_{LL})}{g_{LL}}=\frac{p(g_{L_*} g_{A_*L_*}-g_{A_*} g_{L_*L_*})}{\eta g_{L_*L_*}}$，故其下降幅度受到新型经营主体的劳动边际产出、土地边际产出、农产品价格以及所投入的土地要素和资本要素之间的比值所限制。

基于以上理论分析可以发现，农地经营权流转改变了农户初始的农地经营规模，提高了农户的农业生产效率水平。农地市场发育越完善，越能够根据农户异质化的生产能力进行农地要素的再配置，将农地要素由生产能力较弱的农户转移给生产能力较强的农户，实现农地要素产出的帕累托改进，增加区域农业的总产出，提高区域农业的生产经济效率。

9.4 适度规模经营问题

农地经营权流转改变了农户的经营规模，提高了农业生产效率水平。通过农地市场转入和转出土地，改变了农户的经营规模，之后需要更深入地思考农户适度规模经营的范围，参与流转后的农户的农业生产效率达到最优水平。根据边际报酬递减规律，农地经营权流转的目的不是一味扩大农地经营规模或缩小农地经营规模，而是实现一个适度经营规模，以此达到农业生产效率的最优状态。

农地经营权流转的适度规模经营效应到底如何看待经营的“适度”性，“适度”性的测度也是当前的一个难题。针对农业经营具体应保持在何等规模的研究文献，根据测算的目标、评价标准不同，得到的结果自然不同。在学术界的现有研究中，“适度”性的评判标准大体可分为以下几类：一是以作物种类与所处区域计算而得；二是以劳均、人均最优为标准计算而得；三是以各要素生产率(土地生产率、劳动力生产率、资金生产率)最优为标准计算而得；四是由文献及经验判断而得。

从既有研究上看，首先，学术界中普遍使用的“农业经营规模”一词，并非是针对所有农业主体而言的，而是更加集中在农场经营规模，然而中国农业经营的绝大部分主体以农户家庭为主。其次，“在同一个区域内采用一种适度规模标准”这一主张得到了学者们的普遍共识。适度规模标准并非是区域内农业经营的统一规格，而应该是区域内各经营主体之间彼此达到平衡时的农地经营状态，特别是当前我国各生产经营主体的生产理念、方式和规模等均存在着强烈的可视化区分。从“谁经营”和“如何经营”的评判标准来看，我国农业经营主体可划分为传统小农户和新型农业经营主体。在完善农业生产要素市场、发挥各主体农业资源禀赋、实现生产要素有效再配置的背景下，农户家庭经营与新型经营主体经营两类主体如何耦合生产经营规模，实现区域农业经济产出效率最大化，已成为政策制定者和学术界所关注的热点。

从我国农村基本经营制度的设定上，适度规模经营不能脱离于基本经营方式，要想将农村土地全部通过新型经营主体进行规模化是不现实的。因此，家庭经营与新型经营主体经营共存，两者经营规模的耦合使得区域农业经济产出效率最大化是适度规模经营的一个体现。为此，本节提出一个适度规模经营取决于区域土地规模固定下的农户经营规模与新型经营主体经营规模之间比例关系的假说，并对这一假说进行模型推导与实证分析，以试图从两类经营者视角来看经营规模的“适度”问题。

9.5 市场化的一个适度规模经营系数的求解

农地经营权交易市场虽然处于逐渐构建一个完善市场的状态，但是其本身仍存在不可忽视的缺陷和障碍，再加之农村劳动力向城市的涌流大趋势，农户农业生产面临着土地、劳动力两大生产要素的约束。如果去除农业科技进步等其他因素的影响，单位面积产量就会随农地经营规模的增加而下降，这就是 Barrett (2009)提出的著名的“反向关系”。基于此，本部分提出以下假设。

假设 1：农户生产函数为规模报酬递减的 C-D 生产函数：$f(L,A)=L^aA^b$，$0<a<1$，$0<b<1$，$0<a+b<1$，其中，L 代表用于农户自耕农业生产的劳动力，A 代表用于农业生产的土地，a 代表劳动力产出弹性系数，b 代表土地产出弹性系数。

假设2:农户是具有家庭特征、劳动力禀赋、耕地禀赋和农业生产能力的。假设农户能够在自己生产的务农、新型经营主体给定的农业工资 w_a 的务农以及进城给定的非农工资 w_n 的务工三者之间,根据其自身所持的生产要素、资源禀赋以及自身的生产能力水平来理性分配他们的劳动时间。农户收入有四个来源:农业收入、新型经营主体务农工资 w_a 收入、进城务工工资 w_n 收入和土地租金 r 收入,且假定 w_a 和 w_n 是外生变量。

假设3:农户不再是简单地追求利润最大化的"舒尔茨型"农户,而是有着更为丰富的追求——效用 U 最大化。其效用包含利润 π 和闲暇 l。根据农户模型所规范的农户生产行为,其生产过程还需满足总支出小于或等于总收入。

假设4:假定新型经营主体农业生产经营的规模报酬递增。借鉴邓明(2017)研究,新型经营主体的三要素CES生产函数为 $g(L,A,K)=(Q_L L^{\rho}+Q_A A^{\rho}+Q_K K^{\rho})^{\frac{u}{\rho}}$,$0<Q_i<1$,$i=L,A,K$,$u>1$,$0<\rho<1$。其中,$L$ 为劳动力,A 为土地,K 为生产资金,Q_L 为劳动密集系数,Q_A 为土地密集系数,Q_K 为资金密集系数,$Q_L+Q_A+Q_K=1$,且三者相等,ρ 为要素替代参数,同样假设存在土地交易成本 T。

9.5.1 生产率、生产能力与农户经营规模的理论分析

对于农户效用最大化目标而言,我们用下列公式表示:

$$\max_{\pi,l} U=\pi+l$$

$$s.t.\quad w_a L_h+(r+T)A_r \leqslant p\alpha L^a A^b+w_n L_n+(r-T)A_u$$

$$A=\overline{A}+A_r-A_u$$

$$L=L_f+L_h$$

$$\overline{L}=L_f+L_n+l$$

$$L_n=L_n^o$$

$$w_a<w_n$$

式中,p,$\overline{A}$,A_r,A_u,$\overline{L}$,L_f,L_h,L_n,L_n^o 分别为农产品价格、农户的农地禀赋、租入的土地量、租出的土地量、农户的时间禀赋、家庭自身务农劳动、雇用外部劳动、非农劳动、非农劳动时间上限。通过时间禀赋约束,用 L_f 和 L_n 来表示 l;通过农户模型规范的农户收益平衡支出,用 $p\alpha L^a A^b+w_n L_n+(r-T)A_u-w_a L_h+(r+T)A_r$ 来表示 π。农户的目标追求转化为:

$$\max_{\substack{A_r, A_u, L_h \\ L_f, L_n}} U = p\alpha L^a A^b + w_n L_n + (r-T)A_u - w_a L_h + (r+T)A_r + \overline{L} - L - L_n + L_h$$

$$s.t.\quad \pi = p\alpha f(L, A) + w_n L_n + (r-T)A_u - w_a L_h + (r+T)A_r$$

$$A = \overline{A} + A_r - A_u$$

$$\overline{L} = L_f + L_n + l$$

$$L = L_f + L_h$$

$$0 \leqslant L_n \leqslant L_n^o$$

$$w_a < w_n$$

农户效用最大化一阶条件为：

$$U_{A_r} = p\alpha b L^a A^{b-1} - (r+T) = 0 \tag{9-29}$$

$$U_{A_u} = p\alpha b L^a A^{b-1} - (r-T) = 0 \tag{9-30}$$

$$U_{L_h} = p\alpha a L^{a-1} A^b - w_a \leqslant 0 \tag{9-31}$$

$$U_{L_f} = p\alpha a L^{a-1} A^b - w_n + w_a - 1 \leqslant 0 \tag{9-32}$$

$$U_{L_n} = p\alpha a L^{a-1} A^b - w_n + 1 \leqslant 0 \tag{9-33}$$

由于 $L_n \geqslant 0$，且 $U_{L_h} \leqslant 0$、$U_{L_f} \leqslant 0$、$U_{L_n} \leqslant 0$，满足库恩-塔克条件求解，表明它们是互补松弛的，基于此，对式(9-31)、式(9-32)、式(9-33)进行约束，可得：

$$p\alpha a L^{a-1} A^b = w_a \tag{9-31$'$}$$

$$p\alpha a L^{a-1} A^b = w_n - w_a + 1 \tag{9-32$'$}$$

$$p\alpha a L^{a-1} A^b = w_n - 1 \tag{9-33$'$}$$

通过式(9-32′)、式(9-33′)比较可以看出，虽然农户在目标导向上追求闲暇，但实际的农户对于满足闲暇的效用需求微乎其微。相比较而言，其更加追求农业、非农业工资对效用最大化的需求满足，故在分析过程中，可将式(9-32′)、式(9-33′)中的“1”抹去，以便简化分析。式(9-31′)、式(9-32′)、式(9-33′)分别表示农户农业劳动影子工资与农业工资、非农工资与农业工资的差值以及非农工资之间的大小关系。农户农业劳动影子工资与其农业生产能力成正比关系，即农户是根据其自身农业生产能力大小，在家庭农业生产、农业与非农兼业、非农务工三者之间合理分配自己的时间禀赋 L_h，L_f，L_n。针对农户租入户，同样推导得出：

$$\frac{\partial A}{\partial \alpha} = \frac{f_{LA} f_L - f_A f_{LL}}{\alpha(f_{LL} f_{AA} - f_{LA}^2)} = \frac{A}{\alpha(1-a-b)} > 0 \tag{9-34}$$

$$\frac{\partial A}{\partial T}=\frac{f_{LL}}{p\alpha(f_{LL}f_{AA}-f_{LA}^2)}=\frac{(a-1)L^{-a}A^{2-b}}{p\alpha b(1-a-b)}<0 \tag{9-35}$$

$$\frac{\partial L}{\partial \alpha}=\frac{f_{LA}f_A-f_Lf_{AA}}{f_{LL}f_{AA}-f_{LA}^2}=\frac{L}{\alpha(1-a-b)}>0 \tag{9-36}$$

$$\frac{\partial L}{\partial T}=\frac{-f_{LA}}{p\alpha(f_{LL}f_{AA}-f_{LA}^2)}=\frac{-L^{1-a}A^{1-b}}{p\alpha(1-a-b)}<0 \tag{9-37}$$

$$\frac{\partial T}{\partial \alpha}=\frac{f_{LA}f_L-f_Af_{LL}}{pf_{LL}}=\frac{pbL^aA^{b-1}}{(a-1)}<0 \tag{9-38}$$

由此得出,农户农业全要素生产率与农户生产投入的土地和劳动力之间存在以下关系:农业全要素生产率的提升将使农户增加在其农业生产的土地、劳动力的投入,土地交易成本对农户在农业生产过程中的土地、劳动力生产要素的投入均会起抑制作用。基于此,这也是构建完善土地市场的理论支持——交易成本的降低对农户在其农业生产过程中的土地、劳动力的投入均会起积极作用,农地经营权流转市场的完善及交易成本的降低会提升农户农业全要素生产能力。同时对式(9-34)、式(9-36)积分我们可以得到,农业全要素生产率 α 与土地 A 和劳动力 L 之间更为直观的函数关系:

$$\alpha=A^{(1-a-b)}=L^{(1-a-b)} \tag{9-39}$$

式(9-39)为典型幂函数,且由假设的生产函数条件可知,$0<1-a-b<1$,由此可根据幂函数图像性质(图 9-1)判断式(9-39)的函数图像。

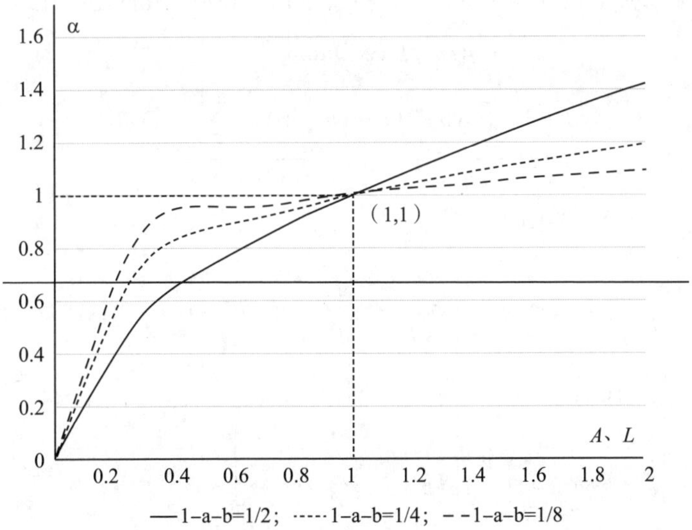

图 9-1 农户农业生产能力与土地、劳动力函数关系

9.5.2 全要素生产率与新型经营主体要素投入的理论分析

对于新型经营主体的利润最大化目标而言，我们用下式公式表示：

$$\max_{L,A,K} \pi = p\beta(Q_L L^{\rho} + Q_A A^{\rho} + Q_K K^{\rho})^{\frac{u}{\rho}} - w_a L - (r+T)A - RK$$

利润最大化一阶条件为：

$$\pi_L = p\beta g_L - w_a = 0 \tag{9-40}$$

$$\pi_A = p\beta g_A - (r+T) = 0 \tag{9-41}$$

$$\pi_K = p\beta g_K - R = 0 \tag{9-42}$$

针对式(9-40)、式(9-41)、式(9-42)，分别对 β 求其偏导函数，并令 $Q_L L^{\rho} + Q_A A^{\rho} + Q_K K^{\rho} = G$，以便简洁表达各系数：

$$g_{LL}\frac{\partial L}{\partial \beta} + g_{LA}\frac{\partial A}{\partial \beta} + g_{LK}\frac{\partial K}{\partial \beta} = -\frac{g_L}{\beta} \tag{9-43}$$

$$g_{AL}\frac{\partial L}{\partial \beta} + g_{AA}\frac{\partial A}{\partial \beta} + g_{AK}\frac{\partial K}{\partial \beta} = -\frac{g_A}{\beta} \tag{9-44}$$

$$g_{KL}\frac{\partial L}{\partial \beta} + g_{KA}\frac{\partial A}{\partial \beta} + g_{KK}\frac{\partial K}{\partial \beta} = -\frac{g_K}{\beta} \tag{9-45}$$

令 E 为海塞矩阵：$[E] = \begin{bmatrix} g_{LL} & g_{LA} & g_{LK} \\ g_{AL} & g_{AA} & g_{AK} \\ g_{KL} & g_{KA} & g_{KK} \end{bmatrix}$，且在最优化问题存在最大值时满足

行列式 $|E| = \dfrac{u^3 g^3 (\rho-1)^2 \left[G(\rho-1) + (u-\rho)\sum_{j=L,A,K,j\neq i}^{i=L,A,K} Q_i Q_j ij\right] \prod_{i=L,A,K} Q_i i^{\rho-2}}{G^4}$，

则$[E1]$，$[E2]$，$[E3]$分别为：

$$\begin{bmatrix} -\frac{g_L}{\beta} & g_{LA} & g_{LK} \\ -\frac{g_A}{\beta} & g_{AA} & g_{AK} \\ -\frac{g_K}{\beta} & g_{KA} & g_{KK} \end{bmatrix}、\begin{bmatrix} g_{LL} & -\frac{g_L}{\beta} & g_{LK} \\ g_{AL} & -\frac{g_A}{\beta} & g_{AK} \\ g_{KL} & -\frac{g_K}{\beta} & g_{KK} \end{bmatrix}、\begin{bmatrix} g_{LL} & g_{LA} & -\frac{g_L}{\beta} \\ g_{AL} & g_{AA} & -\frac{g_A}{\beta} \\ g_{KL} & g_{KA} & -\frac{g_K}{\beta} \end{bmatrix}$$

利用克莱姆法则（Cramer's Rule）和海塞矩阵（Hessian Matrix）的性质，

得出：

$$\frac{\partial L}{\partial \beta}=\frac{|E1|}{|E|}=\frac{L}{\beta}\times\frac{(\rho-1)G+(u-\rho)[Q_A(A^\rho-A)+Q_K(K^\rho-K)]}{G(\rho-1)^2+(u-\rho)(\rho-1)\sum_{j=L,A,K,j\neq i}^{i=L,A,K}Q_iQ_j}<0 \tag{9-46}$$

$$\frac{\partial A}{\partial \beta}=\frac{|E2|}{|E|}=\frac{A}{\beta}\times\frac{(\rho-1)G+(u-\rho)[Q_L(L^\rho-L)+Q_K(K^\rho-K)]}{G(\rho-1)^2+(u-\rho)(\rho-1)\sum_{j=L,A,K,j\neq i}^{i=L,A,K}Q_iQ_j}<0 \tag{9-47}$$

$$\frac{\partial K}{\partial \beta}=\frac{|E3|}{|E|}=\frac{K}{\beta}\times\frac{(\rho-1)G+(u-\rho)[Q_L(L^\rho-L)+Q_A(A^\rho-A)]}{G(\rho-1)^2+(u-\rho)(\rho-1)\sum_{j=L,A,K,j\neq i}^{i=L,A,K}Q_iQ_j}<0 \tag{9-48}$$

此部分结果表达的是单个生产要素对新型经营主体农业全要素生产率的影响：新型经营主体农业全要素生产率的提升会减少其农业生产要素的投入，意味着对于新型经营主体而言，过度投入任何一种生产要素资源，无论是土地、劳动力，还是资本要素，农业产出均会存在一定的规模效应，但其农业全要素生产率均会受到抑制作用——不增反降。

9.5.3 适度规模经营系数求解与分析

假设农地要素市场出清，即农户用于生产的土地数量 A_1 与新型经营主体用于生产的土地数量 A_2 之和为固定常值 C，即 $A_2=C-A_1$。

故 $\frac{\partial A_2}{\partial \beta}=\frac{-\partial A_1}{\partial \beta}=\frac{A_2}{\beta}\times\frac{(\rho-1)G+(u-\rho)[Q_L(L^\rho-L)+Q_K(K^\rho-K)]}{G(\rho-1)^2+(u-\rho)(\rho-1)\sum_{j=L,A,K,j\neq i}^{i=L,A,K}Q_iQ_j}$。将其与 $\frac{\partial A_1}{\partial \alpha}=\frac{A_1}{\alpha(1-a-b)}$ 联立得到：

$$\frac{\partial \alpha}{\partial \beta}=\frac{\alpha}{\beta}\times\frac{A_2(1-a-b)}{-A_1}\times\frac{(\rho-1)G+(u-\rho)[Q_L(L^\rho-L)+Q_K(K^\rho-K)]}{G(\rho-1)^2+(u-\rho)(\rho-1)\sum_{j=L,A,K,j\neq i}^{i=L,A,K}Q_iQ_j}<0 \tag{9-49}$$

通过式(9-49)可以得出，农户与新型经营主体的农业全要素生产率之间存在对冲关系，即一方农业全要素生产率提高会使另一方农业全要素生产率降低。基于本小节假说：在农地规模禀赋固定的条件下，当农户与新型经营主体均达到最高的农业生产效率时，即二者相等，则此时适度规模经营受制于农户家庭经营规模与新型经营主体经营规模之间的比例关系。根据式(9-49)可得：

$$\left(\frac{A_2}{A_1}\right)^* = \frac{G(\rho-1)^2 + (u-\rho)(\rho-1)\sum_{j=L,A,K,j\neq i}^{i=L,A,K} Q_i Q_j}{(1-a-b)\{(\rho-1)G + (u-\rho)[Q_L(L^\rho - L) + Q_K(K^\rho - K)]\}} \tag{9-50}$$

式(9-50)中，$\frac{G(\rho-1)^2 + (u-\rho)(\rho-1)\sum_{j=L,A,K,j\neq i}^{i=L,A,K} Q_i Q_j}{(1-a-b)\{(\rho-1)G + (u-\rho)[Q_L(L^\rho - L) + Q_K(K^\rho - K)]\}}$ 为农业土地适度规模经营系数，可以此作为两类农业经营主体之间土地适度经营规模的参考依据。在农地要素市场完善的前提下，进行合理的农地要素再配置后，两类农业经营主体之间经营土地规模满足此式，即为当前该区域内农业全要素生产率的最高水平，也是当前该区域内农地要素在两类农业生产主体之间最优化的配置模式。

根据农业土地适度规模经营系数 $\frac{G(\rho-1)^2 + (u-\rho)(\rho-1)\sum_{j=L,A,K,j\neq i}^{i=L,A,K} Q_i Q_j}{(1-a-b)\{(\rho-1)G + (u-\rho)[Q_L(L^\rho - L) + Q_K(K^\rho - K)]\}}$，可将系数拆分为 $1-a-b$、$\frac{G(\rho-1)^2 + (u-\rho)(\rho-1)\sum_{j=L,A,K,j\neq i}^{i=L,A,K} Q_i Q_j}{(\rho-1)G + (u-\rho)[Q_L(L^\rho - L) + Q_K(K^\rho - K)]}$ 两部分。第一部分仅由农户生产相关参数决定，第二部分则仅由新型经营主体生产相关参数决定。

针对 $1-a-b$ 部分，a、b 分别为农户的劳动力产出弹性系数和土地产出弹性系数。因为由农户规模报酬递减的假设前提可知 $0<a<1$，$0<b<1$，$0<a+b<1$，故 $0<1-a-b<1$。要素产出弹性系数表示要素投入的变化引起产出变化的速率，则在 $a+b$ 无限趋近于 0 时(即农户生产规模报酬参数无限趋近于 0)，表征在当下农业生产技术水平、农户生产要素配置组合的条件下，农户的农业产出已接近于峰值，再过度投入生产要素，其对农业产出的影响微乎其微。此时 $1-a$

$-b$ 无限趋近于 1，假定 $\frac{G(\rho-1)^2+(u-\rho)(\rho-1)\sum\limits_{j=L,A,K,j\neq i}^{i=L,A,K} Q_iQ_j}{(\rho-1)G+(u-\rho)[Q_L(L^\rho-L)+Q_K(K^\rho-K)]}$ 部分保持不变，系数斜率会随 $a+b$ 无限趋近于 0 的过程而变小，此时农户与新型经营主体彼此最佳农地经营规模的变化会保持“反向关系”，且农户对土地的需求弹性小于新型经营主体的需求弹性，农户在要素产出弹性系数趋近于 0 的过程中，出于理性的判断会相继减少要素的投入。根据“反向关系”，土地要素将向新型经营主体自发集聚，农户与新型经营主体之间适度规模经营系数扩大，农业生产规模经营偏向于新型经营主体，当土地要素流动直至满足等式 $\left(\frac{A_2}{A_1}\right)^* = \frac{G(\rho-1)^2+(u-\rho)(\rho-1)\sum\limits_{j=L,A,K,j\neq i}^{i=L,A,K} Q_iQ_j}{(1-a-b)\{(\rho-1)G+(u-\rho)[Q_L(L^\rho-L)+Q_K(K^\rho-K)]\}}$ 时，两者的农业全要素生产率均为各自的最高水平(去除技术进步因素的影响)。反之，当 $a+b$ 无限趋近于 1 时(即农户生产规模报酬参数无限趋近于 1，偏向于规模报酬不变)，$1-a-b$ 无限趋近于 0，系数斜率会随 $a+b$ 无限趋近于 0 的过程而变大，且此时农户与新型经营主体都有扩大生产规模的意愿，农户对土地要素的需求弹性要大于新型经营主体对土地要素的需求弹性，此时农户与新型经营主体彼此最佳农地经营规模的变化会保持“同向关系”，且土地向农户集聚的强度要大于向新型经营主体集聚的强度，农业生产规模经营更偏向于农户，更有利于农户扩大经营规模，当土地要素流动直至满足等式 $\left(\frac{A_2}{A_1}\right)^* = \frac{G(\rho-1)^2+(u-\rho)(\rho-1)\sum\limits_{j=L,A,K,j\neq i}^{i=L,A,K} Q_iQ_j}{(1-a-b)\{(\rho-1)G+(u-\rho)[Q_L(L^\rho-L)+Q_K(K^\rho-K)]\}}$ 时，两者的农业全要素生产率均为各自的最高水平(去除技术进步因素的影响)。

对于 $\frac{G(\rho-1)^2+(u-\rho)(\rho-1)\sum\limits_{j=L,A,K,j\neq i}^{i=L,A,K} Q_iQ_j}{(\rho-1)G+(u-\rho)[Q_L(L^\rho-L)+Q_K(K^\rho-K)]}$ 而言，其中，参数均为新型经营主体生产过程中的相关参数。L 为劳动力，A 为土地，K 为生产资金，Q_L 为劳动密集系数，Q_A 为土地密集系数，Q_K 为资金密集系数(Q_i 为固定不变参数，$0<Q_i<1, i=L,A,K$)，ρ 为要素替代弹性($0<\rho<1$)，u 为规模报酬参数($u>1$)，$G=Q_LL^\rho+Q_AA^\rho+Q_KK^\rho$。该部分随 ρ、u 的变化趋向而发生改变。

当 ρ 无限趋近于 0 时，即要素替代弹性趋近于 0，各投入生产要素之间为完全互补品，必须按照固定不变的比例同时投入生产，则该部分整体趋近于 $-\dfrac{G-u\sum\limits_{j=L,A,K,j\neq i}^{i=L,A,K}Q_iQ_j}{G-u[Q_L(L-1)+Q_K(K-1)]}$，已知 $\sum\limits_{j=L,A,K,j\neq i}^{i=L,A,K}Q_iQ_j>Q_L(L-1)+Q_K(K-1)$，若此时 u 增大，假定 $1-a-b$ 保持不变，系数斜率会随 u 增大的过程而变小，农地适度规模经营系数将减小。此时农业生产经营规模偏向于农户，更有利于农户扩大经营规模，农户的土地要素集聚度更强，农户与新型经营主体之间的农地经营规模差距将缩小，直至满足适度规模经营系数等式成立。若此时 u 减小，假定 $1-a-b$ 保持不变，系数斜率会伴随 u 减小的过程而变大，农地适度规模经营系数将增大。此时农业生产经营规模偏向于新型经营主体，更有利于新型经营主体扩大经营规模，新型经营主体的土地要素集聚度更强，农户与新型经营主体之间的农地经营规模差距将扩大，直至满足适度规模经营系数等式成立。反之，当 ρ 无限趋近于 1 时，即要素替代弹性趋近于 1，则该部分整体趋近于 0，故此时无论 u 发生任何变化，假定 $1-a-b$ 保持不变，系数斜率均会降低，农地适度规模经营系数将降低。此时农业生产经营规模偏向于农户，更有利于农户扩大经营规模，农户的土地要素集聚度更强，农户与新型经营主体之间的农地经营规模差距将缩小，直至满足适度规模经营系数等式成立。

9.6 实证测度

采用 C-D、CES 生产函数以表征农户和新型经营主体在农业主要生产要素投入和农业产出量之间的关系，并且对规模报酬以及要素替代弹性等参数进行了阈值的假设。在实证分析中，我们将采用更为灵活的形式，不再受到参数限制，可以近似反映任何生产技术条件的超越对数生产函数。运用超越对数生产函数进行实证分析也是对我们推导部分模型选取合理性的间接验证。采用超越对数生产函数形式构建农业主体生产函数模型如下：

$$\ln Y_i = \alpha_0 + \sum_{j=1}^{n}\alpha_j \ln X_{ij}\ \frac{1}{2}\sum_{j=1}^{n}\sum_{k=1}^{n}\alpha_{jk}\ln X_{ij}\ln X_{ik} + u\ \alpha_{jk} = \alpha_{kj} \tag{9-51}$$

式中，因变量 Y_i 为农业主体 i 经营农地的年总产值；X_{ij} 为农业主体 i 的第 j 种生产要素投入量，j 至多包含农业经营土地面积 A、务农劳动力投入数量 L、资本投入额 K；u 为随机干扰项。根据超越对数生产函数可计算出各区域平均劳动力、土地、资本要素的产出弹性 $\overline{\eta_A}$、$\overline{\eta_L}$、$\overline{\eta_K}$ 以及投入要素之间的替代弹性 σ_{AL}、σ_{AK}、σ_{LK}。

$$\overline{\eta_A}=\frac{\mathrm{dln}Y}{\mathrm{dln}A}=\alpha_A+\alpha_{AA}\ln\overline{A}+\alpha_{AL}\ln\overline{L}+\alpha_{AK}\ln\overline{K} \tag{9-52}$$

$$\overline{\eta_L}=\frac{\mathrm{dln}Y}{\mathrm{dln}L}=\alpha_L+\alpha_{LL}\ln\overline{L}+\alpha_{AL}\ln\overline{A}+\alpha_{LK}\ln\overline{K} \tag{9-53}$$

$$\overline{\eta_K}=\frac{\mathrm{dln}Y}{\mathrm{dln}K}=\alpha_K+\alpha_{KK}\ln\overline{K}+\alpha_{AK}\ln\overline{A}+\alpha_{LK}\ln\overline{L} \tag{9-54}$$

$$\sigma_{AL}=\frac{\mathrm{d}(A/L)}{A/L}\Big/\frac{\mathrm{d}(MP_L/MP_A)}{MP_L/MP_A}=\frac{\overline{\eta_L}^2-\overline{\eta_L\eta_A}}{\overline{\eta_L}^2-\overline{\eta_L\eta_A}-\alpha_{AL}\overline{\eta_L}+\alpha_{LL}\overline{\eta_A}} \tag{9-55}$$

$$\sigma_{AK}=\frac{\mathrm{d}(A/K)}{A/K}\Big/\frac{\mathrm{d}(MP_K/MP_A)}{MP_K/MP_A}=\frac{\overline{\eta_K}^2-\overline{\eta_K\eta_A}}{\overline{\eta_K}^2-\overline{\eta_K\eta_A}-\alpha_{AK}\overline{\eta_K}+\alpha_{KK}\overline{\eta_A}} \tag{9-56}$$

$$\sigma_{LK}=\frac{\mathrm{d}(L/K)}{L/K}\Big/\frac{\mathrm{d}(MP_K/MP_L)}{MP_K/MP_L}=\frac{\overline{\eta_K}^2-\overline{\eta_K\eta_L}}{\overline{\eta_K}^2-\overline{\eta_K\eta_L}-\alpha_{LK}\overline{\eta_K}+\alpha_{KK}\overline{\eta_L}} \tag{9-57}$$

本小节的样本数据来源于中国家庭大数据库(Chinese Family Database，CFD)。该数据库为浙江大学社会科学研究基础平台、浙江大学社会调查研究中心构建，包含了2011—2017年的4轮中国农村家庭的追踪调查数据，涉及全国29个省(自治区、直辖市)家庭基本结构、农业生产经营、农业信贷、土地利用与流转等方面的农村家庭样本信息。本小节选取的是2017年全年数据。

为满足需要，对该数据进一步处理。筛选保留家庭调查数据库中从事农业生产经营的主体样本，在剔除数据残缺、严重失真等部分样本数据后，得到28个省(自治区、直辖市)共9 391份农业经营主体相关数据，其中农户主体数据达8 928份，新型经营主体数据达463份。按照区域农业经济发展状况水平以及各区域土地特征，其分为七大区域①，各区域背景及特征、农业主体投入生产要素情况等见表9-1至表9-3。

① 华北区域(北京市、天津市、河北省、陕西省、内蒙古自治区)、华中区域(河南省、湖北省、湖南省)、华东区域(上海市、安徽省、山东省、江西省、福建省、浙江省)、东北区域(黑龙江省、吉林省、辽宁省)、华南区域(海南省、广东省、广西壮族自治区)、西北区域(陕西省、甘肃省、青海省、宁夏回族自治区)、西南区域(重庆市、四川省、贵州省、云南省)。

表 9-1　各区域背景及特征

区域	土地特征	农业生产制度	发展定位及特点
华北	人均耕地少，人地矛盾较突出，土地平坦，土层深厚，多为褐色土壤	农作物有小麦、玉米、棉花等；一年一熟	全国政治、经济、文化中心所在地，在全国经济发展格局中具有十分重要的战略地位
华中	地形、气温、降水、土壤等综合自然条件较好，耕作历史悠久	适宜小麦、水稻、油菜等多种农作物生长，一年两到三熟	各类资源丰富，水陆交通便利，是全国工业、农业的心脏和交通中心之一
华东	以平原、丘陵、盆地为主	主要农作物包括水稻、小麦、玉米、大豆；一年一熟至两年三熟	城镇体系发育良好，对外开放的重点地区，综合技术水平最高的经济区之一
东北	地形平坦开阔，土壤肥沃东北平原大部分是黑色沃土	盛产小麦、玉米、大豆、高粱、亚麻和甜菜；一年一熟	重要粮食主产区和粮食调出区、重工业基地区，经济发展相对滞后
华南	地形以山地和丘陵为主	主要农作物包括玉米、马铃薯、水稻、大豆等；一年三熟	服务业、旅游业发达，同为对外开放的重点地区，综合技术水平最高的经济区之一
西北	地广人稀，深居内陆，沙漠戈壁、盐碱土地面积大	适宜小麦、玉米、甜菜等农作物生长；一年一熟	发展不足，经济社会发展水平相对较低
西南	地形复杂，耕地面积少、土地多为山地和丘陵地区，多而破碎	水稻、小麦等；一年二至三熟	经济基础薄弱，经济发展相对滞后

表 9-2　变量数据与描述性统计

区域	农户主体		新型经营主体		
	土地/亩	劳动力	土地/亩	劳动力	资本/万元
	平均值（标准差）	平均值（标准差）	平均值（标准差）	平均值（标准差）	平均值（标准差）
华北	7.393 (6.504)	9.714 (4.675)	91.395 (59.352)	57.877 (167.038)	4.490 (14.092)
华中	5.791 (5.425)	9.989 (5.220)	51.543 (151.530)	32.134 (68.538)	2.030 (7.046)
华东	5.276 (4.914)	9.292 (4.399)	72.083 (31.367)	70.838 (129.721)	3.807 (6.219)
东北	14.246 (9.466)	9.576 (5.282)	90.587 (70.293)	14.844 (16.353)	2.297 (2.057)
华南	4.249 (4.930)	11.518 (6.304)	18.028 (12.523)	15.758 (11.258)	0.807 (0.867)

续表 9-2

区域	农户主体		新型经营主体		
	土地/亩	劳动力	土地/亩	劳动力	资本/万元
	平均值（标准差）	平均值（标准差）	平均值（标准差）	平均值（标准差）	平均值（标准差）
西北	8.624 (7.461)	10.949 (6.027)	81.714 (46.020)	61.788 (161.258)	3.735 (4.357)
西南	4.912 (4.736)	11.368 (6.060)	35.602 (21.301)	23.786 (23.281)	0.814 (0.780)

注：劳动力以劳动总月份数为单位。

表 9-3 各区域农地经营面积

区域	新型经营主体经营面积/亩	农户主体经营面积/亩	现状农地面积比值
华北	91.396	7.393	12.362
华中	51.543	5.791	8.901
华东	72.083	5.276	13.662
东北	90.588	14.246	6.359
华南	18.029	4.249	4.243
西北	81.714	8.624	9.476
西南	35.603	4.912	7.249

根据式(9-51)，运用STATA13.0统计分析软件对各区域农户与新型经营主体进行多元线性回归，确定 α_0、α_j、α_{jk} 数值，回归结果如表 9-4 所列。

表 9-4 模型回归结果

区域	主体	α_L 系数（标准差）	α_A 系数（标准差）	α_K 系数（标准差）	α_{LL} 系数（标准差）	α_{AA} 系数（标准差）	α_{KK} 系数（标准差）	α_{AL} 系数（标准差）	α_{AK} 系数（标准差）	α_{LK} 系数（标准差）
华北	农户	−0.010***	0.072*	—	0.015**	0.024**	—	0.047**	—	—
		(0.078)	(0.055)	—	(0.040)	(0.020)	—	(0.020)	—	—
	新型	1.755	−0.670	1.529	−0.035	0.228	−1.195*	−0.408	0.215	0.327
		(1.646)	(6.842)	(2.577)	(0.290)	(1.616)	(0.615)	(0.496)	(0.538)	(0.317)
华中	农户	−0.243***	0.065	—	0.185***	0.200***	—	−0.026	—	—
		(0.079)	(0.045)	—	(0.039)	(0.018)	—	(0.020)	—	—
	新型	0.007	7.607***	−2.163**	0.018	−2.202**	0.936*	0.044	0.603**	0.012
		(0.432)	(2.615)	(0.913)	(0.122)	(0.650)	(0.500)	(0.154)	(0.254)	(0.202)

续表 9-4

区域	主体	α_L 系数（标准差）	α_A 系数（标准差）	α_K 系数（标准差）	α_{LL} 系数（标准差）	α_{AA} 系数（标准差）	α_{KK} 系数（标准差）	α_{AL} 系数（标准差）	α_{AK} 系数（标准差）	α_{LK} 系数（标准差）
华东	农户	−0.330***	0.034	—	0.232***	0.123***	—	0.038*	—	—
		(0.094)	(0.046)	—	(0.052)	(0.015)	—	(0.021)	—	—
	新型	−3.211	15.264	−18.235	1.318	−5.144	−3.445	−0.022	6.116	−0.960
		(12.114)	(29.016)	(15.297)	(3.481)	(8.342)	(11.552)	(5.211)	(5.470)	(1.714)
东北	农户	−0.212	0.004	—	0.142***	0.147***	—	0.021	—	—
		(0.133)	(0.092)	—	(0.062)	(0.031)	—	(0.032)	—	—
	新型	−0.510	2.847*	−0.105	0.101	−0.756**	0.400	0.168	0.330	−0.331*
		(0.714)	(1.510)	(1.167)	(0.109)	(0.385)	(0.408)	(0.190)	(0.300)	(0.208)
华南	农户	−0.184	0.237***	—	0.135***	0.138***	—	−0.048*	—	—
		(0.116)	(0.065)	—	(0.054)	(0.018)	—	(0.028)	—	—
	新型	−0.152	3.119**	1.049	0.132	−1.056**	−0.764	−0.112	0.240	0.099
		(0.810)	(1.432)	(1.103)	(0.162)	(0.385)	(0.667)	(0.259)	(0.343)	(0.289)
西北	农户	−0.340**	−0.091	—	0.253***	0.278***	—	−0.013	—	—
		(0.147)	(0.086)	—	(0.067)	(0.031)	—	(0.034)	—	—
	新型	−1.659	11.825	5.609**	0.277	−2.571	−0.560	0.329	−0.650	−0.296
		(1.840)	(9.540)	(2.718)	(0.209)	(2.032)	(0.460)	(0.401)	(0.546)	(0.332)
西南	农户	−0.199***	−0.130**	—	0.127***	0.150***	—	0.071***	—	—
		(0.075)	(0.047)	—	(0.036)	(0.015)	—	(0.020)	—	—
	新型	−1.659	11.825	5.609**	0.277	−2.571	−0.560	0.329	−0.650	−0.296
		(1.840)	(9.540)	(2.718)	(0.209)	(2.032)	(0.460)	(0.401)	(0.546)	(0.332)

注：*、**、*** 分别表示在 10%、5%、1% 的统计水平上显著。

根据式(9-52)至式(9-57)，进而得到各要素平均产出弹性 $\overline{\eta_A}$、$\overline{\eta_L}$、$\overline{\eta_K}$ 以及替代弹性 σ_{AL}、σ_{AK}、σ_{LK}。根据我们推导部分的假设前提条件，得知农户主体的规模报酬参数 $a+b=\overline{\eta_{A1}}+\overline{\eta_{L1}}$，新型经营主体的规模报酬参数 $u=\overline{\eta_{A2}}+\overline{\eta_{L2}}+\overline{\eta_{K2}}$、要素替代弹性 $\rho=\dfrac{\sigma_{AL}+\sigma_{AK}+\sigma_{LK}}{3}$。进而得到各区域农户、新型经营主体的规模报酬参数和要素替代弹性参数（表 9-5）。

表 9-5　两类主体规模报酬参数、要素替代弹性参数

区域	农户主体	新型经营主体	
	$a+b$	u	ρ
华北	0.343	1.319	0.987
华中	0.497	1.675	0.148
华东	0.574	1.602	0.088
东北	0.604	1.234	0.520
华南	0.394	1.750	0.789
西北	0.711	2.339	0.334
西南	0.502	3.421	0.165

由计算结果可以看到，各区域农户的规模报酬参数数值均为 0～1，各区域新型经营主体的规模报酬参数数值均大于 1、要素替代弹性参数均为 0～1。符合我们前提假设中的 $0<a+b<1$、$u>1$、$0<\rho<1$。实证证明，我们前提假设的正确性与合理性，由此表明推导结果的科学性与可应用性。

将已求解的相关参数作为已知常量代入农业土地适度规模经营系数，对式(9-50)进行合并、简化，以得到影响各区域农业土地适度规模经营系数的变量代数表达：

$$\left(\frac{A_2}{A_1}\right)^* = \frac{Q(1-\rho)}{1-a-b} \times \frac{\dfrac{\rho-1}{Q(u-\rho)} + \dfrac{LA+LK+AK}{L^\rho+A^\rho+K^\rho}}{\dfrac{1-\rho}{Q(u-\rho)} + \dfrac{L-L^\rho+K-K^\rho}{L^\rho+A^\rho+K^\rho}} \tag{9-58}$$

由数理推导可知，$\left(\frac{A_2}{A_1}\right)^*$、$LA+LK+AK$、$L^\rho+A^\rho+K^\rho$、$L-L^\rho+K-K^\rho$，四者分别表示新型主体与农户经营面积比值、新型主体的投入要素耦合度、新型主体投入要素替代度、新型主体劳资要素损耗度。根据式(9-58)可做出判断，当其余变量固定时，投入要素耦合度的上升会使新型主体与农户经营面积比值变大；投入要素替代度的上升会使新型主体与农户经营面积比值变小；劳资要素损耗度的上升会使新型主体与农户经营面积比值变小。以新型经营主体样本量数据为基准，对农户主体样本进行升序排列，按照抽样间距等距离选取样本，进而得到$\left(\frac{A_2}{A_1}\right)^*$。

$$\ln\left(\frac{A_2}{A_1}\right)^* = \beta_0 + \beta_1 \ln(LA + LK + AK) + \beta_2 \ln(L^\rho + A^\rho + K^\rho) + \beta_3 \ln(L - L^\rho + K - K^\rho) + u \tag{9-59}$$

由于已将相关参数作为已知常量，基于此建立回归模型，u 为随机干扰项。运用 STATA13.0 统计分析软件进行多元线性回归，回归结果见表 9-6。

表 9-6　回归系数

变量	系数(标准差)
投入要素耦合度	0.097(0.036)***
投入要素替代度	−0.228(0.044)***
劳资要素损耗度	−0.190(0.037)***
常数项	2.368(0.155)***
样本量	461
P 值	0.000
F 值	13.090***
R^2	0.073

注：*、**、***分别表示在 10%、5%、1% 的统计水平上显著；P 值为回归方程的显著性概率。

回归结果显示，投入要素耦合度系数为正，投入要素替代度系数为负，劳资要素损耗度系数为负，且均在 1% 的统计水平上显著。各自变量的影响方向与式(9-59)结果分析规律保持一致，由此证实本小节推导结果的正确性和说服力。

投入要素耦合度是用来描述各要素之间相互影响的程度。其数值反映了各要素的贡献程度，高数值表示各要素的贡献程度水平相当，低数值表示各要素的贡献程度水平有着极大差异，表明不同区域内的经营主体在农业经营过程中，对于各类投入要素之间的配置组合设定会影响该区域的农地适度规模经营系数水平。不合理的配置组合，即过度依赖任何一类投入要素均会降低区域的农地适度规模经营系数水平，不利于区域农业规模化经营的开展。

投入要素替代度是用来描述各要素之间相互替代的难易程度。高数值表示各要素之间相互替代容易，低数值表示各要素之间相互替代困难。不同区域内的经营主体拥有的农业经营要素禀赋不尽相同。如果投入要素替代度高，经营主体将会更多地利用资源相对丰裕的要素，以替代资源相对短缺的要素。其结果将导致各类投入要素之间形成不合理的配置组合，降低了投入要素耦合度，进而降低区域内的农地适度规模经营系数水平，不利于区域农业规模化经营的开展。

劳资要素损耗度是用来描述在经营过程中劳资要素的消耗和损失。高数值表示劳资要素利用的不充分、不协调，最高极限损耗度可达 $L+K-2$。低数值表示劳资要素利用过程中的损失、浪费少，最低极限损耗度可达 0。高损耗度会降低区域内的农地适度规模经营系数水平。但损耗度在变大的过程中会降低投入要素替代度，低水平的替代度会提升区域内的农地适度规模经营系数水平。故此，应综合考虑两者分别对农地适度规模经营系数的影响程度，进而判断农地适度规模经营系数的变化方向。如果替代度的影响程度为－0.228，损耗度的影响程度为－0.190，则替代度对农地适度规模经营系数影响的贡献程度更大。

总体而言，各区域的适度规模经营比值均会随投入要素耦合度的提升而增大。东北、华南、西北三区域的投入要素耦合度的提升会极大地影响适度规模经营比值的变化程度，华北区域的投入要素耦合度的提升对于适度规模经营比值的变化程度影响较小。同时，在投入要素耦合度趋于饱和状态时，除华北地区规模比值略低外，其余各区规模比值大体保持在同一水平线。如果推行适度规模化经营，投入要素耦合度就应保持为饱和状态。华北、华中、华东、东北四区域的适度规模经营比值均会随投入要素替代度的提升而减小；华南、西北、西南三区域的适度规模经营比值则会伴随着投入要素替代度的提升呈现倒“U”形的变化趋势。根据图像变化趋势判断，如果在华北、华中、华东、东北四区域推行适度规模经营，投入要素替代度就应保持为相对较低的水平；如果在华南、西北、西南三区域推行适度规植经营，投入要素就应保持为中等偏上水平。

就劳资要素损耗度而言，除华南区域外，其余区域适度规模经营的比值均呈现随劳资要素损耗度上升而减小的变化趋势。根据华南区域图像变化趋势判断，劳资要素损耗度上升会提升该区域适度规模经营的比值，但发挥的影响较小。如果推行适度规模经营，各区域劳资要素损耗度均应保持为相对较低的水平。

将相关假定参数数值与投入要素数值均代入农业土地适度规模经营系数，得到各区域农业土地适度规模经营系数(表 9-7)。

表 9-7　农业土地适度规模经营系数

区域	G	$\rho-1$	$u-\rho$	$\sum_{j=L,A,K,j\neq i}^{i=L,A,K} Q_iQ_j$	$\sum_{i=L,K} Q_i(i^\rho-i)$	农地适度规模经营系数
华北	48.534	－0.013	0.331	662.227	－1.007	4.464
华中	1.525	－0.852	1.526	202.915	－10.461	30.223
华东	1.346	－0.912	1.514	627.836	－24.022	54.068

续表 9-7

区域	G	$\rho-1$	$u-\rho$	$\sum_{j=L,A,K,j\neq i}^{i=L,A,K} Q_iQ_j$	$\sum_{i=L,K} Q_i(i^{\rho}-i)$	农地适度规模经营系数
东北	5.351	−0.480	0.714	176.328	−3.843	28.130
华南	6.480	−0.211	0.961	34.600	−2.306	3.101
西北	3.294	−0.666	2.005	620.556	−20.000	67.757
西南	1.484	−0.835	3.256	99.469	−7.316	21.608

由表 9-7 可知，第七列数据为系数结果，即在该区域农地规模禀赋固定的条件下，农户主体与新型经营主体达到最高农业生产效率时的新型经营主体经营规模与农户家庭经营规模的比值关系。比较表 9-3 中的现状农地经营面积比值与表 9-7 中计算得出的参照农地经营面积比值可以清晰判断出，各区域现状农地经营面积比值与参照农地经营面积比值之间的区别与差距，得出如果华北、华中、华东、东北、华南、西北、西南各区域要实现农户与新型经营主体彼此全要素生产率的综合提升，则该区域适度规模经营系数就应分别提升 0.4 倍、3.4 倍、4.0 倍、4.4 倍、0.7 倍、7.2 倍、3.0 倍，即各区域新型农业经营主体与农户家庭之间的农地经营规模之比应扩张或缩小的倍数，可据此为指导适当调整各区域农业经营主体规模，实现区域农业经济效率最优化。

其中，如果华东、西北两区域现状农地经营面积比值与参照农土经营面积比值差距悬殊，则两者距离实现农地适度规模化经营的标准目标仍存在较大的提升空间与潜力。随着提升过程，该区域农地资源配置更加合理，各类农业主体农业全要素生产率水平同样会升高，进而实现区域农业经济产出水平最大化的目标。如果华中、东北、西南三区域现状农地经营面积比值与参照农地经营面积比值差距适中，适当缩小差距同样能够使区域内各类农业主体农业全要素生产率水平升高，从而实现区域农业经济产出水平提升。如果华北区域现状农地经营面积比值大于参照农地经营面积比值，就应适度降低该区域的农地规模化经营程度，减少区域内农地资源利用的效率损失。如果华南区域现状比值与参照比值近似相等，就应保持现状。

9.7 一个结论：农地市场化与适度规模经营作用机制

通过对比各省农地市场化程度与其适度规模经营情况，可以发现在农地市场化程度越高的区域，其适度规模经营情况越好，新型经营主体经营规模与农户家庭经营规模的现实比值越接近理想状态的农地适度规模经营系数。其中，在东北、西北农地市场化程度较低的地区，新型经营主体经营规模与农户家庭经营规模的现实比值与理想状态比值相差较大；在华中、华南、西南等农地市场化程度较高的地区，新型经营主体经营规模与农户家庭经营规模的现实比值越接近理想状态比值。这就在一定程度上表明，农地市场化对适度规模经营具有引导作用，农地市场化程度越高，越有利于地区发展适度规模经营(表 9-8)。

表 9-8 农业土地适度规模经营系数

区域	G	$\rho-1$	$u-\rho$	$\sum_{j=L,A,K,j\neq i}^{i=L,A,K} Q_iQ_j$	$\sum_{i=L,K} Q_i(i^\rho - i)$	农地适度规模经营系数	实际与理想状态差值
华北	48.534	−0.013	0.331	662.227	−1.007	4.464	0.4
华中	1.525	−0.852	1.526	202.915	−10.461	30.223	3.4
华东	1.346	−0.912	1.514	627.836	−24.022	54.068	4.4
东北	5.351	−0.480	0.714	176.328	−3.843	28.130	4.4
华南	6.480	−0.211	0.961	34.600	−2.306	3.101	0.7
西北	3.294	−0.666	2.005	620.556	−20.000	67.757	7.2
西南	1.484	−0.835	3.256	99.469	−7.316	21.608	3.0

第10章 劳动力效应

劳动力迁移与农地经营权流转是诸多国家城镇化进程中两个并行而又彼此关联的发展现象。自20世纪80年代以来，我国经历了大规模的农村劳动力向城市迁移。截至2020年年底，农民工达2.9亿人，约占全国劳动力的20.57%。劳动力迁移随着家庭生产要素资源，特别是农地要素的再分配，人地关系由静态的"人地合一"转变为"人走地动"。考虑到农业与非农就业的边际收益差，农户会将年轻、高质量的劳动力分配到非农部门，而将老年人和妇女留在家庭农业中[①]。非农就业让农地经营权流转成为改善家庭福利、提升农地利用效率的首选，也促进了农地经营权流转市场的发育。本章将风险效应引入家庭决策模型，推导非农就业行为与农地经营权流转行为的内在逻辑，并在充分考虑内生性的前提下，对其对非农就业的影响效应进行实证检验。

10.1 非农就业行为的影响效应

基于Yao(2000)[②]和Deininger等(2004)[③]的理论框架，本节构建了一个行为模型来解释农村家庭的生产要素配置。考虑到一个典型的农村家庭拥有固定数量的可用劳动力L和农田A，假设存在劳动力市场和农地市场，农民可以按照给定的工资w将劳动力分配到农业或非农就业，家庭可以保留土地用于农业生产或以给定的租金r出租土地。因此，家庭收入由农业利润、非农工资和土地租金收入组成。设农户的农业生产函数为$f(L_a,A_a)$，其中，L_a和A_a分别代表农业生产中使用的劳动力和土地。f满足标准假设：$f_L>0$，$f_A>0$，$f_{LL}<0$，$f_{AA}<0$，

---

① 黄枫，孙世龙．让市场配置农地资源：劳动力转移与农地使用权市场发育[J]. 管理世界，2015(7)：71-81.

② Yao Y. The development of the land lease market in rural China[J]. Land Economics，2018，76(2)：252-266.

③ Deininger K，Jin S. The potential of land rental markets in the process of economic development：evidence from China[J]. Journal of Development Economics，2004，78(1)：241-270.

$f_{LA}=f_{AL}>0, f_{LL}\cdot f_{AL}-(f_{LA})^2>0$。

如果农地经营权流转市场是完善的，即农地经营权流转没有交易成本，则家庭将通过最大化预期收益来配置 L_a 和 A_a：

$$\max_{L_a,A_a}(1-\alpha)[p\cdot f(L_a,A_a)+w\cdot(L-L_a)+r\cdot(A-A_a)]+ \alpha[p\cdot f(L,A_a)+r\cdot(A-A_a)] \tag{10-1}$$

式中，p 为农产品价格；α 为农民工失去非农就业的可能性；L 为劳动力；A 为农田；L_a 和 A_a 分别为农业生产中使用的劳动力和土地；r 为租金。这就意味着 $A_r=A-A_a>0$ 表示家庭有转出土地的行为，$A_r=A-A_a<0$ 表示家庭有转入土地的行为。L_a 和 A_a 的最优体积将解决问题的一阶条件(FOC)。

$$(1-\alpha)\cdot p\cdot f_{A_a}(L_a,A_a)+\alpha\cdot p\cdot f_{A_a}(L,A_a)=r \tag{10-2}$$

$$f_{L_a}(L_a,A_a)=\frac{w}{p} \tag{10-3}$$

理性农民的要素配置目标是通过分配家庭从事农业生产的劳动力数量 L_a 或非农工作的劳动力数量 $L_o(=L-L_a)$ 和家庭耕种农地数量 A_a 或流转农地数量 $A_o(=A-A_a)$，劳动力和土地的边际收益获得相等。

由于非农就业收入远高于农业收入，农民倾向于优先将优质劳动力配置到非农部门，然后根据家庭剩余劳动力配置土地。如果家庭农业劳动力减少，耕地面积不变，土地利用效率就必然降低。因此，农民会选择先将劳动力分配到非农部门，并相应地流出一些土地，以应对劳动力的减少。两边对 w 进行微分，得到：

$$(1-\alpha)\cdot p\cdot[f_{A_aL_a}(L_a,A_a)\cdot\frac{\partial L_a}{\partial w}+f_{A_aA_a}(L_a,A_a)\cdot\frac{\partial A_a}{\partial w}]+ \alpha\cdot p\cdot f_{A_aA_a}(L,A_a)\cdot\frac{\partial A_a}{\partial w}=0 \tag{10-4}$$

$$f_{L_aL_a}(L_a,A_a)\cdot\frac{\partial L_a}{\partial w}+f_{L_aA_a}(L_a,A_a)\cdot\frac{\partial A_a}{\partial w}=\frac{1}{p} \tag{10-5}$$

通过对公式进行整理合并，可以得到：

$$\frac{\partial A_a}{\partial L_a}=-\frac{(1-\alpha)\cdot f_{A_aL_a}(L_a,A_a)}{(1-\alpha)\cdot f_{A_aA_a}(L_a,A_a)+\alpha\cdot f_{A_aA_a}(L,A_a)} \tag{10-6}$$

根据标准假设可以得到$\frac{\partial A_a}{\partial L_a}>0$，这意味着农民投入的农业劳动力越少，自家耕种土地面积会越小，即农户家庭会选择将更多的农地流入市场。

值得注意的是，从心理动力学的角度来看，非农就业也促进了农民转出土地。随着非农收入占家庭总收入比重的增加，务农的重要性逐渐下降。这意味着农业作为家庭生计保障的功能逐渐被高额的非农收入所取代，农民对农业生产资料的依赖程度降低，倾向于转出更多的农田，即参与非农工作的农户更有可能转出土地，家庭非农工作比例越高的农户转出的土地也越多。

10.2 非农就业特性的影响

非农工资水平、工作稳定性和工作地点会影响农民的农地经营权流转决策。较高的非农工资鼓励农民转出更多的农地。一方面，更高的工资意味着非农收入的比例更大。如前所述，农民会较少关注家庭农业生产，而会更多地转出土地。另一方面，更高的工资意味着更高的家庭总收入。随着总收入的增加，农民对休闲的偏好逐渐增加，耕作积极性降低，因此他们更有可能选择转出土地。

$$\frac{1-\alpha}{p}\cdot\frac{f_{A_aL_a}(L_a,A_a)}{f_{L_aL_a}(L_a,A_a)}=\frac{\partial A_a}{\partial w}\cdot\frac{(1-\alpha)\cdot[f_{L_aA_a}(L_a,A_a)^2-f_{A_aA_a}(L_a,A_a)\cdot f_{L_aL_a}(L_a,A_a)]-\alpha\cdot f_{A_aA_a}(L,A_a)\cdot f_{L_aL_a}(L_a,A_a)}{f_{L_aL_a}(L_a,A_a)}\qquad(10\text{-}7)$$

根据标准假设可以得到$\frac{\partial A_a}{\partial w}<0$，这意味着随着非农工资的增加，家庭将减少耕种土地的面积并转出更多土地。

稳定的工作将鼓励农民转出更多的土地。我国农民的非农就业主要从事人力资本要求较低的劳动密集型行业，就业稳定性较差，因此农民在配置耕地时必须考虑潜在失业风险。如果他们将大部分土地转出，他们的生计将可能受到严重威胁。这就是为什么许多农民没有足够的劳动力来耕种，但他们仍然不转出土地的原因。因为土地是家庭生计的最后保障，所以失业风险越高，他们转出土地的可能性就越小。

$$-p\cdot f_{A_a}(L_a,A_a)+(1-\alpha)\cdot p\cdot$$

$$\left[f_{A_aL_a}(L_a,A_a)\cdot\frac{\partial L_a}{\partial\alpha}+f_{A_aA_a}(L_a,A_a)\cdot\frac{\partial A_a}{\partial\alpha}\right]+ \tag{10-8}$$

$$p\cdot f_{A_a}(L,A_a)+\alpha\cdot p\cdot f_{A_aA_a}(L_a,A_a)\cdot\frac{\partial A_a}{\partial\alpha}=0$$

$$f_{L_aL_a}(L_a,A_a)\cdot\frac{\partial L_a}{\partial\alpha}+f_{L_aA_a}(L_a,A_a)\cdot\frac{\partial A_a}{\partial\alpha}=0 \tag{10-9}$$

$$\left[(1-\alpha)\cdot\frac{f_{A_aA_a}(L_a,A_a)\cdot f_{L_aL_a}(L_a,A_a)-f_{A_aL_a}(L_a,A_a)^2}{f_{L_aL_a}(L_a,A_a)}+\right.$$

$$\left.\alpha\cdot p\cdot f_{A_aA_a}(L_a,A_a)\right]\cdot\frac{\partial A_a}{\partial\alpha}=f_{A_a}(L_a,A_a)-f_{A_a}(L,A_a) \tag{10-10}$$

由于 f 的准凹特征及 $L\geqslant L_a$，我们得到 $f_{A_a}(L_a,A_a)-f_{A_a}(L,A_a)<0$ 和 $\frac{\partial A_a}{\partial\alpha}>0$，这意味着随着失业风险的增加，家庭将会更多地选择耕种而非转出土地。

由于家庭耕作在播种和收获期间需要大量劳动力，许多非农农民往往在种植季节返回农村从事农业生产活动，因此土地转出行为也受到非农就业区位的影响。如果农民在离家近的地方打工，回来的成本相对较低，则他们比工作地点远的农民更愿意回来耕种土地。

假设农民的临时返农行为可以显著增加家庭农业收入，同时不忽视农民工资的损失，那么农民是否会在旺季返农取决于农业与非农收入之间的差额。如果农户决定在农忙季节重返农业工作，家庭总收入 ΔR 的变化具体如下：

$$\Delta R=p\cdot[f(L_a+L_{ea},A_a)-f(L_a,A_a)]-w\cdot(c+L_{ea}) \tag{10-11}$$

式中，L_a 为农业生产中使用的劳动力；L_{ea} 为农民工在临时家庭农场工作上花费的时间；A_a 为农业生产中使用的土地；c 为非农工作地点与家乡之间通勤所用的时间。式(10-11)两边对 c 进行总微分，得到：

$$\frac{\partial\Delta R}{\partial c}=-w \tag{10-12}$$

很容易得到 $\frac{\partial\Delta R}{\partial c}<0$，这说明随着通勤时间的增加，非农收入会降低，也进一步表明，在相对较远地方工作的农民不太可能返回农村务农，他们的家庭拥有较少的

农业劳动力。在缺乏劳动力的情况下，他们出租一部分土地是合理的。因此，农户的土地转出行为受非农工作特征的影响，且非农工作稳定、收入高、位置偏远的农户会更倾向于转出土地。

10.3 实证测度

本章使用的数据来自北京大学中国社会科学调查中心开展的中国家庭追踪调查(CFPS)。该项目从个体、家庭、社区层面收集了涵盖25个省/自治区/市的农户样本信息。CFPS数据库收集了2010年、2012年、2014年、2016年和2018年的数据，其中，2010年基线调查问卷信息不充分，2012年数据缺乏农民非农就业特征。由于2018年数据采集标准与以往数据存在不可比性，因此，本章选取2014年和2016年的截面数据，并设置时间变量来控制个体效应。根据研究目标，我们剔除城市地区的农户和农村地区无承包地的农户样本。在个体层面，家庭非农收入最高的农民被选为家庭非农就业特征的代表。另外，如果一个农村家庭中有两个人以上的非农收入相同，则以非农时间最长的家庭成员为代表。最终处理得到25个省份10 134份样本数据。

借鉴既有研究①，用两个变量来代表农户参与农地经营权流转市场：一个是农地经营权流转决策，描述农户是否参与农地经营权流转市场；另一个是农地经营权流转面积。由于缺乏农地经营权流转面积的数据，本章选择农地经营权流转收入作为面积的替代变量。一方面，收入与农地经营权流转面积呈正相关，控制了区域间的经济差异；另一方面，虽然一些零地租流转农地的家庭可能会因为使用租金收入作为代理变量而被忽视，但这种零地租往往是非正式的口头协议，农民可以随时收回土地，没有失去土地的风险。

关键自变量可分为两组：一组用来表示农户参与非农就业的程度，包括农户是否从事非农工作以及非农收入在家庭收入中所占的比重；另一个用来代表非农就业的特征，包括家庭中主要从事非农就业成员的工资水平、工作地点、工作性质以及劳动合同。参考之前的研究②，我们使用公司的所有权性质和劳动合同来描述农民非农就业的稳定性，因为在中国有劳动合同或在国有企业等具有固

---

① Che Y. Off-farm employments and land rental behavior: evidence from rural China[J]. China Agricultural Economic Review, 2016, 8 (1): 37-54.

② Xie Y, Jiang Q. Land arrangements for rural-urban migrant workers in China: findings from Jiangsu Province[J]. Land Use Policy, 2016, 50: 262-267.

定编制工作的工人失业风险较小。

借鉴已有研究[①-③]，在模型中引入一些可能影响农民农地经营权流转行为的控制变量。在家庭层面，主要包括家庭成员平均年龄、家庭成员平均年龄的平方项、平均受教育水平、劳动力数量、家庭储蓄收入、农业补贴和农业机械总价值等变量。其中，家庭成员平均年龄及其平方项反映家庭的生命周期效应；农业补贴和农业机械总价值反映农户从事农业生产的机会成本。在村级层面，主要包括交通条件、经济条件和自然资源本底条件三个变量，分别用村庄距最近县城的通勤时间、人均收入水平和人均耕地面积。此外，我们还引入了区域和年份变量，以控制一些未观测到的固定效应。变量统计和描述性分析见表10-1。

表 10-1　变量定义和描述性分析

特征类型	变量	变量定义	均值	标准差
因变量	农地经营权流转决策	如果家庭的农田被出租，则为1，否则为0	0.124	0.330
	农地经营权流转收入	农户流转土地的收入（取对数）	5.067	3.236
非农就业特征	非农就业决策	如家庭中至少有一人从事非农就业，则为1，否则为0	0.518	0.500
	非农收入占比	家庭非农收入占总收入的比例	0.616	0.290
	非农工资水平	家庭主要非农就业人员的非农就业收入（取对数）	9.738	1.007
	非农工作地点	如果家庭的主要非农劳动力在本省以外就业，则为1，否则为0	0.141	0.348
	非农工作性质	家庭主要非农就业人员在事业单位或国有企业就业为1，否则为0	0.230	0.421
	劳动合同	如果家庭主要非农劳动力有劳动合同，则为1，否则为0	0.368	0.482

① Shi X, Heerink N, QU F. Choices between different off-farm employment sub-categories: an empirical analysis for Jiangxi Province, China[J]. China Economic Review, 2006, 18 (4): 438-455.

② Li Q, Huang J, Luo R, et al. China's labor transition and the future of China's rural wages and employment[J]. China & World Economy, 2013, 21 (3): 4-24.

③ Wang X, Han L, Huang J, et al. Gender and off-farm employment: evidence from rural China[J]. China & World Economy, 2016, 24 (3): 18-36.

续表 10-1

特征类型	变量	变量定义	均值	标准差
家庭特征	年龄/岁	家庭成员平均年龄	45.528	11.140
	受教育程度/年	家庭成员平均受教育程度	5.318	3.409
	家庭劳动力/人	家庭劳动力数量	2.654	1.217
	家庭储蓄收入	家庭储蓄金额(取对数)	4.706	4.787
	农业生产补贴	如果家庭获得农业生产补贴,则为1,否则为0	0.666	0.472
	农业机械价值	农业机械总价值(对数)	3.559	4.133
村庄特征	通勤时间/时	从本村到最近县城所需时间	1.982	2.718
	人均纯收入	全村人均纯收入(取对数)	8.249	0.904
	人均土地面积/亩	全村人均耕地面积	2.949	6.488
区域特征	东部	如果村庄位于中国东部地区,则为1,否则为0	0.249	0.432
	中部	如果村庄位于中国中部,则为1,否则为0	0.253	0.435
	西部	如果村庄位于中国西部地区,则为1,否则为0	0.370	0.483
时间效应	年份	样本在2016年取1,2014年取0	0.490	0.500

为了定量估计非农就业对农地经营权流转的影响,本章首先构建农户参与农地经营权流转决策模型,然后构建农地经营权流转数量模型。

10.3.1 农地经营权流转决策模型（Probit）

$$Pr(Y_i=1)=Pr(\alpha+\beta X_i+\eta C_i+\varepsilon_i) \tag{10-13}$$

式中,因变量 Y_i 为哑变量,当农户参与农地经营权流转市场时,因变量为1,否则为0。核心自变量 X_i 为非农就业。为了验证模型的稳定性,X_i 可以用家庭非农就业决策、家庭非农收入占比来代替。当分析非农就业特征对农地经营权流转的影响时,非农就业特征变量就用 X_i 表示。C_i 为控制变量。

10.3.2 农地经营权流转数量模型（Tobit）

$$Y_i=\alpha+\beta X_i+\eta C_i+\varepsilon_i \tag{10-14}$$

式中,因变量 Y_i 为农户农地经营权流转收入,其他变量与上述定义相同。

值得注意的是,农民的农地经营权流转行为也会影响其非农就业。如果研究没有处理由相互因果关系引起的内生性,估计结果会有偏差。参照 Kung 等(2002)[1]的方法,本章使用村庄的平均非农就业行为和特征作为农户非农就业行为的工具变量(*IV*)。一方面,社会网络在促进农民迁移过程中的重要作用已在前人的研究中得到证明[2],邻居的非农就业行为会显著促进农民迁移;另一方面,由于农地经营权流转交易很少发生在小群体的边界之外,农地经营权集体流转行为大多发生在生产队内,而不是村庄。因此,同村其他生产队的农民农地经营权流转行为对农户农地经营权流转行为没有直接影响。基于此,本章选取的工具变量是合适的。假设村庄 m 有 n 户农户,农户 k_i 的 *IV* 描述如下:

$$IVM_{mk_i} = \sum_{k \neq k_i} \frac{M_k}{(n-1)} \tag{10-15}$$

由于本章的实证分析必须引入工具变量 *IV* 来处理内生性,而 *IV* 的有效性直接关系估计结果的准确性,因此,本章先对选定的工具变量 *IV* 进行相关性检验和外生性检验。

本章采用回归分析检验工具变量的相关性。其中,因变量为内生变量,自变量为工具变量和控制变量。如果工具变量 *IV* 与内生变量相关,则 *IV* 的估计系数显著[3]。本章检验 *IV* 外生的方法是做其他回归,其中,因变量是被解释变量,即农民的农地经营权流转行为,自变量是内生变量、*IV* 和控制变量。如果 *IV* 与解释变量不直接相关,则 *IV* 的估计系数不显著[4]。

IV 相关性检验和外生性检验的结果显示(表 10-2),*IV* 的系数在 1%水平下均为显著正相关,F 统计量均大于 10,表明弱工具的假设可以被拒绝,工具变量与内生变量密切相关。外生检验结果表明,除非农就业工资水平和工作性质以外,大多数变量的系数不显著,说明 *IV* 变量在模型中是外生的,对农户的农地经营权流转行为没有直接的影响。

IV 检验的结果表明,本章的 *IV* 变量与农民非农就业行为密切相关,与农地经营权流转行为没有直接关系,符合 *IV* 变量的要求。

---

① Kung J. Off-farm labor markets and the emergence of land rental markets in rural China[J]. Journal of Comparative Economics,2002,30 (2):395-414.

② Zhao Y. The role of migrant networks in labor migration:the case of China. Contemporary Economic Policy,2003,21 (4):500-511.

③ K. Newey W. Efficient estimation of limited dependent variable models with endogenous explanatory variables[J]. Journal of Econometrics,1987,36 (3):231-250.

④ Acemoglu D,Angrist J D. Consequences of employment protection—the case of the Americans with disabilities act[J]. Journal of Political Economy,2001,109 (5):915-957.

表 10-2　*IV* 相关性检验和外生性检验结果

工具变量	相关性检验	外生性检验	
	内生变量	流转决策	流转收入
*IV*_非农就业决策	2.782*** (0.101)	0.162(0.138)	−0.765(0.949)
*IV*_非农收入占比	0.897*** (0.034)	−0.360(0.285)	−1.085(0.688)
*IV*_非农工资水平	0.879*** (0.039)	−0.006(0.079)	−0.990* (0.542)
*IV*_非农工作地点	4.009*** (0.199)	0.037(0.075)	−2.331(1.561)
*IV*_非农工作性质	3.258*** (0.199)	−0.304(0.235)	3.324* (1.835)
*IV*_劳动合同	3.045 6*** (0.160)	0.252(0.192)	0.762(1.639)
控制变量	YES	YES	YES

注：括号里为稳健标准差；*** $p<0.01$；** $p<0.05$；* $p<0.1$。

以农户非农就业决策和非农收入占比为解释变量，分析非农就业行为对农地经营权流转影响 *IV* 估计结果（表 10-3）。Wald 检验和 *F* 检验的结果拒绝了自变量不显著的假设，表明模型的回归结果是有效的。

表 10-3　非农就业行为对农地经营权流转影响的 *IV* 估计结果

变量	流转决策（*IV*_Probit）		流转收入（*IV*_Tobit）
非农就业决策	0.211*** (0.033)	—	—
非农收入占比	—	−0.431*** (0.158)	−3.942*** (1.226)
年龄	−0.029** (0.013)	−0.026** (0.013)	0.167* (0.092)
年龄的平方项	0.000*** (0.000)	0.000** (0.000)	−0.002(0.001)
受教育程度	0.022*** (0.006)	0.022*** (0.006)	0.083** (0.040)
家庭劳动力	−0.047*** (0.018)	−0.046** (0.018)	0.078(0.118)
家庭储蓄收入	0.019*** (0.004)	0.019*** (0.004)	0.029(0.028)
农业生产补贴	−0.106*** (0.039)	−0.105*** (0.040)	1.708*** (0.307)
农业机械价值	−0.048*** (0.005)	−0.049*** (0.005)	0.150*** (0.033)
通勤时间	0.017** (0.006)	0.017** (0.007)	0.066* (0.035)
人均纯收入	0.056** (0.027)	0.049* (0.027)	0.724*** (0.175)
人均土地面积	−0.004(0.003)	−0.005(0.003)	−0.120*** (0.038)
东部	0.040(0.062)	0.067(0.063)	−2.033*** (0.438)
中部	0.156** (0.063)	0.190*** (0.063)	−1.504*** (0.426)
西部	−0.062(0.064)	−0.042(0.064)	−1.926*** (0.424)
年份	0.053(0.037)	0.069* (0.037)	0.450(0.277)
Wald 值	290.51***	282.88***	—
F 检验	—	—	10.48***

注：括号里为稳健标准差；*** $p<0.01$；** $p<0.05$；* $p<0.1$。

在表 10-3 第 1 列中，非农就业决策的系数在 1%水平显著为正，表明从事非农就业的家庭更有可能转出土地。这与既有研究中认为农民非农就业将促进农地经营权流转市场发育的研究结果一致①-②。即使非农就业并不一定会增加农民转出土地的意愿，它也至少给了农民决定是否流转土地的空间，让农民有了更多谋生的选择。

在表 10-3 的第 2 列中，非农收入占比的系数在 1%水平显著为负，表明非农水平较高的家庭转出土地的可能性较小。这个结果与之前的理论分析和既有研究不一致③-④。从农户总收入最大化的角度看，在农户农业劳动力不足的情况下，转出剩余耕地是一种理性选择。然而，这种分析只考虑了经济因素，忽略了中国特殊的农村土地制度对农户土地利用行为的影响。Brandt 等（2002）④和 Ma 等（2016）⑤指出，中国农民每 5 年或每 10 年面临一次土地调整，村集体会根据农户家庭人口和土地使用情况调整每户拥有农地的规模和质量。一般来说，非农收入水平较高农户的土地利用效率往往较低，大部分时间不在村里工作。如果他们长期流转土地，就可能会进一步加深村集体不需要耕地的意识，在下一次土地调整时将劣质土地分配给村干部。为了避免土地权利的丧失，非农水平较高的农民可能会拒绝出租土地，象征性地种植一些作物，以显示其对耕地的有效利用。

在表 10-3 第 3 列中，非农收入占比系数在 1%水平显著为负，说明非农收入水平较高的家庭的土地流转收入相对较低。一方面，非农收入水平较高的农民转出土地的可能性较小，因为他们担心在下一次土地调整中失去土地的承包权。另一方面，非农收入水平较高的家庭更有可能在流转中采用低租金或零地租的非正式契约。为了保护自家的土地产权，非农收入水平较高的农户更愿意以低地租或零地租将土地流转给邻居和亲戚，而拒绝以较高的价格将土地以正式合同的形式流转给公司或合作社。

多数控制变量的系数在 10%的水平上显著，表明该模型选择的控制变量确实对被解释变量产生了影响。在农地经营权流转决策模型中，家庭特征变量更

---

① Zhang Q F, Qingguo M, Xu X. Development of land rental markets in rural Zhejiang: growth of off-farm jobs and institution building[J]. The China Quarterly, 2004, 180: 1031-1049.

② Huang J, Gao L, Rozelle S. The effect of off-farm employment on the decisions of households to rent out and rent in cultivated land in China[J]. China Agricultural Economic Review, 2012, 4 (1): 5-17.

③ Ji X, Qian Z, Zhang L, et al. Rural labor migration and households' land rental behavior: evidence from China[J]. China & World Economy, 2018, 26 (1): 66-85.

④ Brandt L, Hung J, Li G, et al. Land rights in rural China: facts, fictions and issues[J]. The China Journal, 2002, (47): 67-97.

⑤ Ma X, Heerink N, Van Ierland E, et al. Land tenure insecurity and rural-urban migration in rural China[J]. Papers in Regional Science, 2016, 95 (2): 383-406.

显著，表明农户流转土地与否多取决于家庭特征，而与外部经济环境和自然环境的关联并不密切[①-②]。相反，在农地经营权流转收入模型中，村庄特征和区域特征变量更为显著，表明农户家庭的农地经营权流转收入更多地取决于外部环境而非家庭个体特征。

以农民非农工资水平、工作地点、工作性质和劳动合同为解释变量，非农就业特征对农地经营权流转行为影响的 *IV* 估计结果见表 10-4。Wald 值和 *F* 检验的结果拒绝了自变量不显著的假设，表明模型的回归结果是有效的。

表 10-4 非农就业特征对农地经营权流转影响的 *IV* 估计结果

变量	流转决策(*IV*_Probit)	流转收入(*IV*_Tobit)
非农工资水平	−0.046(0.047)	−0.760*(0.418)
非农工作地点	0.001(0.135)	−1.604(1.185)
非农工作性质	−0.292*(0.159)	−1.253(1.463)
劳动合同	0.274**(0.121)	0.785(0.990)
年龄	−0.027**(0.013)	0.147(0.093)
年龄的平方项	0.000**(0.000)	−0.001(0.001)
受教育程度	0.022***(0.006)	0.089**(0.039)
家庭劳动力	−0.046**(0.018)	0.109(0.120)
家庭储蓄收入	0.019***(0.004)	0.032(0.027)
农业生产补贴	−0.098**(0.040)	1.760***(0.313)
农业机械价值	−0.048***(0.005)	0.158***(0.033)
通勤时间	0.016**(0.007)	0.062*(0.036)
人均纯收入	0.051*(0.027)	0.741***(0.176)
人均土地面积	−0.004(0.003)	−0.117***(0.038)
东部	0.041(0.063)	−2.086***(0.436)
中部	0.164**(0.064)	−1.495***(0.430)
西部	−0.055(0.065)	−1.890***(0.432)
年份	0.050(0.037)	0.266(0.274)
Wald 值	279.55***	—
F 检验	—	8.58***

注：括号里为稳健标准差；*** $p<0.01$；** $p<0.05$；* $p<0.1$。

① Su B, Li Y, Li L, et al. How does nonfarm employment stability influence farmers' farmland transfer decisions—implications for China's land use policy[J]. Land Use Policy, 2018, 74: 66-72.

② Yi C. Mismatch: land reallocations, recovery land rental and land rental market development in rural China[J]. China Agricultural Economic Review, 2014, 6 (2): 229-247.

在表10-4的第1列中，非农工资水平和工作地点的系数不显著，说明非农工资水平和工作地点不是决定农地经营权流转与否的关键因素。根据理论分析，非农工资水平影响农户家庭的总收入，总收入决定农户的休闲偏好，而休闲偏好又影响农户农地经营权流转行为。非农工资变量的系数不显著，家庭储蓄收入的系数在1%水平显著为正，且家庭储蓄收入与非农收入和总收入密切相关，因此，仍然可以认为非农工资较高的农民更有可能将土地转出。工资系数不显著的原因可能是我们选择了家庭非农收入最高的农民被选为家庭非农就业特征的代表，这并不能很好地反映家庭的实际非农工资水平。非农工作地点的估计与先前的预期和多数既有研究的结果不一致①。一个可能的原因是随着中国农业机械化和生产服务的发展，购买机械服务的成本已经远远低于雇用员工。在农忙季节，我们看不到农民工返乡务农，取而代之的是机械化。这就是非农工作地点不再影响农民农地经营权流转决策的原因。

非农工作性质的系数在10%的水平显著为负，表明在私营企业工作的农民更倾向于转出土地。这与我们的理论预期相反，理论认为民营企业的工作相对不稳定，农民会更倾向于选择保留土地抵御失业风险。然而，现实可能恰恰相反。虽然在私营企业工作的农民面临更大的失业风险，但实际上他们更有可能找到类似的新工作，所以他们不担心失业风险。值得注意的是，反映失业风险的变量劳动合同在5%的水平上显著为正，表明有劳动合同的非农农户更有可能流转土地，这也表明，失业风险的加剧会阻止农民转出土地。

在表10-4的第2列的在所有的非农就业的特征变量中，只有非农工资系数在10%水平下显著为负，说明非农工资越高，农民的流转收入越低。一般非农收入较高的家庭，其农业生产意愿较低。为了保护自家的土地产权，他们不愿意通过正式的合同将土地转出，而是多以口头合同的形式让亲朋好友代种。随着生产性服务业的发展，即使在附近工作的农民在农忙季节也不会返家务农，工作场所对流转收入的影响不显著是合理的。此外，我们发现失业风险只影响农民是否流转土地的决策，而对流转收入没有显著影响。

为了解非农就业水平的差异对农地经营权流转的影响，我们将参与非农就业的农户分为两组：农户和非农农户，并用子样本重新进行回归分析②（表10-5）。

---

① Zhang J，Zhang L，Rozelle S，et al. Self-employment with Chinese characteristics：the forgotten engine of rural China's growth[J]. Contemporary Economic Policy，2006，24 (3)：446-458.

② 这取决于家庭非农收入占总收入的比例。农户的非农收入占比小于50%，则为农业家庭；否则，则认为其为非农家庭。

表 10-5　非农就业特征对农地经营权流转影响的 *IV* 估计结果：非农水平差异

变量	流转决策（*IV*_Probit）		流转收入（*IV*_Tobit）	
	农业家庭	非农家庭	农业家庭	非农家庭
非农工资水平	0.091(0.120)	−0.076(0.051)	−0.653(0.607)	−0.707(0.471)
非农工作地点	−0.138(0.314)	0.014(0.149)	−1.563(3.115)	−1.399(1.269)
非农工作性质	−0.038(0.406)	−0.317*(0.174)	−3.228(2.192)	−0.914(1.674)
劳动合同	0.354(0.281)	0.244*(0.134)	1.738(1.875)	0.661(1.111)
控制变量	YES	YES	YES	YES
Wald 值	52.13***	249.55***	—	—
F 检验	—	—	2.6***	7.24***

注：括号里为稳健标准差；*** $p < 0.01$；** $p < 0.05$；* $p < 0.1$。

回归结果表明，两类农户的差异主要体现在面临失业风险时的农地经营权流转决策。非农工作性质和劳动合同的系数在非农家庭模型中以 10％水平显著为负，而在农户模型中不显著，说明以非农工作为主的农户在农地经营权流转决策中更加关注失业风险。如果失业风险预期很高，他们会拒绝流转土地，以避免失去非农工作时产生的生计威胁。

产生这个现象的主要原因是两类农户收入结构的差异。对于农户而言，农业利润是最重要的总收入来源，非农工资收入是补充性收入。他们的农地经营权流转决策在很大程度上取决于农业种植结构和家庭劳动力的充足与否。他们能否找到非农工作以及工作收入多少对他们的家庭总收入的影响不大，因此，失业风险不会影响他们的土地利用行为。对于非农家庭而言，非农工资是他们主要的收入来源，是否有合适的非农工作是他们考虑是否流转耕地的主要依据。如果他们失去了非农工作，农业收入就是他们唯一的收入来源。因此，在他们在流转土地时，必须更仔细地评估考虑失业的可能性。

10.4　降低就业风险能促进市场发展

实证探讨家庭劳动力非农就业对农地经营权流转行为的影响效应，主要结果与大多数研究结果一致①，即农民非农就业促进了农地经营权流转市场的发

① Xie H.，Lu H. Impact of land fragmentation and non-agricultural labor supply on circulation of agricultural land management rights[J]. Land Use Policy，2017，68：355-364.

展。通过进一步研究分析，得出了一些与主流观点不一致的结论。

一是非农收入比重较高的农户流出土地的意愿不高。一方面，非农收入较高的农户家庭的经济状况较好，因此，他们不会太在意微薄的地租；另一方面，他们担心长期流转土地会导致他们在下一次土地调整中分配到贫瘠的土地。因此，非农水平较高的农户并不像我们预期的那样积极流转土地。即使流出，他们也更倾向于选择口头、非正式的、零租金的或低租金将其流转给亲戚或其他邻居。

二是非农工作地点不再对农地经营权流转产生重要影响。过去确实有很多农民在农忙季节返乡务农，所以非农工作地点对家庭农业生产和农地配置至关重要。随着农业生产服务的发展，这种情况发生了变化。目前，购买农业机械服务的成本远远低于雇用工人成本。在农忙季节，农民返乡种地的比例减少，取而代之的是大面积的机械化服务。即使农民在离家很近的地方工作，他们也不会回家耕种。因为一天的工资收入远远超过了农业生产收入。据不完全调查，湖南省一亩稻的机械收割价格在80元左右，人工收割需要200元，而外来务工人员的日薪可达200～500元。因此，当前农民非农工作地点对农户的土地配置行为不再有显著影响。

三是失业风险会影响农地经营权流转行为，尤其是以非农工作为主的农户，失业风险会抑制农户的土地转出。如果农民感到失业的风险很大，他们在很大程度上会拒绝流转土地，以避免生计受到威胁。农村青壮劳动力很容易找到临时工作，所以有临时工作的农民可能不太担心失业问题，因为他们总能很快找到类似的工作。最担心失业的是那些在公司长期工作，但没有劳动合同的农民。对他们来说，签订劳动合同可以减少他们对失业的担忧。

总体来说，中国农民是否流转土地取决于两个主要风险：一是土地权利丧失的风险，即他们担心流出土地会导致他们在下一次土地调整中被分配到贫瘠的土地；二是失业的风险，即他们担心流出土地会使他们失业后无法保障日常的生活开支。因此，降低这两类风险将能促进农村农地经营权流转市场的发育。一方面，要进一步完善农村土地制度，从法律的角度限制农地的频繁调整，减轻农民对土地配置市场化会侵犯土地权益的担忧；另一方面，要加强对企业用工制度的管理，在雇用农民时要提供劳动合同，以减少农民对未来的不确定性，从而使农民敢于转出家庭剩余闲置的土地。

第11章 农户融资效应

金融资本要素与农地资源要素一直存在很强的互动逻辑。农地资源配置失衡会制约农地金融与信贷水平的发展，进而形成封闭、低效、高成本、高风险的传统农地金融形态[①-③]，无法耦合"土地、资本、劳动"要素构建现代农业体系。有效衔接金融工具，促进农地经营权流转来实现农地资源再配置，是市场有效配置资源的体现。发挥土地与资本的良性互动机制是用资本振兴乡村的重要路径选择，对乡村可持续性产业发展有重大助益。农地经营权流转对农户传统生产行为带来了诸多挑战，融资诉求是其中之一。本章试图从农户潜在融资需求与渠道偏好的视角，探寻农地经营权流转中的融资诉求的微观作用机制。

11.1 农地资产属性激活下的农地经营权流转的农户融资诉求

作为可利用且社会生产生活依赖性较强的资源，农地具有显著的资产属性。当对农地赋予传统就业和社会保障功能时，农地资产属性容易被抑制和忽视[④]。在城镇化与劳动力转移背景下，传统生产者对农地的依赖性减少，农地的实物保障功能逐渐转化为价值保障功能[⑤]。在"三权分置"制度改革下，市场配置经营权使得农地资产属性被显化。

农地经营权流转显化了农地交换价值，农地资产属性被激活，流转的规模效应促进了各生产要素的流动与重组，同时农地规模经营及其采用的新生产结构、

---

① 戴琳，于丽红，兰庆高，等．农地抵押贷款缓解种粮大户正规信贷约束了吗——基于辽宁省434户种粮大户的实证分析[J]．农业技术经济，2020(3)：20-31.

② 何广文，何婧，郭沛．再议农户信贷需求及其信贷可得性[J]．农业经济问题，2018(2)：38-49.

③ 鞠荣华，许云霄，朱雯．农户的信贷供给改善了吗[J]．农业经济问题，2014，35(1)：49-54，110.

④ 赵翠萍，侯鹏，张良悦．三权分置下的农地资本化：条件、约束及对策[J]．中州学刊，2016(7)：38-42.

⑤ 赵保海．农地保障制度创新的方向：农地资本化——兼谈农地资本化的约束与对策[J]．河南师范大学学报(哲学社会科学版)，2015，42(3)：56-60.

生产技术使利益相关者的生产利润增加①。规模化、新技术、新生产方案均需要“大额”的资本投入,因此,农地经营权抵押作为融资工具在实践中被广泛接受,实现了农地金融化,带动了农村金融市场发育。农户融资诉求脱胎于传统生产走向现代生产。从融资需求方来看,农地规模效应使农地资产价值提升,农地价值覆盖贷款额度成为可能,降低了农户面临的交易成本配给,农户潜在融资需求显化;从融资供给方来看,规模经营体现了农户还贷能力,农地可抵押性增强降低了金融机构的信贷风险,银行、农村信用社等正规金融机构将会吸引农户选择正规渠道进行融资,影响农户融资渠道偏好。当农地资产属性被激活后,通过影响融资供求双方,进一步作用于农户潜在融资需求与渠道偏好。

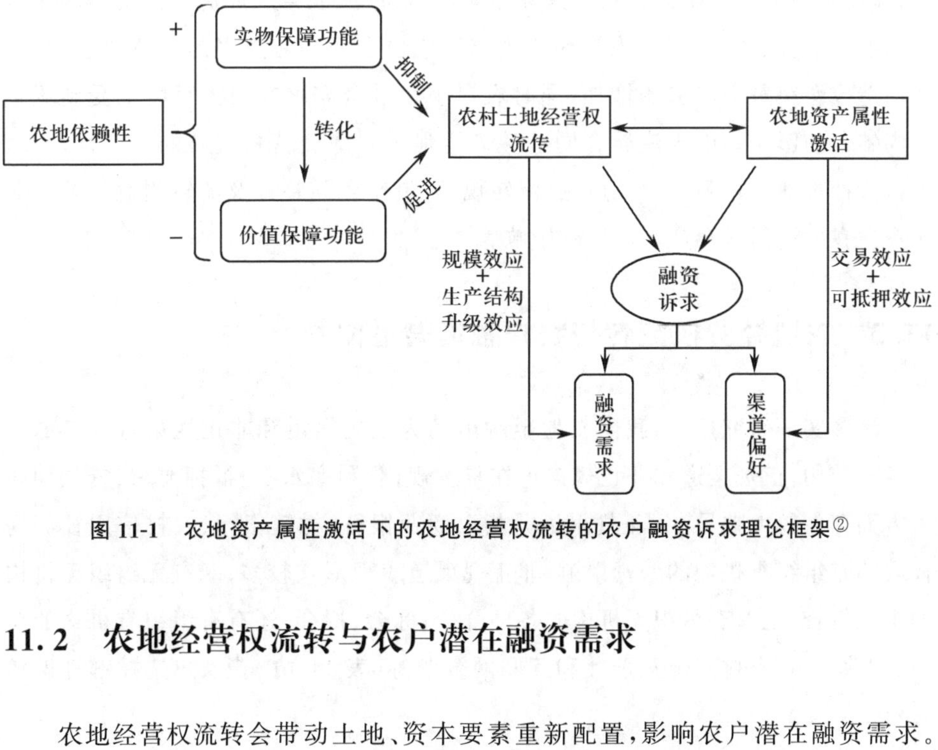

图 11-1 农地资产属性激活下的农地经营权流转的农户融资诉求理论框架②

11.2 农地经营权流转与农户潜在融资需求

农地经营权流转会带动土地、资本要素重新配置,影响农户潜在融资需求。农地经营权流转会促使农户生产行为朝着规模化、市场化的方向转变。农村劳动力向非农产业转移、农业产业结构升级的内在需求会促使资本要素代替劳动

① 李宏岳.农地流转资产化的特征与演进博弈模型研究[J].华东经济管理,2019,33(4):174-184.

② 袁士超,王健.农地经营权流转的农户融资诉求效应研究——基于中国家庭调查数据的实证分析[J].中国土地科学,2021,35(6):38-47.

要素，生产由劳动密集型转变为资本密集型[①]。在农地经营权流转的同时，随着信贷要素投入，农户提高了自己的生产效率及收入水平，生存小农逐步演变为理性小农[②]。随着规模化的农地经营权流转，农业生产通过机械化、产业化的路径推动了资本对劳动的替代，在各类因素叠加下，引起了农业资本深化。其中一个明显的特征是农户潜在生产性融资需求的提高。

农地经营权流转通过高用地成本和高强度农业投资来影响农户融资诉求。农地经营权流转既推动了资本对劳动的替代，又导致了生产成本的增加，使得通过流转增加经营规模的农户试图用金融服务来承担土地成本[③]。为了追求生产利润的最大化，农户会对转入土地的利用方式进行升级，生产结构向高端化转变，即使农户的农业生产仍然以粮食作物种植为主，也会选择资本密集程度相对较高的新品种、新技术[④]。农户融资需求旺盛也会面临着更多的信贷数量配给，从而造成潜在融资需求的增加，同时农户潜在融资需求在很大程度上受到流转合同签订的影响。由于流转合同的签订增强了农地经营权流转的稳定性，农地可抵押性也随之增强。由此可见，流转规模、流转合同签订及流转用途的差异对农户潜在融资需求会产生不同的影响。

11.3 农地经营权流转与农户融资渠道偏好

诸多实证研究显示，我国农地金融市场为正规渠道和非正规渠道并存的二元供给结构，正规渠道和非正规渠道在贷款规模、利率水平、抵押要求、贷款期限等方面存在较大差异[⑤]。正规渠道是指以商业银行、村镇银行、农村信用社等为代表的有组织有机构的融资渠道；非正规渠道表现形式较多，既有无组织无机构的个人借贷，也有有组织无机构的各种合会、标会、招会，还有有组织有机构的典当、贷款公司、农村基金互助社和互联网金融等（表 11-1）[⑥]。农户选择哪种渠道

---

① 赵思诚，许庆，刘进．劳动力转移、资本深化与农地流转[J]．农业技术经济，2020(3)：4-19.

② 罗必良．小农经营、功能转换与策略选择——兼论小农户与现代农业融合发展的“第三条道路”[J]．农业经济问题，2020(1)：29-47.

③ 王倩，余劲．农地流转对粮食生产投入产出的冲击效应[J]．西北农林科技大学学报（社会科学版），2015，15(4)：27-33.

④ 匡远配，唐文婷，刘志雄．农地流转中资本增密及其风险分析[J]．管理世界，2016(5)：180-181.

⑤ 侯建昀，霍学喜．融资可得性、融资规模与农户农地流转——以专业化生产农户为例[J]．中国农村观察，2016(6)：29-39.

⑥ 徐临，曹华清．农村民间金融风险控制研究[M]．北京：中国社会科学出版社，2017.

在很大程度上取决于两种渠道融资成本的差异和可得性。

表11-1 农户不同融资渠道的类型及特点

渠道类型	分类	特点	优缺点
非正规渠道	个人借贷	无组织无机构	优点:依赖熟人社会,借贷方便,一般不需要抵押物或对抵押物要求较低 缺点:规模小,监管缺失,风险较大
	合会、标会、招会	有组织无机构	
	典当、贷款公司、农村基金互助社、互联网金融	有组织有机构	
正规渠道	商业银行、村镇银行、农村信用社等	有组织有机构	优点:依赖制度信任,规模大,有监管保障,风险较小 缺点:借贷一般需要有抵押物且对抵押物要求较高

资料来源:作者根据《农村民间金融风险控制研究》进行梳理总结。

以民间金融为特征的非正规渠道依赖熟人社会,在农户之间进行资金互助,规模普遍偏小,且存在隐形利息[①-②],难以满足农户因转入土地扩大生产规模所需的资金需求。在少数情况下,民间金融组织也能够提供稍大额度的借贷,但是利率一般较高,农户难以承担,同时也存在信用风险。非正规渠道难以提供风险咨询、支付结算等金融服务。在可获信贷受到约束的情况下,非正规渠道有其独有的成本和信息优势,在很大程度上替代了正规渠道,在农村信贷市场中占据主导地位[③-⑤]。

随着我国金融市场的发育和完善,正规金融机构逐渐进入农村金融市场,城镇化下农户观念和习惯逐渐市民化,在一定程度上纠正了他们的传统认识偏差,更青睐银行、农村信用社等正规金融机构[⑨]。在农户经营规模的扩大及流转土地后,生产结构的升级促使农户融资渠道偏好从基于人际信任的亲戚朋友或民间金融组织等非正规渠道,逐步转为基于制度信任的银行、农村信用社等正规渠

① Duong P. B, Izumida Y. Rural development finance in Vietnam: a microeconometric analysis of household surveys [J]. World Development, 2002, 30(2): 319-335.

② 叶敬忠,朱炎洁,杨洪萍. 社会学视角下的农户金融需求与农村金融供给[J]. 中国农村经济, 2004(8): 31-37, 43.

③ Boucher S. R, Carter M. R, Guirkinger C. Risk rationing and wealth effects in credit markets: theory and implications for agricultural development[J]. American Journal of Agricultural Economics, 2008, 90(2): 409-423.

④ Kon Y, Storey D J. A theory of Discouraged Borrowers[J]. Small Business Economics, 2003, 21(1): 37-49.

⑤ 殷浩栋,汪三贵,王彩玲. 农户非正规金融信贷与正规金融信贷的替代效应——基于资本禀赋和交易成本的再审视[J]. 经济与管理研究, 2017, 38(9): 64-73.

道。政府财政风险补偿、贷款贴息等金融政策的支持，加上农地收益相对稳定，确保了正规金融机构信贷支农的安全性。由于农户流转土地后，随着经营规模的扩大，农户可抵押物的数量增多，抗风险能力提升，银行、农村信用社等正规金融机构也释放着力满足农户信贷需求的有利信号①。正规渠道在满足农户潜在融资需求显化的作用增强的同时，农户在转入土地后更可能偏好正规渠道。在充分审视自身状况的基础上，为了追求自身利益最大化，农户在经营权流转后对于融资渠道的选择发生改变，沿着"非正规渠道—非正规与正规两者兼有—正规渠道"(Informal-Both-Formal)的偏好路径转变，逐步增加对于正规渠道的偏好。

11.4 实证测度

本章使用的数据来源于浙江大学"中国家庭大数据库"2019 年家庭调查数据(China Household Panel Survey，CHPS，2019)，调查样本覆盖全国 29 个省(自治区、直辖市)，345 个县(含区、县级市)，具有全国和省级代表性。在剔除掉缺失值后，剩余农户样本数量为 7 708 份，其中，转入土地的农户完整数据共 1 095 份。

在变量设置上，本章研究的融资需求为潜在生产性融资需求，主要指未发生但有融资倾向的生产性融资需求。渠道偏好按"既不偏好正规渠道，也不偏好非正规渠道""偏好非正规渠道""两者兼有""偏好正规渠道"依次排序，逐步增加对于正规渠道的偏好程度。

农地经营权流转的农户融资诉求效应更多的是发生在转入农户，因此，本章重点考虑农地转入。在农户转入土地后，高用地成本及高强度农业投资对农户融资诉求产生影响。农地转入面积以转入耕地面积进行农地转入面积的表征。为了剔除农地转出面积的影响，农户样本不包含同时转入又转出耕地的样本。流转合同是否签订在很大程度上取决于农户潜在生产性融资需求和渠道偏好。根据农户在转入土地的用途，其可分为种植粮食作物、种植经济作物、畜牧养殖和非农建设。按此顺序，农户转入土地后对于土地的利用方式逐渐高端化。

在控制变量中，从农户自身角度选取了家庭劳动力、资本深化、家庭收入、风

① 米运生，曾泽莹，高雅佳．农地转出、信贷可得性与农户融资模式的正规化[J]．农业经济问题，2017(5)：36-45，110-111.

险态度、金融知识、社会资本、金融发展和地区位置，具体内容详见表11-2。

表11-2 各变量的选取、赋值、定义及描述性统计分析

变量	变量名称	指标含义	赋值及单位	样本数量	均值	标准差	预测方向
因变量	融资需求	是否因农业生产需要融资	是=1;否=0	7 708	0.162 3	0.368 7	—
	渠道偏好	更偏好下列哪类融资渠道	既不偏好正规渠道，也不偏好非正规渠道=0;非正规渠道=1;二者兼有=2;正规渠道=3	7 708	0.265 0	0.700 7	—
核心自变量	农地转入	是否转入耕地	是=1，否=0	7 708	0.143 5	0.350 6	+
	农地转入面积	转入耕地面积	单位：亩	1 095	20.461 9	101.663 4	+
	合同签订	是否签订流转合同	是=1，否=0	1 095	0.827 4	0.688 4	+
	转入利用方式	转入耕地的用途	种植粮食作物=1;种植经济作物=2;畜牧养殖=3;非农建设=4	1 095	1.238 4	0.490 1	+
控制变量	家庭劳动力	家庭从事农业生产人数	单位：人	7 708	1.985 0	0.818 9	+
	资本深化	是否雇用或租赁农用机械	是=1，否=0	7 708	0.515 8	0.499 8	+
	家庭收入	家庭年收入	1万元以下=1，1万—2.5万元=2，2.5万—5万元=3，5万元以上=4，	7 708	2.440 8	1.074 7	—
	风险态度	如果您有一笔资金用于投资，最愿意选择哪种投资项目	不知道=0，不愿意承担任何风险=1，略低风险=2，平均风险=3，略高风险=4，高风险=5	7 708	1.165 3	1.070 5	+
	金融知识	平时对经济、金融方面的信息关注程度	从不关注=1，很少关注=2，一般=3，很关注=4，非常关注=5	7 708	1.669 6	1.012 4	+
	社会资本	家庭中是否有村干部	是=1;否=0	7 708	0.060 2	0.237 9	+
	金融发展	村中是否有金融联络员	有=1;没有=0	7 708	0.847 2	0.359 8	—
	地区位置	样本在全国所处的位置	东部地区=1;中部地区=2;西部地区=3	7 708	2.030 9	0.799 8	+

先构建二元 Logit 模型分析农户是否有潜在融资需求，后构建有序 Logit 模型分析农户有潜在融资需求的概率。当因变量为二元选择变量时，模型的一般形式可写为：

$$y_i = x'_i\beta + \varepsilon_i \tag{11-1}$$

式中，y_i 为虚拟因变量，取值为 1 或 0，分别表示农户是否有潜在融资需求；x'_i 为农地经营权流转等相关自变量；β 为影响因素的回归系数，ε_i 为随机干扰项。

农户有潜在融资需求的概率为：

$$P(y=1|x) = F(x,\beta) = \frac{\exp(x'\beta)}{1+\exp(x'\beta)} \tag{11-2}$$

农户融资渠道偏好可分为四种：既不偏好正规渠道，也不偏好非正规渠道；偏好非正规渠道；两者兼有；偏好正规渠道。其具有天然的排序，因此，本章根据排序选择模型来研究农户的融资渠道偏好，以此判断自变量对因变量选择次序的影响①。

$$\text{假设 } y^* = x'\beta + \varepsilon \tag{11-3}$$

式中，y^* 为不可观测，而选择规则为：

$$y = \begin{cases} 0, \text{若 } y^* \leqslant r_0 \\ 1, \text{若 } r_0 < y^* \leqslant r_1 \\ 2, \text{若 } r_1 < y^* \leqslant r_2 \\ \quad\vdots \\ j, \text{若 } r_{j-1} \leqslant y^* \end{cases} \tag{11-4}$$

式中，$r_0 < r_1 < r_2 < \cdots < r_{j-1}$ 为待估参数，称为“切点”。

假设 $\varepsilon \sim N(0,1)$（将扰动项 ε 的方差标准化为 1），则

$$\begin{aligned} P(y=0|x) &= F(r_0 - x'\beta) \\ P(y=1|x) &= F(r_1 - x'\beta) - F(r_0 - x'\beta) \\ P(y=2|x) &= F(r_2 - x'\beta) - F(r_1 - x'\beta) \\ &\vdots \\ P(y=j|x) &= 1 - F(r_{j-1} - x'\beta) \end{aligned} \tag{11-5}$$

① 丁志国，朱欣乐，赵晶．农户融资路径偏好及影响因素分析——基于吉林省样本[J]．中国农村经济，2011(8)：54-62，71.

如果假设扰动项服从逻辑分布，则可得到有序 Logit 模型。由于 Logit 模型自身的特性，自变量系数估计结果不具有真实的数字含义，仅能解释自变量的影响方向，不能解释自变量对于因变量的边际效用，边际效用需要单独计算。其计算公式为：

$$\frac{\partial P(y=j|x)}{\partial x_i}=[f(r_{j-1}-\beta x_i)-f(r_j-\beta x_i)]\beta \tag{11-6}$$

根据以上分析，本章拟建立四个模型，分别对 7 708 份农户样本、1 095 份农地转入户样本进行回归。式(11-7)用于判断农地转入行为发生与否对全部农户潜在融资需求的影响程度。

$$\text{Demand}_i=\beta_1\text{Landin}_i+\beta_2\text{Contol}_i+\varepsilon_i \tag{11-7}$$

式(11-8)用于判断农地转入面积、流转合同签订、农地利用方式对农地转入户潜在融资需求的影响程度。

$$\begin{aligned}\text{Demand}_i=&\beta_1\text{Landin area}_i+\beta_2\text{Landin contract}_i+\\&\beta_3\text{Landin use}_i+\beta_4\text{Contol}_i+\varepsilon_i\end{aligned} \tag{11-8}$$

式(11-9)用于判断农地转入行为发生与否对全部农户融资渠道偏好的影响程度。

$$\text{Preference}_i=\beta_1\text{Landin}_i+\beta_2\text{Contol}_i+\varepsilon_i \tag{11-9}$$

式(11-10)用于判断农地转入面积、流转合同签订、农地利用方式对农地转入户融资渠道偏好的影响程度。

$$\begin{aligned}\text{Preference}_i=&\beta_1\text{Landin area}_i+\beta_2\text{Landin contract}_i+\\&\beta_3\text{Landin use}_i+\beta_4\text{Contol}_i+\varepsilon_i\end{aligned} \tag{11-10}$$

根据表 11-3 的检验结果，该模型整体通过了显著性检验，具有统计学意义。该模型结果表明，假定在其他条件不变的情况下：①农地经营权流转对农户潜在融资需求具有显著的正向影响，即农地转入行为会增加农户潜在融资需求。测算结果显示，转入土地的农户有潜在融资需求的概率比未转入土地的农户提高 14.98%。②转入面积对农户潜在融资需求具有显著的正向影响，即转入面积越大，农户潜在融资需求越高。测算结果显示，转入面积每增加 1 亩，有潜在融资需求的概率提高 0.32%。③流转合同的签订对农户潜在融资需求具有显著的正向影响，即流转合同的签订会增加农户潜在融资需求。测算结果显示，签订流转合同的农户有潜在融资需求的概率比未签订流转合同的农户提高19.60%。④转入利用方式对农户潜在融资需求的影响不显著。其可能的原因是转入土地的农户为了获取高收益，无论选择哪种利用方式，都选择了高资本的投入方式，所以差异并不明显。

表11-3　农地经营权流转对农户潜在融资需求影响的实证结果

变量名称	全部农户		转入户	
	系数	边际效应	系数	边际效应
农地转入	0.178 8** (0.085 4)	0.149 8** (0.071 5)	—	—
农地转入面积	—	—	0.003 9** (0.001 7)	0.003 2** (0.001 6)
合同签订	—	—	0.242 2** (0.122 6)	0.196 0** (0.099 2)
转入利用方式	—	—	0.068 5 (0.152 9)	0.055 4 (0.123 7)
家庭劳动力	0.145 7*** (0.036 8)	0.122 1*** (0.030 8)	0.117 5 (0.101 1)	0.125 3 (0.131 6)
资本深化	0.073 0 (0.063 5)	0.061 1 (0.053 2)	0.154 9 (0.162 6)	0.095 1 (0.081 8)
家庭收入	−0.029 3 (0.029 9)	−0.245 2 (0.029 0)	0.020 2 (0.081 8)	0.016 3 (0.066 2)
风险态度	0.151 4*** (0.028 1)	0.126 8*** (0.023 5)	0.036 6 (0.074 7)	0.029 6 (0.060 4)
金融知识	0.093 8*** (0.029 7)	0.078 6*** (0.024 89)	−0.002 1 (0.076 1)	−0.001 7 (0.061 6)
社会资本	0.173 8 (0.123 5)	0.145 6 (0.103 5)	−0.053 7 (0.304 3)	−0.043 4 (0.246 2)
金融发展	−0.243 8*** (0.080 8)	−0.204 3*** (0.067 7)	−0.549 7*** (0.192 2)	−0.444 8*** (0.155 5)
地区位置	0.270 2*** (0.041 6)	0.226 4*** (0.034 8)	0.071 9 (0.111 7)	0.058 2 (0.120 1)
常数项	−2.650 5*** (0.167 6)	—	−1.956 4*** (0.510 0)	—
样本量	7 708		1 095	

续表 11-3

变量名称	全部农户		转入户	
	系数	边际效应	系数	边际效应
对数似然值	−3 349.245		−518.983 7	
$PseudoR^2$	0.020 2		0.027 7	
Wald 值	138.23		28.04	
Prob 值	0.000 0		0.003 2	
预测准确率/%	83.77		81.00	

注：***、**、* 分别表示在 1%、5%和 10%的统计水平上显著；括号里的内容为标准差。

在其他控制变量中，对于全部农户而言，家庭劳动力、风险态度、金融知识均显著提高了农户潜在融资需求：家庭劳动力每增加 1 人，有潜在融资需求的概率提高 12.21%；风险态度每增加一个等级，有潜在融资需求的概率提高 12.68%；金融知识每增加一个等级，有潜在融资需求的概率提高 7.85%。从地区位置的影响关系来看，东中西部地区的农户有潜在融资需求的概率依次提高。金融发展对农户潜在融资需求的影响为负且显著，说明金融发展越好的地区，农户融资可得性越高，农户潜在融资需求就会越低，如果村中有金融联络员，有潜在融资需求的概率会降低 20.43%。对于转入土地的农户而言，金融发展对农户潜在融资需求的影响也是同样如此。如果村中有金融联络员，有潜在融资需求的概率会降低 44.48%。与全部农户相比，转入户的家庭劳动力、风险态度、金融知识等控制变量均不显著，说明对于转入户而言，农地经营权流转对农户潜在融资需求已成为决定性因素，家庭劳动力、风险态度、金融知识等农户家庭基本特征对农户潜在融资需求的主导作用弱化。

根据表 11-4 的检验结果，该模型整体通过了显著性检验，具有统计学意义。表 11-4 汇报了模型回归系数，表 11-5 汇报了模型回归的边际效应。该模型结果表明，假定在其他条件不变的情况下：①农地经营权流转对农户融资渠道偏好具有显著的正向影响，即对于未转入土地的农户而言，转入土地的农户对既不偏好正规渠道，也不偏好非正规渠道的程度降低了 2.89%；对于非正规渠道而言，两者兼有，正规渠道的偏好程度分别提高了 13.84%、15.92%、16.95%，说明农地转入行为使农户更偏好正规渠道。②转入面积对农户融资渠道偏好具有显著的正向影响，即转入面积每增加 1 亩，农户对既不偏好正规渠道，也不偏好非正规渠道的程度降低 0.08%；对于非正规渠道而言，两者兼有，正规渠道的偏好程度分别提高了 0.29%、0.34%、0.37%，说明转入面积越大，农户越偏好正规渠道。

③流转合同的签订对农户融资渠道偏好的影响具有显著的正向影响即对于未进行流转合同签订的农户而言，签订流转合同的农户对既不偏好正规渠道，也不偏好非正规渠道的程度降低了4.62%；对于非正规渠道而言，两者兼有，正规渠道的偏好程度分别提高了17.67%、21.02%、22.82%，说明流转合同的签订使农户更偏好正规渠道。④受到转入利用方式对农户潜在融资需求影响不显著的作用，转入利用方式对农户融资渠道偏好的影响同样不显著。

表 11-4　农地经营权流转对农户融资渠道偏好影响的实证结果

变量名称	全部农户	转入户
农地转入	0.177 5** (0.085 3)	—
农地转入面积	—	0.003 9** (0.001 5)
合同签订	—	0.240 8** (0.122 3)
转入利用方式	—	0.081 3 (0.153 1)
家庭劳动力	0.152 5*** (0.036 2)	0.116 5 (0.095 6)
资本深化	0.062 8 (0.063 4)	0.155 7 (0.161 6)
家庭收入	−0.014 5 (0.029 8)	0.045 6 (0.082 5)
风险态度	0.156 1*** (0.027 9)	0.038 2 (0.071 7)
金融知识	0.104 6*** (0.029 8)	0.018 5 (0.074 6)
社会资本	0.219 4* (0.128 2)	−0.073 1 (0.304 9)
金融发展	−0.248 3*** (0.080 7)	−0.554 9*** (0.192 2)
地区位置	0.280 9*** (0.041 6)	0.107 0 (0.112 3)
Cut1	2.738 0 (0.168 0)	2.140 8 (0.508 0)

续表 11-4

变量名称	全部农户	转入户
Cut2	3.911 0 (0.167 8)	3.255 0 (0.495 6)
Cut3	4.165 7 (0.169 2)	3.642 3 (0.503 8)
样本量	7 708	1 095
对数似然值	−4 384.154	−704.883 5
Pseudo R^2	0.017 1	0.024 4
Wald 值	147.09	31.31
Prob 值	0.000 0	0.001 0

注：***、**、* 分别表示在 1%、5%和 10%的统计水平上显著；括号里的内容为标准差。

表 11-5 农地经营权流转对农户融资渠道偏好影响的边际效应

变量名称	既不偏好正规渠道，也不偏好非正规渠道		非正规渠道		两者兼有		正规渠道	
	全部农户	转入户	全部农户	转入户	全部农户	转入户	全部农户	转入户
农地转入	−0.028 9** (0.013 9)	—	0.138 4** (0.066 5)	—	0.159 2** (0.076 6)	—	0.169 5** (0.081 5)	—
农地转入面积	—	−0.000 8** (0.000 3)	—	0.002 9** (0.001 1)	—	0.003 4** (0.001 4)	—	0.003 7** (0.001 5)
合同签订	—	−0.046 2* (0.023 7)	—	0.176 7** (0.089 8)	—	0.210 2** (0.106 8)	—	0.228 2** (0.115 8)
转入利用方式	—	−0.015 6 (0.029 4)	—	0.059 6 (0.112 3)	—	0.071 0 (0.133 7)	—	0.077 0 (0.145 1)
控制变量已控制								

注：***、**、* 分别表示在 1%、5%和 10%的统计水平上显著；括号里的内容为标准差。

对于全部农户而言，在其他控制变量中，家庭劳动力、风险态度、金融知识和社会资本均对农户融资渠道偏好的影响为正且显著，说明农户家庭劳动力人数越多，风险态度越激进，金融知识越丰富，社会资本越高，农户越偏好正规渠道。从地区位置的影响关系来看，东中西部地区的农户对于正规渠道的偏好依次提高。金融发展对农户融资渠道偏好的影响为负且显著。受到金融发展使农户潜在融资需求降低的影响，农户对正规融资渠道偏好程度下降，也证明了金融发展对正规渠道的显化作用更大，这种现象对于转入户而言同样如此。与全部农户相比，转入户的家庭劳动力、风险态度、金融知识和社会资本等控制变量均不显著，说明对于转入户而言，农地经营权流转对农户融资渠道偏好已成为决定性因素，家庭劳动力、风险态度、金融知识和社会资本等农户家庭基本特征对农户融资渠道偏好的主导作用弱化。

农地经营权流转显著影响了我国农户的融资诉求。在农户潜在融资需求方面，农地经营权流转显著增加了农户潜在融资需求。流转规模越大，农户潜在融资需求越高；流转合同的签订增强了农地经营权流转的稳定性，农地可抵押性越强，农户潜在融资需求越高。在融资渠道偏好方面，基于信贷成本及满足度的考虑，流转后的农户沿着“非正规渠道—非正规与正规两者兼有—正规渠道”的偏好路径转变，逐步增加对于正规渠道的偏好，流转规模扩大及流转合同的签订会显著提升农户对正规渠道的偏好。高效的农地经营权流转市场是农户获得信贷的前提条件，引导农户进行适度规模经营及流转程序的正规化，以提高银行、农村信用社等正规金融机构对农地经营权流转市场的价值预期。需要关注的是，受信贷约束的影响，许多农户的融资需求仍表现为潜在融资需求，需要建立并完善农地抵押贷款制度，充分挖掘农地经营权抵押价值，进而改善农户因缺乏抵押担保品而抑制融资需求显化的现状。

展望篇

ZHANWANGPIAN

第12章 走向价值发现

2017年10月，习近平总书记在党的十九大报告中首次提出了国家要实施乡村振兴战略，农业农村农民问题是关系到国计民生的根本性问题，必须始终把解决好“三农”问题作为全党工作的重中之重。2018年中央一号文件《中共中央 国务院关于实施乡村振兴战略的意见》提出，以完善产权制度和要素市场化配置为重点，激活主体、激活要素、激活市场，着力增强改革的系统性、整体性、协同性。坚持农业农村优先发展，在要素配置上优先满足，在资金投入上优先保障，在公共服务上优先安排，加快补齐农业农村短板。2021年中央一号文件《中共中央 国务院关于全面推进乡村振兴加快农业农村现代化的意见》指出，深入推进农村改革；完善农村产权制度和要素市场化配置机制，充分激发农村发展内生动力；健全土地经营权流转服务体系，加强农村产权流转交易和管理信息网络平台建设，提供综合性交易服务。通过这些政策倾斜，大量优势资源流入农村，为农地经营权流转带来了良好的战略背景。

12.1 发展前景

近年来，我国农业规模化生产正在稳步推进，各地积极推进农地经营权流转，农业机械化的广泛应用极大加快了农业规模化产业化进程。农业生产具有强烈的季节性、连续性和周期性的特点。先进的农艺技术措施、生产工具的采用和科学的农业管理模式使农作物、经济林木、畜禽提早发育和成熟，大大缩短了农业生产周期，降低了农业生产成本，增加了农产品供应总量，满足了农产品交易市场的需求。农业进一步规模化生产，土地、资本、劳动力的优化配置缩短农业生产的周期，足够可供交易的农产品数量和质量对农用地数量的要求必然会使农地经营权流转市场蓬勃发展，前景广阔。

随着农村土地制度变革和农地经营权流转的盛行，小农经济将被资本化的农业所取代。农业生产中的新主体主要是由拥有农地承包权的农户、农业规模经营主体、生产服务主体及粮食收购加工主体构成。农地是当前农业生产中的主要资源，是规模经营主体的核心。农地作为资源主要是从普通农户流向规模经营主体。在农地经营权流转规模和农户范围方面，规模经营主体都有较大的影响力。在规模经营主体主导下，生产扩大需要有大范围的农地资源作为支撑。

自改革开放以来，农业劳动力大量向非农产业转移，引起了农业生产的变化。非农就业的出现促进了农地在农户间的流转。在经济发展中，市场机制是配置社会经济资源的主要手段。实行农地资源的市场化可以促进农地的合理流动，实现农地的规模经营，提高农地利用与生产率。作为资源再配置较好地体现商品的属性，农地使稀缺的农地资源形成较高的价格，从而能够保值和增值，增加农民的收入，并促进农业劳动力向二、三产业和城镇转移。

农地产权改革直接影响城市化的进程，城市化水平的提高使大量农业转移人口融入城市，农民脱离了农业生产领域。在新型城镇化背景下，农地经营权流转与农民市民化是现代化的必然趋势。农民是农地经营权流转的主体，但是农民不能成为农地经营权流转价格的决定者，其在农地利益方面的需求也得不到满足，在一定程度上影响了农民流转土地的积极主动性。为重新配置农民家庭大量零散的耕地资源，提高农户农地经营权流转的意愿和流转程度，增加农地利用效率，促进农业规模经营的发展，就需要通过经营权出租（转包）、入股等方式加快农地经营权流转来推进土地规模化经营。

实施乡村振兴战略，产业兴旺是基础，而促进农村的三产融合发展是产业兴旺的前提，土地又是三产融合发展的载体。在保障农村产业发展用地方面，严格的耕地保护制度和集约节约用地制度是个政策障碍。为了开发乡村产业发展建设用地的供应指标，增加产业项目落地的可能性，促使一些农村产权交易市场的形成，农村土地要素就应增加自由流动市场配置机制。

新型农业经营体系既是集约化、组织化的经营体系，也是农村基本经营制度的创新与完善，是在家庭承包经营基础上，引导分散的、小规模的兼业农户走向专业化、集约化、职业化、社会化和适度规模化的创新过程。在农产品市场约束和政策引导等外部刺激下，以家庭农场、专业大户、农民合作社和龙头企业为代表的新型农业经营主体产生了，它们以市场为导向，以适度规模经营为前提。在农业经营制度确定的前提下，完善农地产权制度，农地产权制度与农业经营制度相适应。在新型农村经营体制下，农地经营权流转要素要求对农地经营权流转管理建立流转市场，控制农用地转为非农用地，提高农地资源配置效率，引导农用土地有序合理进入市场，避免私自流转等情况及弊端的出现。通过市场交易体系，调节土地供求关系，引导土地实现供给和需求的双向调节，提高建设用地的保障程度，确保农业新型经营体系的发展。

12.2 发展潜力

2013年中央一号文件《中共中央 国务院关于加快发展现代农业进一步增强农村发展活力的若干意见》首次提出，鼓励工商资本跨界进入农业，农村开始出现工商资本投资热潮。2016年中央一号文件《中共中央 国务院关于落实发展新理念加快农业现代化实现全面小康目标的若干意见》提出，充分发挥财政政策导向功能和财政资金杠杆作用，鼓励和引导金融资本、工商资本更多投向农业农村。2019年中央一号文件《中共中央 国务院关于坚持农业农村优先发展做好"三农"工作的若干意见》进一步指出，要"鼓励引导城市工商资本下乡推进乡村振兴"。2021年颁布的《农村土地经营权流转管理办法》提出，要建立工商企业等社会资本通过流转取得土地经营权的风险防范制度，以加强工商企业等社会资本下乡投资的引导和审查，引导社会资本投资发展现代农业，对投资规范性、投资可行性进行审查。

工商资本下乡是指在二、三产业发展中积累的物质资源流转到农村或农业生产之中，从事与农业相关的生产活动。工商资本通过农地经营权流转集中了土地资源，实现了农地的集中连片经营和规模化种养，改变了由农地经营过度细碎化造成的规模不经济，依靠庞大的资金支持和先进的农业生产技术，提高了农业经营效益。工商资本下乡实现了大面积农地规模化经营，带来的经济收益比农民细碎化经营带来的收益更为可观，从而吸引了更多的非村集体成员到农村承租农地，在一定程度上可以加速农地的流转。

2016年10月，中共中央办公厅、国务院办公厅印发了《关于完善农村土地所有权承包权经营权分置办法的意见》，将农地的承包权与经营权分离，坚持农村土地所有权属于农村集体，稳定农户手中的承包权，放活土地的经营权。2018年的中央一号文件《中共中央 国务院关于实施乡村振兴战略的意见》提到要完善农村承包地"三权分置"制度，在依法保护集体土地所有权和农户承包权的前提下，平等保护农地经营权。2019年中央一号文件《中共中央 国务院关于坚持农业农村优先发展做好"三农"工作的若干意见》进一步要求完善落实集体所有权、稳定农户承包权、放活农地经营权的法律法规和政策体系。2019 年开始实施新修订的《中华人民共和国农村土地承包法》，正式确定了“三权分置”，界定了“三权”各自的权能和“三权分置”下农地经营权流转方式、流转原则，对农地“三权分置”做出了可操作性的规定。2021 年开始实施的《中华人民共和国民法典》明确了集体土地所有权的主体是“农民集体”，强调了土地承包经营权的身份属性和用益物权属性，增设农地经营权制度。2021 年针对“农地经营权”颁布了《农村土地经营权流转管理办法》，从流转当事人、流转合同、流转方式和流转管理等方面对农地经营权流转做出规定。农村承包土地经营权可以依法向金融机构融资担保、入股从事农业产业化经营。实施新型农业经营主体培育工程，培育发展家庭农场、合作社、龙头企业、社会化服务组织和农业产业化联合体，发展多种形式的适度规模经营。

通过政策引导，加强了对农地经营权的保护，极大地促进了农地经营权的积极有序流转。“所有权、承包权、经营权”三权分置的土地政策引导农地经营权流向种田大户和新型经营主体，提高了土地产出效率和经营效益。种田大户或新型经营主体在经原有土地承包户同意后，通过合同或市场交易，获得了一定时期的农地经营权，对这块土地就拥有占有、耕作、经营的权利，在征得了原承包户同意之后，还能以经营权为抵押，获取银行提供的生产经营贷款，为农地经营权流转提供金融支持。

2016 年 12 月，国土资源部、农业部、财政部等部门联合发布的《关于扩大国有土地有偿使用范围的意见》规定，农垦企业改革改制中涉及的国有农用地，国家以划拨方式处置的，使用权人可以承包租赁；国家以出让、作价出资或者入股、授权经营方式处置的，考虑农业生产经营特点，合理确定使用年限，最高使用年限不得超过 50 年，在使用期限内，使用权人可以承包租赁、转让、出租、抵押；国家以租赁方式处置的，使用权人可以再出租。按照以严格保护为主的原则，依法规范国有农用地的使用管理。改变国有农用地权属及农业用途之间相互转换的，应当办理不动产登记手续。2017 年 1 月，国务院印发的《关于全民所有自然资源资产有偿使用制度改革的指导意见》指出，要探索建立国有农用地有偿使用制度，明晰国有农用地使用权，明确国有农用地的使用方式、供应方式、范围、期限、条件和程序。2022 年中央一号文件《中共中央 国务院关于做好 2022 年全面推进乡村振兴重点工作的意见》指出，要“健全农垦国有农用地使用权管理制度”。通过国有农用地改革，健全归属清晰、权责明确、保护严格、流转顺畅的国有农用地产权和有偿使用制度，推动国有农用地资源依据市场规则、市场价格、市场竞争实现效益最大化和效率最优化，国有农用地的使用权人可以依法对土地进行流转。

12.3 发展诉求

第一，为避免集体农地经营权流转出现不公开、不透明和侵犯农民权益等问题，建立安全有序的农地经营权流转市场对维护农民和新型经营主体的合法权益，促进适度规模经营发展有很大的意义。

规范的流转交易市场能够避免交易标的存在不清晰的、有争议的权属问题，并按照交易双方真实的流转交易意愿。按照农地经营权流转“提出申请—进场交易—签订合同—配套服务”的程序，做到集体在组织统一流转农户通过家庭承包方式取得的经营权时，要有书面委托书；在未发包集体土地经营权流转时，要提供农村集体经济组织成员的村民会议 2/3 以上成员或者 2/3 以上村民代表签署同意流转土地的书面证明；流入土地超过当地规定标准的，工商资本需提供农业经营能力证明、项目可行性报告等材料以及有权批准机构准予流转交易的证明。交易双方有经营权抵押、流转、评估和处置等专业化服务的需求，农地经营权流转交易市场能够提供签订服务协议、流转信息发布公示、价格形成、流转合同及交易鉴证、授权抵押登记、信息查询、档案管理和纠纷调处等规范化的服务。

大部分农村地区的流转主要存在于农户和亲友之间的自发和无序的流转，同时也有部分农户采用口头协议形式进行协商，未通过规范合同形式明确相应的权利和义务。作为土地的拥有者，农民应为农地经营权流转过程中的主体，然而在现行的农地经营权流转过程中，农户的主体地位被村组织侵占，或者农户意愿被侵占，土地被强制性流转。这些农地经营权流转主体地位被占用的问题侵犯和剥夺了农户的合法权益，极易造成交易风险。

第二，农业生产主体是直接或者间接从事农产品生产、加工的个人或组织。由于耕地面积不断减少而人口数量不断增长，承包经营农户的规模不断缩小，促使基本承包农户向兼业与专业两个方向发展，形成兼业农户与农业大户。

兼业农户一方面承包经营集体的耕地，同时又有比较稳定的非农收入，其比重相当于，甚至超过农业收入。农业大户则通过开发农业资源，扩大承包面积或加大投资力度，集约经营，以形成一定的经营规模和商品率，成为以农业为主要收入来源的种植或养殖大户，有的农业大户已经转变为家庭农场，过渡到企业化经营。传统的农业企业主要有集体农业企业和国有农业企业。近年来又兴起了家庭农场、村办农场、村服务组织（或村办企业）办农场以及各种形式的合资合作农业企业。其中，社区合作社、股份合作企业、各种形式的联合企业发展迅速。新型的农业生产主体是农村经济组织中最先进的生产力，多元灵活模式的农业生产主体与现代化的生产要素相结合，劳动生产率高，更加科学、精细的农业生产管理方式使得农地产出率和商品化率都有一定的增加。目前，我国逐步形成了以农户家庭承包经营为基础，专业大户、家庭农场、农民合作社、农业产业化龙头企业为骨干，其他组织形式为补充，社会化服务为支撑的立体式复合型现代农业经营体系。多元的农业生产主体、灵活的流转方式对农地的持续需求决定了存在一定的农地经营权频率。

第三，为加强对农地经营权流转市场的监督和管理，规范交易市场管理活动，维护市场交易秩序，促进农地经营权流转市场持续健康发展，政府部门应对农地经营权流转市场规范管理给予统一的指导意见。

为了保证流转符合法律法规和环境保护规划、农业产业发展规划、土地利用总体规划和城乡一体化建设规划等政策规定，在利用农地信息发布和农地大数据的前提下，帮助政府更好地监督农地经营权流转去向，提高政府监控和服务的效率，引导农地经营权流转市场有序的发展。

第四，资本进入农地经营权流转领域需要可信的标的物和可信的过程，农地规范流转需求在不断加强。

在现行农地制度和农地利用现状下，开展抵押贷款还受到农地市场特征的约束。农地经营者也面临着贷款限制的影响。农地成为银行可接受的抵押物要满足“易于确定市值、在二级市场易于流转、不受阻碍地强制执行该资产的收回权”等条件，而流转和承包农地抵押贷款市场特征不同，作为抵押物的条件也不同。在农地交易过程中，建立抵押农地和地上作物收益的处置制度，降低农地抵押贷款的边际交易成本，增加农地作为标的物的授信额度和依赖信任程度是推动小规模经营者获取资本的现实需求。

第五，农地进场交易之前就要权属清晰，确权登记是前提。在农村土地确权过程中会涉及一些边界争议的问题，土地权属存在争议、农户耕地之间存在纠纷。农户耕地与国有土地扩展边界存在争议（扩展边界是为适应城乡建设发展的不确定性，在城乡建设用地规模边界之外划定城、镇、村。在工矿建设规划期内可选择布局的范围边界，扩展边界与规模边界可以重合）均发生在“林边、水边、路边”，这是国有土地与集体土地之间存在的权属争议。处理这类问题主要由县、乡两级政府组织国土、林业、水利、交通等部门，依据相关法律法规和政策规定，通过相关部门提供的权属成果资料，由国土行政主管部门明确土地所有权，再按照相关程序对所涉及的土地承包经营权进行确权登记。农户之间对承包地块、面积、边界及承包经营权存在争议和纠纷的，乡镇政府和村社主要通过调解的方式来解决，调解不成可通过仲裁、诉讼程序依法解决。因此，农用地在进行流转之前对农用地有登记在册的权属证明.

12.4 价值发现

农地具有高价值，但常常被人忽略。农地不仅具有生产价值功能和资产增值功能，还具有生态价值功能、社会保障价值功能、社会稳定价值功能及其他价值功能。农地价格可分解为经济收益价格、生态收益价格与社会收益价格。仅农用地中的耕地一项，经过专家核算，2016 年全国耕地资源资产价值总量为 22.61 万亿元，耕地资源资产全国平均单价约为 16.75 万元/公顷。由此可见，我国农地资产价值庞大。

高价值的农地催生了庞大的农地经营权流转市场。据初步统计，截至 2020 年年底，全国农地经营权流转面积占承包地 34.08%。据测算，农地经营权确权市场空间可达 280 亿元，加上农村宅基地和农地使用权的确权，市场空间有望达到千亿元。如果再考虑农地确权之后的农村金融、农资服务等，农地经营权流转后的市场规模更将高达数千亿元。以农地经营权流转市场规模来看，农地经营权流转是一个蓝海市场，也是个巨大的红利市场，正在转入活跃加速期。社会资本进入农地经营权流转市场有利于盘活农村土地资产，释放增长潜力和财富价值。

农用地作为一种生产要素必然会表现出商品的属性，参与流通和交换。只有农用地商品化，才可以在市场中合理流动，才能达到农用地的最优配置。农用地商品化的前提条件是拥有完善的农用地价值体系。农用地的公开、公平、统一、标准的流转价格，保障交易双方合法权益是建立农地经营权流转市场的重要基础。完善的农地估价方法体系通过价格标准显示出农地质量的优劣程度。目前我国已制定了农地估价体系，建立了农村农地经营权流转市场的价格机制。

开展农地分等定级和价格评估工作，建立农地基准地价体系可以合理确定各类农地的质量、等级，并客观、公正地评估其市场价格，为公平交易提供参考。

在农地出租、转包、入股经营等流转过程中，不同的交易形式分别对应着不同的交易对象和权益关系，这就形成了不同的价格形式，这些不同价格形式的整体就是农地价格体系。我国在总结各地农地经营权流转实践的基础上，参考城镇地价体系，构建了相对完善的农地价格体系。同时通过农地经营权流转市场的价格机制，利用经济规律充分体现了农地资产的经济价值，促进了农地资源优化配置，推进了农业规模化生产、农业现代化。

农地分等定级估价成果受评价过程影响往往被分为两块：一是分等成果；二是定级估价成果。实质上，分等、定级是用等级高低分别揭示土地物质收益和资本收益的差异大小；估价则是将这些差异货币化。对农地价值的评定将土地分等、定级和估价紧密结合在一起，用全国可比的农用地等别，结合反映区域差异的农地级别来综合控制农用地价格，将各市县的农地价格纳入统一的土地市场，保证了农地评估价格的科学性，维护了农地经营权流转市场的公平与效率。